权威 · 前沿 · 原创

皮书系列为
"十二五""十三五"国家重点图书出版规划项目

葡语国家蓝皮书
BLUE BOOK OF
PORTUGUESE-SPEAKING COUNTRIES

葡语国家发展报告
(2016~2017)

REPORTS ON THE DEVELOPMENT OF PORTUGUESE-SPEAKING
COUNTRIES (2016-2017)

主　　编／王成安　张　敏　刘金兰
副 主 编／安春英
高级顾问／赵忠秀

社会科学文献出版社
SOCIAL SCIENCES ACADEMIC PRESS（CHINA）

图书在版编目（CIP）数据

葡语国家发展报告. 2016－2017／王成安，张敏，刘
金兰主编. －－北京：社会科学文献出版社，2018.6
（葡语国家蓝皮书）
ISBN 978－7－5201－2637－3

Ⅰ.①葡… Ⅱ.①王… ②张… ③刘… Ⅲ.①葡萄牙
语－国家－社会发展－研究报告－2016－2017 Ⅳ.
①D569

中国版本图书馆 CIP 数据核字（2018）第 086144 号

葡语国家蓝皮书
葡语国家发展报告（2016~2017）

主　编／王成安　张　敏　刘金兰
副 主 编／安春英

出 版 人／谢寿光
项目统筹／高明秀
责任编辑／高明秀　王蓓遥　何晋东

出　　版／社会科学文献出版社·当代世界出版分社（010）59367004
　　　　　地址：北京市北三环中路甲 29 号院华龙大厦　邮编：100029
　　　　　网址：www. ssap. com. cn
发　　行／市场营销中心（010）59367081　59367018
印　　装／三河市龙林印务有限公司

规　　格／开本：787mm×1092mm　1/16
　　　　　印张：21.75　字数：327 千字
版　　次／2018 年 6 月第 1 版　2018 年 6 月第 1 次印刷
书　　号／ISBN 978－7－5201－2637－3
定　　价／89.00 元

皮书序列号／PSN B－2015－503－1/2

本书是中国葡语国家研究中心的研究成果，对外经济贸易大学区域国别研究院和中铁四局集团有限公司资助出版。

编　委　会

前　言

中国葡语国家研究中心呈现给读者的这部《葡语国家发展报告（2016～2017）》（葡语国家蓝皮书），虽然延续了前两年年度报告的框架，但是内容却有了很大的拓展，而且至今仍然是我国乃至世界唯一一部从整体和国别上研究葡语国家经济、社会发展的学术性专业报告。今年不同于往年之处，主要有如下几个方面。

首先，此年度报告增加中葡论坛成立以来发展回顾一文。中葡论坛常设秘书处不吝赐稿，系统阐述中葡论坛的成长过程和取得的成就。中葡论坛2003年在澳门特区成立，2018年已经15周年，总结前15年的经验，展望未来，成为中葡论坛与会国家共同的期望，对于中葡论坛的长足发展具有重要意义。

其次，此年度报告增加了圣多美和普林西比民主共和国的国别报告。同时在综合报告和资料统计中也增加了它的分量。这个位于赤道线上的非洲葡语国家于2016年12月26日与中华人民共和国恢复外交关系，并于2017年3月29日加入中国—葡语国家经贸合作论坛（澳门）。为此，中葡论坛大家庭终于改变"遍插茱萸少一人"的局面，圆满而又完整。

最后，此年度报告涉及的领域进一步增多。综合报告和国别报告不局限于分析2016～2017年葡语国家的经济、社会的发展状况，还介绍其科技、创新、文化、教育、历史和再生能源领域的最新发展，同时，中国与葡语国家合作方面，还包括"一带一路"倡议以及法律、金融、农业、智库合作等。

葡语国家包括安哥拉共和国、巴西联邦共和国、佛得角共和国、几内亚比绍共和国、莫桑比克共和国、葡萄牙共和国、圣多美和普林西比民主共和

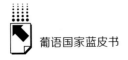

国及东帝汶民主共和国。2017 年统计共拥有 2.8 亿人口和 1076 万平方公里面积。

对外经济贸易大学乔雪冬老师将本书摘要译成英文，对外经济贸易大学外语学院葡语系主任文卓君将本书摘要及每篇文章的摘要和关键词译成葡萄牙文，并审定了每篇文章摘要和关键词的英文。

感谢中葡论坛常设秘书处对本书编辑出版的大力支持，感谢对外经济贸易大学副校长赵忠秀教授给予本书编辑出版的一贯支持和指导，以及对外经济贸易大学国际学院、外语学院、英语学院、国际发展与创新中心对本书作者的大力支持，感谢中国社会科学院欧洲研究所、西亚非洲研究所、拉美研究所巴西研究中心，中国国际问题研究院，商务部国际贸易经济合作研究院，上海外国语大学，大连外国语大学，四川外国语大学，杭州外国语学院，中莫农业示范中心，天津外国语大学，澳门大学和澳门城市大学对本书作者的大力支持。

摘　要

　　《葡语国家发展报告（2016～2017）》阐述和分析了 8 个葡语国家安哥拉、巴西、佛得角、几内亚比绍、莫桑比克、葡萄牙、圣多美和普林西比及东帝汶 2016～2017 年的经济社会发展状况，以及与中国经贸关系，包括双方贸易、投资和多种形式国际合作，同时回顾中国—葡语国家经贸合作论坛（澳门）成立 15 周年的成就，并展望未来前景。

　　本书分为五部分：主报告阐述和分析葡语国家 2016 年和 2017 年经济社会发展；专题报告议题丰富，并在葡语国家自身发展和中国与葡语国家合作方面多方位展开；特别报告围绕澳门特区在中国与葡语国家经贸合作中的商贸平台作用深入进行阐述和分析；国别报告按照葡萄牙文字母顺序，对于 8 个葡语国家分别阐述和分析其经济社会发展状况，以及中国与这些国家的贸易、投资和多领域的合作，本书第一次撰写圣多美和普林西比国别报告。最后是资料部分。

　　2016 年，从世界整体形势来看，全球经济继续温和复苏，发达经济体经济增速明显回落，新兴市场与发展中经济体整体增速止跌回升。国际大宗商品全年处于中低价运行状态，国际贸易依然低迷，世界商品贸易进出口总额同比减少。外国直接投资大幅下降，流向发展中国家的资金减少。2016 年，葡语国家经济整体上处于低速增长状态，其总量为 2.08 万亿美元，平均增长 2.42%，比 2015 年增长 0.33 个百分点，占全球经济总量 74 万亿美元的 2.8%。亚非葡语国家成为葡语国家中稳定增长的中坚力量。葡萄牙开始摆脱欧债危机的阴霾，呈现恢复性增长态势；莫桑比克经济增长有所回落，增长率出现 15 年最低的局面；安哥拉受制于石油价格回升缓慢，经济跌至零增长；巴西虽然经过艰苦努力，经济仍处于负增长的艰难阶段。葡语

国家中虽然有的国家偶有社会动荡，但是最终继续维持社会基本稳定。

中国—葡语国家经贸合作论坛（澳门）成立 15 年来，中国与葡语国家贸易快速增长。2003 年中国与葡语国家贸易额仅为 110 多亿美元，2016 年达到近千亿美元，14 年增长 9 倍多。2017 年上半年，中国与葡语国家贸易同比增长 37%，达到 573.58 亿美元。其中，巴西与中国双边贸易额达到 418.35 亿美元，同比增长 35.23%，安哥拉与中国的双边贸易额为 117.96 亿美元，同比增长 64.62%。中国与葡语国家贸易一改前两年负增长局面，获得恢复性快速增长。中国与葡语国家相互投资显示巨大活力。2003 年底前，中国累计对葡语国家非金融类直接投资仅 5610 多万美元。截至 2016 年底，中国对葡语国家的投资存量已经达到 500 亿美元。中国境内投资者在葡语国家设立的直接投资企业超过 400 家。中国与葡语国家的合作领域不断拓宽。

2017 年，全球经济出现了向好的态势，中国与葡语国家的合作前景更加美好。葡语国家中巴西经济增长转负为零，有可能重回增长的轨道。葡萄牙的国民生产总值增长较快。莫桑比克和佛得角的经济增长加速，或可分别达到 5.5% 和 3.3%。几内亚比绍与圣多美和普林西比经济增长均有看好的迹象。但是，安哥拉经济增长仍然取决于国际市场油价的波动。2017 年，中国与葡语国家合作向纵深发展，中国和葡语国家地方政府和企业的积极性将进一步释放，中国与葡语国家合作前景十分美好。

此报告力图为中国政府部门、中国澳门特区政府部门和葡语国家政府部门提供可供研究的咨询建议和可靠的宏观数据，作为决策参考。本书也是中国内地及澳门特区企业、葡语国家企业制定其发展规划时的有益参考。本书对于学术界来说，是一个理论探讨的平台，希望专家、学者各抒己见、取长补短，促进中国与葡语国家乃至澳门特区学术研究机构的相互间交流。

目 录

Ⅲ　特别报告

Ⅳ　国别报告

Ⅴ　资　料

皮书数据库阅读**使用指南**

主 报 告

General Report

B.1

2016~2017年葡语国家发展综述

王成安*

摘　要：　2016年，葡语国家面临世界经济复苏缓慢、大宗商品价格持续走低的挑战，各国均积极采取应对措施，从整体上维持经济稳定增长。尽管多个国家经历总统和议会选举，但是都在法律的框架下，维持社会稳定。中国与葡语国家共同举办第五届部长级会议，"一带一路"将引领双方在更广阔的领域开展深入务实合作。2017年中国—葡语国家合作更美好。

关键词：　葡语国家　经济社会　中国—葡语国家关系

---

* 王成安，对外经济贸易大学中国葡语国家研究中心首席专家，中国—葡语国家经贸合作论坛（澳门）前秘书长。

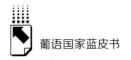
2016 年，从世界整体形势来看，全球经济继续温和复苏，世界经济总量为 74 万亿美元，增长率按照购买力平价（PPP）计算约为 3.1%，比 2015 年略下降 0.1 个百分点。① 发达经济体经济增速明显回落，新兴市场与发展中经济体整体增速止跌回升。2016 年，国际大宗商品全年处于中低价运行状态，国际贸易依然低迷，世界商品贸易进出口总额为 15.46 万亿美元，同比下降 3.3%。② 2016 年，外商直接投资大幅下降，流向发展中国家的资金从 2015 年的 4310 亿美元下降至 2090 亿美元。

2016 年，从地区经济发展情况看，东部、南部亚洲国家经济总体表现稳定。2014~2016 年各年实际 GDP 增速分别为 4.6%、4.7%、4.8%，显示出亚洲新兴经济体具有较强的增长潜力。英国脱离欧盟预示整个欧盟的政治、经济、外交格局将发生深层变化，但是，2016 年欧元区经济复苏渐稳，其 GDP 增长率比 2015 年下降 0.3 个百分点，仍然有 1.7% 的增长。③ 欧元区政府负债率 2016 年继续回落至 91.7%，其中，德国和葡萄牙对欧元区政府总债务水平回落贡献较大。葡萄牙政府负债率从 2015 年的 129% 下降至 2016 年的 128.4%。欧洲劳动力市场改善速度放缓。非洲大陆的经济增速从 2015 年的 3.4% 放缓至 2016 年的 2.2%。佛得角从海外得到的资金人均超过 380 美元。④ 拉美地区经济衰退幅度继续扩大，货币持续贬值，通货膨胀持续加剧。

2016 年，中国国民经济运行保持在合理区间内，实现中高速增长，经济增长的质量和效益不断提高，经济发展新常态特征更加明显。中国国内生产总值（GDP）为 744127 亿元，按可比价格计算，比上年增长 6.7%。⑤ 从

---

① 《2016 年世界经济形势分析与预测》，社会科学文献出版社，2016。
② 《全球经济数据》，www. qqjjsj. com，2017 年 4 月 17 日。
③ 《2016~2017 年世界经济形势分析与展望》，http://www. 71. cn/2017/0201/937184. shtml，2017 年 2 月 1 日。
④ 《2016 非洲经济发展报告：中国仍是贸易亮点》，http://mini. eastday. com/a/170525162009582. html，2017 年 5 月 25 日。
⑤ 《2016 年国内生产总值达 744127 亿元　比上年增长 6.7%》，中国新闻网，http://www. chinanews. com/cj/2017/01 - 20/8130357. shtml，2017 年 1 月 20 日。

国际角度看，中国在世界上仍属于经济增长率最高的国家之一，经济增速高于1.5%左右的美国经济增速，高于0.6%的日本经济增速，以及高于1.5%左右的欧元区经济增速。这一增速为中国由上中等收入阶段向高收入阶段迈进打下了基础。

2017年，世界经济继续复苏向好，全球经济整体保持低位运行。发达国家经济复苏加快，新兴市场国家经济企稳回升。但是，贸易保护主义升温，国际贸易难有起色。上半年，发达经济体复苏平稳，美国、欧元区和日本经济普遍回暖；中国和印度等新兴经济体继续引领增长。但是，全球复苏不平衡，强劲增长并未出现，仍面临不少风险和不确定因素。国际货币基金组织（IMF）预计2017年全球经济增长率为3.5%，世界贸易组织预计2017年全球贸易增长2.4%。[①] 亚太地区的经济增长是全球最强劲的，比全球经济增长快了差不多两个百分点。亚洲真正的增长已经依靠消费和内需拉动。2017年上半年，中国GDP为381490亿元，同比增长6.9%。中国货物贸易进出口总值13.14万亿元，同比增长19.6%，创2011年下半年以来半年度同比最高增速，处于稳中向好的局面。[②]

一 葡语国家经济总体低速增长，亚非葡语 国家成为葡语国家中稳定增长的 中坚力量，社会基本维持稳定

2016年，葡语国家分布于亚洲、非洲、欧洲和拉美四大洲，既受到全球经济复苏缓慢的挑战，又受到本地区经济发展不平衡因素的影响，同时受制于本国经济结构中的自然禀赋，经济处于低速增长之中。亚非葡语国家整体上成为葡语国家中稳定增长的中坚力量。此外，葡萄牙开始摆脱欧债危机的阴

---

① 《2017年上半年世界经济形势评析》，《瞭望》，http：//www.360doc.com/content/17/0807/17/27494174_ 677373475.shtml，2017年8月7日。

② 《上半年中国进出口总值13.14万亿元　同比增长19.6%》，中国新闻网，http：//www.chinanews.com/tp/2017/07－13/8277273.shtm，2017年7月13日。

霾，呈现恢复性增长态势；莫桑比克出现债务负面影响，经济有较大幅度回落，增长率出现15年来最低的局面；安哥拉受制于石油价格回升缓慢，经济跌至零增长；巴西虽然经过艰苦努力，但经济仍处于负增长的艰难阶段。整体来看，葡语国家中虽然有的国家偶有社会动荡，但是最终继续维持社会基本稳定。

（一）2016~2017年，葡语国家经济增长色彩纷呈，亚非葡语国家稳步增长，葡萄牙经济始见复苏，巴西开始走出经济危机泥潭

1. 经济发展状况

2016年，葡语国家经济总量为2.08万亿美元，平均增长2.42%，比2015年增长0.33个百分点，占全球经济总量74万亿美元的2.8%。葡语国家整体上处于低速增长之中，其经济增长排序依次为：几内亚比绍11.55亿美元，增长5.2%，世界增速排名第30；东帝汶24.98亿美元，增长5%，世界增速排名第35；佛得角16.36亿美元，增长4%，世界增速排名第54；圣多美和普林西比（简称"圣普"）3.5亿美元，增长4%，世界增速排名第59；莫桑比克112.83亿美元，增长3.4%，世界增速排名第74；葡萄牙2347.61亿美元，增长1.4%，世界增速排名第142；安哥拉958.21亿美元，增长0.0%，世界增速排名第168；巴西17386.22亿美元，增长－3.6%，世界增速排名第181。

葡语国家人均国内生产总值，依次为葡萄牙19632美元，世界排名第40；巴西8727美元，世界排名第72；安哥拉3502美元，世界排名第121；佛得角3078美元，世界排名第127；东帝汶2102美元，世界排名第140；圣多美和普林西比1657美元，世界排名第147；几内亚比绍694美元，世界排名第175；莫桑比克392美元，世界排名第186。上述8个国家人均4973美元。葡萄牙仍然处于发达国家地位，巴西、佛得角属于中等收入国家，安哥拉于2011年3月被联合国从世界最不发达国家除名。东帝汶、几内亚比绍、莫桑比克、圣多美和普林西比4国是联合国截至2015年确定的最不发达国家（全世界共有44国）。中等以上收入葡语国家已经在所有葡语国家中占半壁江山。

从上面两组宏观经济数据来看，2016年经济总量最大的国家是巴西，增长最快的国家是几内亚比绍，人均GDP最高的国家是葡萄牙，经济总量最小的国家是圣多美和普林西比，经济增长表现不尽如人意的国家是巴西，人均GDP最低的国家是莫桑比克。

巴西以1.77万亿美元的经济总量居世界第9位，在拉美排第1位。[①] 安哥拉原油产量超过尼日利亚，成为非洲第一大产油国。[②] 莫桑比克素有"世界腰果之乡"的美称，是非洲四大出产腰果的国家之一（其他三国为科特迪瓦、几内亚比绍和坦桑尼亚）。2016年，其产量达到12万吨，2017年达到13.74万吨，这是莫桑比克30年以来的大丰收，出口创汇3300万美元。[③] 出产腰果的另一非洲葡语国家几内亚比绍，是世界第四大腰果生产国（前三位分别是印度、科特迪瓦和越南）。几内亚比绍腰果平均年产量22万吨，2016年几内亚比绍腰果种植面积超过15万公顷，出口量18万吨。[④] 2016年，葡萄牙黄金居留签证全年通过1414例，共吸引投资达8.74亿欧元，与2015年的4.66亿欧元相比增长了87.6%。葡萄牙的黄金居留投资计划自2012年10月8日推出以来，通过投资50万欧元购置地产申请黄金居留许可权的政策一直未改变，共有4202名申请者通过葡萄牙投资移民获得居留许可，来自中国的移民3050例，占比近73%。葡萄牙实施的黄金移民为其房地产的复苏，特别是经济的复苏带来活力。[⑤] 2016年，佛得角旅游业获得前所未有的发展，酒店接待人数达到64.4万人次，同比上升7.5万人。过夜住宿人数超过410万，比上年增加38万人。其中，萨尔岛接待了45.6%的

---

① 《世界银行报告统计的全球各国GDP占比》，http://www.chinanews.com/jingwei/02－25/30828.shtml，2017年2月25日。

② 《安哥拉超过尼日利亚成为非洲第一大产油国》，中国驻尼日利亚使馆经商处，http://www.mofcom.gov.cn/article/i/jyjl/k/201604/20160401297472.shtml。

③ 《2017年莫桑比克腰果产量创30年纪录》，http://news.afrindex.com/zixun/article8925.html，2017年5月9日。

④ 《Guinea/Bissau 几内亚比绍》，http://www.sohu.com/a/134945078_530667，2017年4月19日。

⑤ 《葡萄牙官方发布了截至2016年12月份黄金居留获批的数据》，出国留学网，https://yimin.liuxue86.com/y/3085960.html，2017年1月24日。

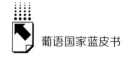

游客，博阿维斯塔岛和圣地亚哥岛的游客接待量分别占 31.6% 和 11.3%。① 2017 年，巴西经济从 2015～2016 年连续两年的负增长（ - 3.8% 和 - 3.6%）实现零增长，开始走出经济危机的阴霾。② 根据东帝汶 2011～2030 年发展规划，截至 2030 年，东帝汶政府将投入 100 亿美元用于基础设施建设。2016 年初，东帝汶苏艾（Suai-Beaco）首条双向四车道，全长 155.679 公里的高速公路开工，标志其开始了大型基础设施建设。③ 圣多美和普林西比发现近海石油，探明储量 60 亿～100 亿桶，但是尚处于开发起步阶段。其主要经济作物有可可、椰子、咖啡、棕榈等，其中可可产值占国内生产总值的 20% 以上。

2. 贸易形势情况

葡萄牙、巴西、安哥拉、佛得角、几内亚比绍、莫桑比克为世界贸易组织（WTO）成员。葡语国家主要出口原油、矿产品和农业初级产品，国民经济依赖于上述产品的出口；进口机械设备、粮食和日用品，满足国内市场的基本需求。2016 年，葡语国家货物进出口总额 5072.40 亿美元，在世界货物进出口总额 5103.65 万亿美元中占不到 1%。2016 年，各国努力扩大出口，用以获取经济发展需要的外汇，货物出口总额为 2697.64 亿美元。葡语国家出口在各国所占比重不同，比重最高的是佛得角，2014～2016 年占其 GDP 的 53.6%，莫桑比克占 49.7%，圣多美和普林西比占 41.8%，葡萄牙占 40.2%，安哥拉占 36.9%，几内亚比绍占 27.0%，东帝汶占 17.7%，巴西占 12.1%。总体上看，葡语国家对于外贸出口的依存度较高。在葡语国家的出口中，东帝汶增幅最大，达到 11.06%，葡萄牙和几内亚比绍略有增长。其余国家均有不同程度的下降，安哥拉和佛得角下降幅度较大，分别下降 24.16 个和 10.64 个百分点。其中，巴西是贸易大国，其对外贸易最高年

---

① 《2016 年佛得角旅游业实现快速增长》，新浪财经，http：//finance. sina. com. cn/roll/2017 - 03 - 03/doc - ifycaasy7492269. shtml，2017 年 3 月 3 日。

② 《巴西摆脱衰退威胁》，中国商务新闻网，http：//www. comnews. cn/focus/ 5a252d22cd918908cf14f00a. html，2017 年 12 月 4 日。

③ 《走进东帝汶》，《中国中铁报》，https：//www. meipian. cn/ip3wv81？from = timeline，2017 年 5 月 4 日。

份 2011 年近 5000 亿美元。2016 年，巴西对外贸易与 2011 年相比，下降幅度超过 30%，其贸易顺差高达 471 亿美元，创历史新高。[①] 2016 年，巴西同其主要贸易伙伴中国、美国、阿根廷、荷兰、德国、日本、智利、意大利的贸易额均出现下降。安哥拉目前为非洲第二大产油国，探明储量 130 亿桶，2016 年产量接近 180 万桶/日，其石油收入约占其国内生产总值的 52%、税收收入的 70%、出口收入的 95%。葡萄牙的主要贸易伙伴为西班牙、法国、德国、英国和美国，中国和安哥拉也是葡萄牙重要的贸易伙伴。2016 年葡萄牙第四季度工业贸易额同比增长 2.8%，但是同年年均却下降 0.9%。佛得角 2016 年进出口总额同比增长 3.6%，其中进口 6.64 亿美元，增长 10.5%；出口 0.6 亿美元，下降 10.3%。欧盟是佛得角最大的贸易伙伴，2016 年佛得角向欧盟出口 0.58 亿美元，占其出口总额的 97.4%；进口 5.24 亿美元，占进口总额的 79.0%。西班牙是佛得角最大的出口国，占其 2016 年出口的 72%，葡萄牙次之，占 8.2%。佛得角主要出口鱼类成品和罐头。佛得角的进口来源地主要是欧盟，占佛得角进口总量的 79%。[②] 葡萄牙是佛得角最大的供应国，占进口总量的 46.5%，西班牙次之，占 11.3%。几内亚比绍对外贸易中，主要出口腰果、海产和少量花生、棕榈仁和木材，其中腰果出口占出口总额的 95% 以上，2016 年为 18 万吨。几内亚比绍的燃料、建材、食品从葡萄牙、塞内加尔、西班牙、摩洛哥进口，其中大米来自中国、泰国、越南、巴基斯坦等亚洲国家，家用电器从欧洲进口。莫桑比克出口铝锭、煤炭、电力、天然气、对虾、棉花、木材等，进口机械设备、汽车、石油、粮食。东帝汶努力扩大对外出口，澳大利亚、美国、马来西亚、新加坡和印尼是东帝汶主要贸易伙伴。东帝汶是咖啡出口国，大部分出口至美国，销往大型连锁店，20%~30% 的咖啡销往欧洲，其余出口至澳大利

[①] 王正润：《巴西股市"风景独好"仍存经济变数》，新华网，http://jjckb.xinhuanet.com/2017-01/04/c_135952992.htm，2017 年 1 月 4 日。

[②] 《2016 年佛得角对外贸易总额上升，但从中国进口贸易额下降》，中国驻佛得角使馆经商处网站，http://cv.mofcom.gov.cn/article/sqfb/201704/20170402552490.shtml，2017 年 4 月 6 日。

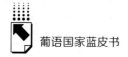
亚、韩国和新西兰。东帝汶还出口木材、橡胶、椰子,进口燃料、谷物、车辆、机电设备。圣多美和普林西比主要贸易伙伴为葡萄牙、荷兰、比利时、土耳其。其出口可可,还有咖啡、椰干、棕榈仁,主要进口工业产品、粮食、燃料和日用消费品。每年出口可可 3500~4000 吨,占其出口总额 77% 以上,其中 90% 销往比利时,10% 出口到法国和瑞士。圣多美岛被称为非洲大陆最早的可可发源地,1908 年曾经是世界最大的可可产地。2015 年,圣多美和普林西比可可产量为 13500 吨(当年全球产量为 420 万吨),圣多美和普林西比 78% 的外汇收入来自可可的出口。

3. 吸引外商投资和对外投资

从整体上来说,2016 年是葡语国家吸引外商投资(FDI)重要的一年。葡语国家共吸引外商投资 823.68 亿美元。其中,巴西 FDI 流入量 586.80 亿美元,存量 6258.76 亿美元;安哥拉流量 143.64 亿美元,估算存量 495.45 亿美元;葡萄牙流量 60.65 亿美元,存量 1182.13 亿美元;莫桑比克流量 30.93 亿美元,估算存量 318.30 亿美元;佛得角流量 1.19 亿美元,存量 16.30 亿美元;圣多美和普林西比流量 2200 万美元,存量 4.27 亿美元;几内亚比绍流量 2000 万美元,存量 1.49 亿美元;东帝汶流量 500 万美元,存量 3.46 亿美元。[1] 巴西 2016 年吸收各类实际投资 789 亿美元,超过预期 12.71%,巴西央行预计 2017 年巴西将会获得 750 亿美元的外商投资。[2] 联合国贸发会统计,巴西 2016 年吸收外资排在全球第六位,前五位依次为美国、英国、中国内地、中国香港和新加坡。巴西政府积极推动修改《劳工法》、改革税收系统,并修改港口、机场、航空公司等行业的投资规定,修改法令允许在亚马孙地区采矿,向外资开放电力、港口、机场等基础设施项目的特许经营权,以促进外商投资。安哥拉政府通过鼓励外来投资促进其经济增长,提高国内生产能力,增加就业,获取技术转让,增加出口,增加外

---

① 《〈世界投资报告 2017〉:全球投资前景谨慎乐观》,新浪网,http://news.sina.com.cn/c/2017-09-20/doc-ifykynia8482130.shtml,2017 年 9 月 20 日。

② 《2016 年外资在巴西投资额超预期》,南美侨报网,http://www.br-cn.com/news/br_news/20170125/79324.html,2017 年 1 月 25 日。

汇储备，保证国内市场供应，特别是恢复、扩大和新修经济所需的基础设施。截至2015年末，在巴西的外资企业共有11400家，雇员170万人。外国在巴主要投资部门为汽车、能源、通信、金融、冶金、化工、交通运输和机械等。安哥拉的主要投资国有美国、法国、意大利、比利时、英国、葡萄牙、德国、西班牙、日本、巴西、南非、韩国，是吸引外资最多的非洲国家之一。2016年工业领域共批准了39个投资项目，吸引投资1.78亿美元，比上年增长100%，其中，安哥拉本地投资者占48%，其余为中国、葡萄牙和印度投资。① 葡萄牙2016年吸引外资呈现爆发式增长，全年吸引外资项目共59个，创20年来新高，德国和西班牙成为主要投资国。② 同时，葡萄牙出售大型国企股份，如电力、输变电和航空公司等。葡萄牙自2012年实施黄金投资移民政策以来，带来了25.7亿欧元的投资额，2016年新增投资额8.74亿欧元，同比翻了一番。葡萄牙之所以能够吸引大量投资移民，除了国家采取的投资政策外，投资环境至关重要。国际机构Inter Nations统计调查认为，葡萄牙是全世界十大友好国家之一，也是目前全欧洲最友好的国家，首都里斯本上榜"美世"世界宜居城市榜前50名。莫桑比克1984年颁布《外国投资法》，1987年颁布《私人投资法》，鼓励国内外私人投资和兴办合资企业。莫桑比克继2015年吸引外商直接投资9.9亿美元之后，2016年达到30亿美元的较高水平，被世界银行评为投资排名看好的国家。2015年以前的10年里，莫桑比克利用外资逆势增长，初期直接投资主要来自南非、葡萄牙、挪威、荷兰、美国。近几年，中国、印度等新兴国家在莫桑比克投资势头迅猛。外资流向农业、能源矿产、旅游，以及家庭运输和通信等基础设施。2016年，莫桑比克吸收的外商直接投资额下降至30亿美元，同比减少11%。③ 佛得角吸引外资主要在旅游领域，2016年中国澳门

---

① 《2016年安哥拉工业领域投资1.78亿美元》，中国驻安哥拉使馆经商处网站，http://www.mofcom.gov.cn/article/i/jyjl/k/201702/20170202512105.shtml，2017年2月8日。

② 《葡萄牙吸引外资能力"爆发"，达最高水平》，凯胜移民，http://www.cansine.com/raidersshow/a9312.html，2017年5月26日。

③ 《2016年，莫桑比克外商直接投资同比减少11%》，中国商务部网站，http://www.mofcom.gov.cn/article/i/jyjl/k/201702/20170202509344.shtml，2017年2月3日。

企业对佛得角投资 2.73 亿美元的旅游综合体开工，成为最大的外资项目。圣多美和普林西比鼓励外商投资，注册公司手续简便，财税政策优惠，具有劳动力价格优势，人均每月工资 100～150 美元。外商投资如果在 100 万美元以下，允许返回 20% 至本国。东帝汶 90% 的财政收入依靠石油、天然气，但有专家预计石油收入将会逐步减少，吸收海外投资成为东帝汶新的国策，政府正在实施道路、港口和机场等基础设施建设项目。新加坡、泰国、葡萄牙、澳大利亚、英国、韩国、美国是东帝汶的主要投资国，投资领域集中在基础设施建设、咖啡种植、旅游方面。

2016 年，葡语国家整体上对外直接投资出现负增长局面，主要是巴西减少对外投资，但是安哥拉对外直接投资额很大，两国出现巨大的反差。葡萄牙对外投资相对比较平稳。具体情况依次为，葡萄牙对外直接投资 15.83 亿美元，几内亚比绍 200 万美元、圣多美和普林西比 100 万美元、安哥拉 106.93 亿美元、莫桑比克不详、东帝汶 1300 万美元、佛得角 -900 万美元、巴西 -124.34 亿美元。

4. 葡萄牙和巴西的对外援助和亚非葡语国家接受外国援助

葡语国家中葡萄牙和巴西对外提供援助，也接受外国援助。根据经合组织（OECD）统计，2016 年，全球发展援助 1461 亿美元，比 2015 年增长 8.9%，但是对最不发达国家的双边援助下降 3.9%，对非洲的援助下降 0.5%。葡萄牙对亚非葡语国家均提供援助，援助领域涉及卫生、教育、农村发展和水利资源、保护文化遗产和人员培训。多年来，葡萄牙同这些国家分别签有援助协议。葡萄牙的对外官方发展援助（Official Development Assistance，ODA）分为单边援助和多边援助，其单边援助的主要对象是亚非葡语国家，大部分为无息贷款，小部分为专项贷款。多边援助一般通过联合国、欧盟、世界银行和地区发展银行等国际机构实施。葡萄牙对外援助领域涉及教育、卫生、工农业生产、基础设施建设、减债和人道主义援助。葡语国家中，东帝汶、安哥拉、莫桑比克、佛得角、几内亚比绍、圣多美和普林西比六国均为受援国。葡萄牙历史上从未出现经济危机使其短期内不得不向国际社会申请援助的现象，但自 2008 年起，在遭受国际金融危机和主权债务危机的双重打击下，主权信用评级降至"垃圾级"，经济发展遭受重创、财政资金告急。2011年4月，葡萄牙正式申请国际救助，欧委会、欧央行和国际货币基金组织组成"三驾马车"，三年内提供总额780亿欧元的救助计划。2007～2013年葡萄牙从欧盟获得225亿欧元的援助，其中结构基金164.2亿欧元、团结基金27.22亿欧元、农村发展基金31.7亿欧元、渔业基金2.2亿欧元。巴西属于新兴经济体，同时作为金砖国家，通过外交、投资、经贸、援助等方式稳固与改善与邻国的关系。巴西政府认为，如果与一个不满的国家为邻，那么本国就不会感到安全。巴西对外援助分为技术援助和资金援助，其规模2010年达到92.34亿美元。早在1987年成立的巴西发展署隶属巴西外交部，既接受外国援助，也负责对外提供援助，此机构协调巴西接受多双边援助。巴西对外援助十分有限，但是巴西与印度、德国和日本分别在非洲葡语国家进行合作，称为"三方合作"。巴西同日本合作培训非洲葡语国家和拉美国家人员，20多年来共培训1500多人，涉及医疗卫生、紧急救护、农业、交通、可持续发展、紧急救援等方面。已经启动的"三方合作"受益国包括安哥拉、莫桑比克、马达加斯加、巴拉圭、萨尔瓦多、危地马拉等。巴西开展的双边对外援助的地理分布主要是非洲，占对外援助总额一半以上，其他依次为南美洲、加勒比、亚洲和大洋洲。

安哥拉接受的双边援助除来自葡萄牙外，还有美国、日本、荷兰、挪威、瑞典，多边援助则来自欧盟、国际开发协会、联合国机构、世界银行、国际货币基金组织、非洲开发银行。安哥拉内战结束后，2009～2012年接受国家货币基金组织（IMF）总额为14亿美元的援助，此外还从世界银行寻求贷款。莫桑比克是接受外国援助较多的葡语国家之一。近几年，莫桑比克通过无偿援助、信用贷款和减免债务接受了约70亿美元的经济援助。莫桑比克接受的双边援助国主要有德国、葡萄牙、意大利、瑞典、美国、英国、爱尔兰、日本。莫桑比克接受的美国援助年平均金额4亿美元，发展援助项目和治疗艾滋病项目中累计接受美国援助超过60亿美元。2016年莫桑比克由于遭受35年来最为严重的干旱，约250万人需要进行紧急人道主义援助，欧盟和奥地利给予160万欧元的救灾援助，中国则提供1600万美元

的紧急援助,并提供1万吨紧急粮食援助。① 欧盟还承诺未来5年给予莫桑比克7.4亿美元的财政援助,用于供水、可再生能源、农业和农村就业。莫桑比克接受的多边援助则来自国际开发协会、欧盟、联合国有关机构如世界银行等。几内亚比绍接受葡萄牙、荷兰、法国、瑞典、瑞士的双边援助,欧盟、世界银行、国际货币基金组织的多边援助。几内亚比绍2013年接受外援6800万美元。2016年,几内亚比绍接受西非国家经济货币联盟(UEMOA)100亿西非法郎,用于建设社会住房,预计2020年建成。② 同年,中国政府向几内亚比绍赠送了一批药械。葡萄牙允诺,2015~2020年为几内亚比绍提供各类贷款4000万欧元。佛得角2015年共接受外国援助2.15亿美元,主要用于旅游业。佛得角地处萨赫勒气候带,雨水稀少,2014年以来发生干旱,玉米减产82%,欧洲国家提供粮食总计7000多吨。2016年佛得角接受世界银行一笔500万美元的贷款,也是用于推动旅游业发展。同年,中国政府也向佛得角提供了无偿援助。东帝汶自1999年以来,接受澳大利亚、葡萄牙、日本、美国、联合国有关机构、欧盟等国家和国际组织的援助。截至2017年8月,澳大利亚已经向东帝汶提供8亿美元的援助,是东帝汶最大的援助国。日本早在2002年东帝汶独立前曾派遣2000多人参加联合国援助东帝汶的基础设施建设项目。2016年,日本允诺向东帝汶提供50亿日元(约合4500万美元)的政府开发援助,用于国立大学校舍建设和基础设施完善。③ 圣多美和普林西比90%的发展资金依靠外援,葡萄牙、法国、美国、德国、日本及非洲开发银行、欧盟、联合国开发计划署和国际货币基金组织一直为其提供援助。2012年和2013年,日本、欧盟、俄罗斯、世界银行、国际货币基金组织、非洲开发银行分别为其提供了970万欧元和2180万美元的援助,用于提供食品、供水、开展减贫、修复公路

① 《数字天下》,《人民日报》(海外版),http://paper.people.com.cn/rmrbhwb/html/2016 - 10/29/content_1722358.htm,2016年10月29日。

② 《西非经货联盟援助几比建设社会住房》,中国驻几内亚比绍使馆经商参处,http://gw.mofcom.gov.cn/article/jmxw/201709/20170902640513.shtml,2017年9月8日。

③ 《日媒:安倍承诺大笔援助东帝汶 阻止其向中国倾斜》,中国新闻网,http://www.chinanews.com/mil/2016/03 - 17/7800549.shtml,2016年3月17日。

项目，以及用于财政援助等，俄罗斯还免除其400多万欧元的债务。葡萄牙是圣多美和普林西比的最大援助国，两国签有友好合作、经贸、文化和科技等多项协定。葡萄牙定期向圣多美和普林西比派出医生、教师及工程技术人员。

2017年上半年，世界经济仍然在改善之中。发达经济体总体平稳复苏，新兴经济体继续复苏。巴西走出衰退。① 葡萄牙2017年经济增长率为1.4%，第二季度实现了2.9%的增长，上半年达到2.8%，连续三个季度高于欧元区的平均值，成为17年来最高的增长。② 拉动葡萄牙经济发展的两大引擎是投资和旅游，特别是游客数量增长了11%，营业额增长了20%。莫桑比克2017年经济增长率为5.5%，但是第二季度同比只增长了3.0%，较增长预期还有一段距离。③ 佛得角2017年经济增速达到5.5%，世界银行预测其经济增长率为3.3%。④

5. 葡语国家间多双边合作

葡语国家或通过葡语国家共同体（Comunidade dos Países de Língua Portuguesa，CPLP，葡共体），或通过双边渠道继续保持合作。葡共体于1996年在葡萄牙首都里斯本成立，其宗旨是在相互支持、相互尊重的基础上加强政治协商，并在经济、文教和社会等领域进行合作。葡共体的最高机构是国家和政府首脑会议，并设有常设理事会（由各成员国外长组成）和议会（由各成员国国民议会代表组成），总部设在葡萄牙首都里斯本。葡共体成立之初成员国为7个，东帝汶独立后于2002年加入，赤道几内亚于2014年加入，现有成员国9个，包括葡萄牙、巴西、安哥拉、莫桑比克、几内亚比绍、佛得角、圣多美和普林西比、东帝汶和赤道几内亚。葡共体还

---

① 《经合组织：2017年巴西将走出衰退》，中国国际贸易促进委员会网站，http://www.ccpit.org/Contents/Channel_ 3929/2016/1129/725863/content_ 725863. htm，2016年11月29日。

② 《惠誉：预计2016年葡萄牙增速将放缓至1.2% 2017年为1.4%》，金融世界，http://finance. jrj. com. cn/2016/12/22235221876428. shtml，2016年12月22日。

③ 《莫桑比克2017年社会和经济发展计划预计明年GDP增速为5.5%》，中国商务部网站，http://www. mofcom. gov. cn/article/i/jyjl/k/201611/20161101992297. shtml，2016年11月30日。

④ 《世界银行预测2017年佛得角经济增速将加快至3.3%》，新浪财经，http://finance. sina. com. cn/roll/2017－01－14/doc－ifxzqhka2980102. shtml，2017年1月14日。

有观察员国格鲁吉亚、毛里求斯、日本、纳米比亚、塞内加尔和土耳其，印度尼西亚于 2014 年表示希望取得葡共体观察员资格。葡语国家共同体共召开了 11 届国家和政府首脑会议，制订和实施了一系列合作计划，包括艾滋病防治计划、企业家技能发展中心、防治疟疾会议、葡语调查、数字化学校和大学、对抗贫困和饥饿等。

自葡语国家共同体成立以来，成员国之间开展多领域合作，葡萄牙和巴西向其他成员国提供援助，在政治上支持东帝汶独立，促进几内亚比绍和平解决国内事务等。2017 年 10 月，葡共体在巴西利亚举行第十一届首脑会议，联合国秘书长古特雷斯（葡萄牙前总理）出席会议并表示，希望葡萄牙语成为联合国的官方语言。葡萄牙加强同葡语国家合作，特别是推动共同体扩大规模。

葡语国家间贸易、投资和援助活动活跃。葡萄牙始终把与亚非葡语国家的合作作为外交、合作和援助重点。安哥拉是接受葡萄牙援助资金最多的国家，每年约为 2500 万欧元，主要用于农业合作。葡萄牙为几内亚比绍在教育、卫生和人员培训方面提供援助。葡萄牙为东帝汶提供援助用于教育、卫生和职业培训。莫桑比克与葡萄牙政治、经济关系密切，葡萄牙曾经参与莫桑比克和平进程，为莫桑比克培训新军和警察。2016 年 3 月，莫桑比克总统纽西访问葡萄牙并出席葡总统马塞洛·德索萨的就职仪式。同年，葡萄牙总统德索萨访问莫桑比克。葡萄牙将卡奥拉巴萨水电站的控股权交给莫桑比克。葡萄牙对巴西投资巨大，不断扩大在巴西电信、能源、旅游、金融等市场的投资，在巴西已有 600 多家企业。同时，葡萄牙与巴西还建立了领导人定期会晤机制，主张两国在伊比利亚—美洲首脑会议上统一立场，加大葡语国家的分量。葡萄牙在与巴西两国的经贸关系中建立了投资项目审批的"绿色通道"，使得两国贸易、投资更加便利化。巴西在葡语国家共同体中发挥了重要作用，同时高度重视发展同非洲葡语国家的关系，免除部分非洲葡语国家的债务，提高与非洲葡语国家合作水平。巴西对非洲葡语国家提供援助，虽然规模不大，但是充分发挥了特定领域的技术优势，通过开展技术合作进行技术转让，独具特色、效果良好。巴西还同五个非洲葡语国家建立职业培训中心，提供粮食援助和优惠贷款。佛得角是葡共体的创始国之一，与其他葡语国家在政治、外交、经济和社会多个领域发展合作，与安哥拉、几内亚比绍和巴西均有高层互访。几内亚比绍与葡萄牙保持传统和特殊关系，两国高层互访频繁，在诸多领域合作密切。葡萄牙是几内亚比绍主要的贸易伙伴和援助国。东帝汶加入葡语国家共同体后，将发展同葡语国家共同体及其成员关系作为其外交重点之一。奥尔塔总统访问安哥拉、佛得角等国，与葡萄牙关系密切，两国有高层互访。圣多美和普林西比与其他非洲葡语国家关系密切，与佛得角、安哥拉均有高层互访。葡萄牙是圣多美和普林西比最大的援助国，两国常有高层互访。总体来看，亚非葡语国家具有共同的历史、语言和文化，特别强调"共同文化属性"，这些国家除参与葡语国家共同体活动外，相互间还发展双边关系，高层经常互访，在一些国际事务中协调立场，表现出非洲特有的团结性。

（二）2016年葡语国家人口增至2.8亿，安哥拉举行总统大选，整体社会稳定

据联合国人口司统计，2016年葡语国家拥有2.7827亿人口，年均增长率为1.79%，占世界总人口74亿的3.7%。巴西人口2.095亿，年均增长率为0.83%；莫桑比克2875.1万人，年均增长率2.76%；安哥拉2583.095万人，年均增长率为3.23%；葡萄牙1030.4万人，年均增长率为-0.44%；几内亚比绍188.842万人，年均增长率为2.39%；东帝汶121.124万人，年均增长率为2.24%；佛得角52.36万人，年均增长率为1.25%；圣多美和普林西比19.439万人，年均增长率为2.13%。葡语国家中除葡萄牙外人口都有增长，同时也不乏劳动力人口。但是，亚非葡语国家人口素质亟待提高，对于东帝汶来说就更为紧迫。从理论上说，世界上差不多有2.8亿人说葡萄牙语，按照语言使用人口来说，葡萄牙语排在第五位，前四位依次为英语、汉语、法语和西班牙语。葡语国家近年来出现三位世界级人物：巴西人若泽·格拉济安诺·达席尔瓦（José Graziano da Silva）2011年当选世界粮农组织总干事，巴西常驻世界贸易组织大使阿泽维多（Roberto Azevdo）于2013年当选世界贸易组织总干事，葡萄牙前总理古特

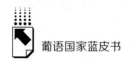
雷斯 (Antonio Guterres) 于 2016 年被选为联合国秘书长。

2016 年 1 月 24 日，葡萄牙举行总统选举，社会民主党 (Partido Social Democrata) 候选人马塞洛·雷贝洛·德索萨 (Marcelo Rebelo de Sousa) 当选总统。① 马塞洛获得 52% 的选票，成为葡萄牙第 20 任总统。2016 年 3 月 20 日，佛得角举行议会选举，反对党争取民主运动 (Movimento para a Democracia) 在选举中获胜，乌利塞斯·科雷亚·席尔瓦 (Ulisses Correia e Silva) 担任总理。争取民主运动党在这次选举中获得 72 个席位中的 40 个席位，结束了长达 15 年的佛得角非洲独立党的执政历史。② 2016 年 7 月 17 日，圣多美和普林西比举行总统选举，独立民主行动党 (Acção Democrática Independente) 候选人埃瓦里斯托·卡瓦略 (Evaristo Carvalho) 在第二轮选举中获得 50.1% 的选票，战胜曼努埃尔·平托·达科斯塔 (Manuel Pinto da Costa) 当选圣普新总统。③ 2016 年 10 月 2 日，佛得角举行总统选举，丰塞卡 (Jorge Carlos Fonseca) 获得 74% 的选票连任总统。2017 年 9 月 6 日，安哥拉人民解放运动 (Movimento Popular de Libertacaode Angola，MPLA，安人运) 赢得大选，若昂·洛伦索 (João Manuel Gonçalves Lourenço) 成为新总统。安人运获得 61.07% 选票，占有国民议会 220 个席位的 150 个席位，继续保持第一大党的地位，反对党争取安哥拉彻底独立全国联盟 (União Nacional Para Independência Total de Angola，Unita，安盟) 获得 51 个席位。洛伦索自 2015 年起担任安哥拉国防部长，2016 年当选安人运副主席。这样就结束了多斯桑托斯 (José Eduardo Dos Santos) 38 年一直担任最高领导人的历史，多斯桑托斯自 1979 年起一直担任安哥拉总统。④ 几内亚比绍政府

① 《葡萄牙举行总统选举》，新华网，http://news.xinhuanet.com/2016 - 01/24/c_1117876623.htm，2016 年 1 月 24 日。
② 《佛得角定于 2016 年 3 月 20 日举行议会选举》，中国商务部网站，http://www.mofcom.gov.cn/article/i/jyjl/k/201512/20151201210289.shtml，2015 年 12 月 15 日。
③ 《埃瓦里斯托·卡瓦略当选为圣多美和普林西比总统》，新浪博客，http://blog.sina.com.cn/s/blog_ 8f59933b0102xal5.html，2016 年 8 月 11 日。
④ 《安哥拉大选最终结果正式公布 若昂·洛伦索成功当选第三任总统》，搜狐网，http://www.sohu.com/a/190494275_ 271142，2017 年 9 月 7 日。

自 2015 年以来多次更换总理。2015 年 8 月，于 2014 年当选的总统若泽·马里奥·瓦斯（José Mário Vaz）任命议会事务部长巴西罗·贾为政府总理，但是被最高法院裁定违宪，同年 9 月又任命几佛独立党第一副主席卡洛斯·科雷亚（Carlos Correia）为总理，2016 年 5 月，科雷亚政府又被解散，11 月，总统顾问乌马罗·恩巴洛担任新总理至今。联合国安理会于 2016 年 6 月 15 日曾发表媒体声明，对几内亚比绍政治局势深表关切，呼吁各方通过政治方式解决危机。

二 中国与葡语国家关系稳定发展，圣多美和普林西比成为中国—葡语国家经贸合作论坛（澳门）的一员

2016～2017 年，中国与葡语国家关系主要有五大亮点：一是中国—葡语国家经贸合作论坛（澳门）第五届部长级会议于 2016 年 10 月 11～12 日在澳门特别行政区成功举办，开创合作的新未来；二是中国与葡语国家贸易获得恢复性增长；三是圣多美和普林西比民主共和国与中华人民共和国恢复外交关系，中葡论坛大家庭已经完整；四是中国与葡语国家人力资源合作方兴正艾，促进友好往来与经贸合作；五是中国多个省市与葡语国家成立经贸合作园区，落实合作成果。

（一）中国—葡语国家经贸合作论坛（澳门）举办第五届部长级会议

中国—葡语国家经贸合作论坛（澳门）第五届部长级会议于 2016 年 10 月 11 日至 12 日在澳门特别行政区成功举行。[①] 中国国务院总理李克强、葡萄牙总理科斯塔（António Costa）、佛得角总理席尔瓦（José Ulisses Correia e

---

① 《中葡论坛第五届部长级会议圆满闭幕》，中国商务部网站，http：//www.mofcom.gov.cn/article/ae/ai/201610/20161001407848.shtml，2016 年 10 月 12 日。

Silva)、几内亚比绍总理巴西罗·贾（Baciro Djá）、莫桑比克总理多罗萨里奥（Carlos Agostinho do Rosário），以及中国商务部长高虎城，安哥拉经济部长古尔热尔（Abraão Gourgel），巴西工业、外贸和服务部长马科斯·佩雷拉（Marcos Pereira），东帝汶国务部长、经济事务协调主任、农业及渔业部长埃斯塔尼斯劳·席尔瓦（Estanislauda Silva）共同出席。

本届部长级会议以"迈向更加坚实的中国—葡语国家经贸关系：共商合作、共建平台、共享发展"为主题，以"一带一路"倡议为引领，进一步推动中国与葡语国家经贸关系发展。同时，进一步支持澳门加快建设中国与葡语国家商贸合作服务平台的目标。

李克强总理在开幕式上发表重要主旨演讲，充分肯定了中葡论坛自2003年成立以来所发挥的重要作用和取得的积极成果，为下一步中国与葡语国家的合作指明了方向。李克强总理在主旨演讲中特别提出未来三年中国将采取的推进中国与葡语国家经贸合作的十八项新举措，为未来中国与葡语国家的合作注入了新的动力。其他葡语国家领导人在开幕式上都做了讲话。与会部长们以"一带一路"倡议为引领，签署的《经贸合作行动纲领（2017~2019）》和《中葡论坛推进产能合作的谅解备忘录》，成为指导今后三年及更长一个时期内中国和葡语国家经贸合作的行动纲领。澳门特别行政区作为中国与葡语国家合作的重要纽带和中葡论坛的永久举办地，凭借"一国两制"的制度优势和语言文化的独特魅力，将充分发挥重要的商贸合作服务平台作用。

中国—葡语国家经贸合作论坛（澳门）成立15年来，中国与葡语国家贸易快速增长。2003年中国与葡语国家贸易额仅为110多亿美元，2016年达近千亿美元，14年增长9倍多。2017年上半年，中国与葡语国家贸易额同比增长37%，达到573.58亿美元。其中，巴西与中国的双边贸易额达到418.35亿美元，同比增长35.23%，安哥拉与中国的双边贸易额为117.96亿美元，同比增长64.62%。中国与葡语国家贸易一改前两年负增长的局面，获得恢复性快速增长。中国与葡语国家的相互投资显示出巨大活力。2003年底，中国累计对葡语国家非金融类直接投资仅5610多万美元。截至2016年底，中国对葡语国家投资存量已经达到500亿美元。中国境内投资者在葡语国家设立的直接投资企业超过400家。中国与葡语国家合作领域不断拓宽。2003年，中国与葡语国家在中葡论坛部长级会议上达成一致的《经贸合作行动纲领》中涉及的领域仅7个。2016年第五届部长级会议时，中葡《经贸合作行动纲领》的合作领域扩大到26个，特别增加了产能和海洋合作，合作的形式更加多样，合作内容更加丰富。中国与葡语国家人力资源合作势头不减。中国与葡语国家高度重视人员之间的交流与合作，通过在中国内地和澳门特别行政区举办多双边官员研修班、技术培训班等方式，在旅游、农业可持续发展、贸易便利化、工程与基础设施建设、自然资源开发、中小企业能力建设、杂交水稻种植、针灸、海洋水产养殖等领域开展研修与培训。论坛建立以来共有7600多名葡语国家政府部门负责人、技术人员来到中国参与人力资源合作活动。中国在葡语国家设立了17所孔子学院或学堂，中国内地已经有34所大学设立了葡萄牙语专业。在中国与葡语国家的经贸合作中，澳门的平台作用不可替代。澳门特别行政区政府早在特区政府成立初期即提出打造中国与葡语国家商贸平台的施政理念。国家"十二五"规划和"十三五"规划都提出澳门要打造"中国与葡语国家商贸合作平台"。同时，澳门特别行政区也制定了五年发展规划（2016～2020年）与国家发展规划对接。十几年来，澳门特区一直发挥自身优势，促进中国与葡语国家贸易、投资与多种形式的合作。澳门特区最大的优势是语言，葡萄牙语为其官方语言之一，与葡语国家具有历史和天然的联系。澳门特区政府已经承办五届部长级会议，澳门特区每年会同内地和葡语国家贸易、投资促进机构举办企业洽谈会，澳门特区的大学不只培养葡语人才，澳门的平台作用不可替代。

（二）中国—葡语国家间贸易触底反弹，中国企业对葡语国家投资依然旺盛

2016年，中国与葡语国家进出口商品总值908.7亿美元，同比下降7.7%。其中，中国自葡语国家进口612.8亿美元，同比下降1.6%；中国

对葡语国家出口 259.9 亿美元，同比下降 18.2%。中国与巴西、安哥拉两国贸易额占中国与葡语国家贸易总额的 91.5%。中国与巴西的双边贸易额为 675.7 亿美元，同比下降 5.9%；中国与安哥拉双边贸易额 155.8 亿美元，同比下降 20.9%。这是中国与葡语国家贸易历史上下降幅度最大的一年。这与 2016 年中国对外贸易整体下滑有关，也与世界经济复苏缓慢有着直接关联，特别是葡语国家中巴西、安哥拉两个最大的贸易伙伴，由于当年大宗商品，如原油、铁矿等产品价格大幅度下降，即使贸易量没有大的变化，其货值也大大降低。但是，2017 年上半年，中国与葡语国家货物进出口总值出现了恢复性增长，并且增长幅度很大。2017 年上半年中国与葡语国家之间的贸易额达 573.58 亿美元，同比上升 37%。中国向葡语国家出口总货值为 165.86 亿美元，同比增长 28.2%；从葡语国家进口总货值则为 407.72 亿美元，增长 41.8%，形成 248.6 亿美元的入超。其中，中国与巴西的贸易额为 418.35 亿美元，同比增长 35.23%；中国从巴西进口 288.26 亿美元，同比增长 34.38%，中国向巴西出口 130.09 亿美元，同比增长 37.15%。中国与安哥拉的贸易额为 117.96 亿美元，同比增长 64.62%；中国从安哥拉进口 107.38 亿美元，同比增长 66.86%，中国向安哥拉出口 10.57 亿美元，同比增长 44.91%。中国与葡萄牙的贸易额为 27.34 亿美元，同比增长 3.79%；中国向葡萄牙出口 17.99 亿美元，同比下降 8.93%，中国从葡萄牙进口 9.35 亿美元，同比增长 41.98%。中国与莫桑比克的贸易额为 8.77 亿美元，同比增长 2.59%；中国向莫出口 6.06 亿美元，同比下降 6.5%，中国从莫进口 2.71 亿美元，同比增长 31.11%。中国与佛得角、几内亚比绍、圣多美和普林西比、东帝汶的贸易总额为 1.13 亿美元。从以上情况看，2017 年以来，中国与葡语国家贸易一扫下跌的阴霾，出现可喜的恢复增长局面。

2016 年，中国企业对葡语国家的投资继续保持热度。中国企业在葡语国家的投资存量达到 500 亿美元。尤为引人关注的是，中国企业对巴西的投资发展迅速，2016 年中国企业在巴西的投资为 83.97 亿美元，同比增长了 13%。中国企业进入巴西市场一般通过收购、并购、与巴西企业合资等方式。2016 年，中国企业在巴西共投资了 16 个项目，其中 8 个项目通过收购和并购完成，4个项目通过中巴企业成立合资公司完成，还有4个通过在海外投资设厂完成。项目涉及9个领域，5个集中在电力领域，2个在基础设施、家用电器、金融行业领域，采矿、钢铁、电信、自动化及农业领域各有1个项目。尽管近些年外国对巴西的投资出现减少甚至资金外逃现象，但中国企业仍然看好巴西市场，对巴西的投资保持较高水平。2017年上半年，中国企业对巴西的投资额达到61.76亿美元。2013年以来，中国以企业并购形式对巴西的直接投资持续增加。2016年，中国在巴西的并购金额为119.2亿美元，首次超过美国，成为对巴西并购的最大来源国。中国对巴西的投资契合巴西的就业需求，中企投资建厂直接创造了就业机会，利于降低巴西失业率。2017年4月6日，中国企业比亚迪股份有限公司投资巴西，建成两座工厂，其中，比亚迪巴西太阳能板厂即为当地提供了360个就业岗位。在国家电网巴西控股公司里，巴西员工的比例超过了90%。2016年巴西信息通信人才短缺达20万。为此，华为分别与巴西教育部、圣保罗大学以及圣保罗州立大学签署多份人才培训合作意向书及备忘录，计划在2016～2018年为巴西培养2万名信息通信人才。贸易和投资始终是中国与葡语国家合作的核心内容。中国将不断促进与论坛国家贸易和投资自由化、便利化作为与会国共同的目标，积极落实给予部分葡语国家的关税优惠政策，通过中葡发展基金协助企业进入葡语国家市场。

（三）圣多美和普林西比回归中国与葡语国家合作大家庭

非洲葡语国家圣多美和普林西比政府2016年12月20日发表声明，决定同"台湾当局"断绝"外交"关系。[①] 中国政府对此表示赞赏，欢迎其回到"一个中国"的原则上来。12月26日，中国与圣多美和普林西比恢复外交关系。2017年3月29日，中国—葡语国家经贸合作论坛（澳门）常设秘书处第十二次例会讨论通过圣多美和普林西比正式加入中葡经贸合作论

---

① 《中国与圣普恢复外交关系》，人民网，http：//world.people.com.cn/n1/2016/1227/c1002 -28978403.html，2016年12月27日。

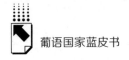

坛。2017 年 10 月 19 日，圣多美和普林西比贸促局也加入中国与葡语国家贸促机构合作机制。由此，中葡经贸合作论坛大家庭多年因缺失圣多美和普林西比而"遍插茱萸少一人"的局面结束。中葡经贸合作论坛第二届部长级会议期间，圣多美和普林西比曾以观察员身份派出贸易部长与会。2016 年，中国与圣多美和普林西比的贸易额为 600 万美元，基本为中方出口。两国复交后，于 2017 年 4 月建立经贸联委会机制。2017 年 1～6 月，两国贸易额为 400 万美元，同比增长 4.6%。

（四）中国与葡语国家的人力资源合作

中国与葡语国家的人力资源合作以中国政府举办研修班和技术培训班为主，邀请葡语国家官员、技术人员和专业人员来内地或澳门参加研讨、培训活动。通过研修、培训活动，取得增进了解、汲取经验、介绍合作伙伴、增加贸易机会、开放投资环境的效果。在以往 7600 多名葡语国家人员来华研修、培训的基础上，2016 年，中国商务部继续举办，并由中央政府部门和省区市地方政府承办的葡语国家研修班、技术培训班陆续开班，主要有：葡语国家食品安全检测技术培训班、葡语国家友好城市建设和发展研修班、非洲葡语国家政党青年领导人研修班、葡语国家信息化能力建设官员研修班、巴西中国经济发展经验部级官员研讨班。2017 年举办的研修班、培训班有：葡语国家中小企业管理研修班、葡语国家农业生产及渔业开发领域研修班、葡语国家护理技术培训班、葡语国家金融领域研修班、葡语国家贸易投资研修班、中国—葡语国家经贸合作研讨班、中国援助项目管理官员研修班、中国与巴西商业文化融合研修班、葡语国家中长期发展规划研修班等。中葡经贸合作论坛澳门培训中心 2011 年成立后，每年举办 5～6 期培训活动。2016 年，培训中心举办的活动包括：葡语国家医疗与公共卫生研修班、葡语国家中小企业能力建设研修班、葡语国家公共行政管理研修班、葡语国家传统医药领域合作研修班。2017 年举办的研修活动包括：葡语国家金融合作研修班、葡语国家产能合作研修班、葡语国家传统医药研修班和葡语国家旅游发展研修班。

（五）中国内地地方政府通过澳门特区与葡语国家共同发展

随着中国与葡语国家经贸合作的逐步深入，不少地方政府对葡语国家的了解逐步加深，并开始开展多种形式的合作。2017年5月，北海—澳门葡语国家产业园在广西北海设立，北海出口加工区管委会代表北海市与澳门"一带一路"研究会签署合作协议。① 北海借助澳门的优势，积极参与中国与葡语国家合作。产业园落户北海出口加工区B区，占地600亩，一期建设10万平方米启动区，引进和发展高端智能家具制造、矿产资源加工、海产品等农副产品精深加工、保税仓储物流和酒类水果食品进出口等项目和产业，积极发挥优势，吸引葡语国家投资项目入驻园区，计划2017年有3～5个示范性项目，2020年园区进出口产值达到累计200亿元人民币的目标。2016年10月21日，澳门特区政府与江苏省政府签署备协议，决定在江苏省常州市共同开发建设苏澳合作园区。园区旨在发挥澳门联系葡语国家商贸服务平台的作用，深入推进与澳门特区及葡语国家的交流合作。江苏省与澳门特区一直保持紧密的经贸合作，双方已建立起相关合作机制。自2011年起双方已经在澳门国际贸易投资展览会期间连续举办六届"江苏—澳门·葡语国家工商峰会"，促进江苏省、澳门特区和葡语国家在经贸、文化、教育等领域形成合作机制。2015年江苏省与葡语国家贸易总额约110亿美元。② 长期以来，澳门发挥着"中国与葡语国家经贸合作服务平台"的独特作用，"中国—葡语国家经贸合作论坛"部长级会议自2003年以来先后在澳门举办了5次，同时澳门也是论坛常设秘书处的所在地。借助中葡论坛合作平台，2017年青岛商务代表团访问莫桑比克、佛得角、葡萄牙等葡语国家，并通过葡语国家，将合作延伸到非洲、欧洲、拉美等"一带一路"沿线国家。2017年6月19日青岛举办中国—葡萄牙—澳门特别行政区企业商

---

① 《广西北海与澳门携手打造"葡语系国家产业园"》，新华社，http：//news. xinhuanet. com/ 2017 – 05/15/c_ 1120975866. htm，2017年5月15日。

② 《澳门江苏合作园落户常州》，环球网，http：//china. huanqiu. com/hot/2016 – 10/ 9590299. html？_ t = t，2016年10月24日。

机论坛。① 2010 年青岛市与里斯本市结为友好城市。"一带一路"为青岛与葡语国家搭建了新的合作平台，即欧亚经贸合作产业园。青岛规划在胶州国家级经济开发区与青岛前湾港保税港区合作设立的保税物流功能区及周边区域的 8.25 平方公里上设立一个境内发展先导区，与欧亚国家合作发展国际贸易和物流产业，一方面推动葡语国家更多的特色产品进入中国市场，另一方面促进葡语国家产品利用青岛贸易枢纽平台进入日韩、中亚、欧盟、东盟、南亚、非洲市场。在境外，青岛与葡语国家共同合作，面向欧亚，努力将欧亚经贸合作产业园区建设成为"一带一路"倡议下"互联互通"的国际产能合作重要平台。结合葡语国家工业化进程，青岛还将组织海尔、海信、澳柯玛等一批有实力的大企业结合葡语国家工业化进程融入当地，与有关国家深度合作，推动青岛与葡语国家开展产能集群式合作。首批计划在"一带一路"国家合作建设 17 个境外经贸合作区。欧亚经贸合作产业园将为葡语国家和地区与亚太市场的贸易合作建立一个国际多式联运转口通道，让"一带一路"建设惠及葡语国家。2017 年 9 月 24 日湖南省商务厅举办"湖南—澳门·葡语国家产能合作对接会"，安哥拉、佛得角、几内亚比绍、莫桑比克、葡萄牙、圣多美和普林西比、东帝汶等 7 个葡语国家派出代表和湖南省隆平高科、远大住工、三一重工等企业参加对接会。湖南省借助澳门特区发展湖南与澳门特区和葡语国家经贸合作关系。湖南与葡语国家在农业、矿产资源开发、影视文化等领域正在推进一系列合作项目。近年来，湖南省相关企业在省政府的大力支持下，与 8 个葡语国家在工业、农业、工程建筑、双边贸易、技术培训等方面进行了友好合作。2017 年 10 月 24 日，河北省商务厅与中国商务部国际商务官员研修学院在省会石家庄共同举办"中国河北—葡语国家贸易与投资促进对接会"，来自葡萄牙、安哥拉、佛得角、圣多美和普林西比等葡语国家的官员参加对接会，还参观了华药集团。2017 年 8 月 10 日，澳门贸易投资促进局主办、四川省商务厅协办的

---

① 《青岛与澳门合作　开拓葡语公交卡市场》，凤凰网，http：//news. ifeng. com/a/20170706/ 51383583_ 0. shtml，2017 年 7 月 6 日。

"葡语国家产品推介及商机对接会"在成都举行，17家来自澳门的代理商展示了多款来自葡语国家包括葡萄牙、巴西等地的罐头、果酱、酒类、咖啡、零食等多款饮品、食品，向成都市民推介葡语国家食品。历届澳门国际贸易投资展览会期间，北京、江苏、陕西、福建、广东、黑龙江、湖南等十余个内地省市均积极参展，企业间接洽活动踊跃，实现中国内地与葡语国家共同发展。

（六）澳门特区在中国与葡语国家经贸合作中的作用不可替代

澳门特区政府于建立特区初期提出打造中国与葡语国家商贸平台的施政理念。国家"十二五"规划和"十三五"规划都提出要将澳门打造成为"中国与葡语国家商贸合作平台"。[①] 同时，澳门特别行政区也制定五年发展规划（2016～2020年）与国家发展规划对接。中国与葡语国家经贸合作中澳门的平台作用不可替代。十几年来，澳门特区一直发挥自身优势，促进中国与葡语国家贸易、投资等多种形式的合作。澳门特区最大的优势是语言，葡萄牙语为其官方语言之一，与葡语国家具有历史和天然的联系。澳门特区的服务业十分发达，中介、休闲、旅游、会展都为其经济适度多元化带来新的增长点，也为中国内地企业与葡语国家企业提供了大量资讯信息。澳门特区政府已经成功承办中葡论坛五届部长级会议，每年会同内地和葡语国家贸易、投资促进机构举办企业洽谈会；澳门特区的大学不仅培养葡语人才，还承办中葡论坛培训中心举办的多种培训活动。中国与葡语国家经贸合作取得的成就与澳门特区的平台作用是分不开的，澳门的平台作用不可替代。澳门特区作为中国与葡语国家合作的重要纽带和中葡论坛的永久举办地，凭借"一国两制"的制度优势和语言文化的独特魅力，充分发挥重要的商贸合作服务平台作用，澳门经济适度多元可持续发展出现了新的增长点。

---

① 《澳门特区五年发展规划正式公布实施　对接国家"十三五"规划》，中国新闻网，http：//www.chinanews.com/ga/2016/09 - 08/7998622.shtml，2016年9月8日。

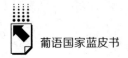

　　2017 年，全球经济出现了向好的态势，中国与葡语国家合作前景更加美好。国际货币基金组织提高其对全球经济增长的预测，从 3.4% 上调到 3.5%，虽然只是 0.1 个百分点的增长，却反映了全球经济的发展趋势。中国的供给侧改革促进中国经济的稳定，推动经济的发展，上半年国内生产总值增速超过预期达到 6.9%。葡语国家中巴西转负为零，有可能重回增长轨道。经合组织预测，葡萄牙的国民生产总值增长预计达到 2.1%，将有可能打破该国 21 世纪的历史纪录。莫桑比克和佛得角的经济增长将加速，或可分别达到 5.5% 和 3.3%。几内亚比绍与圣多美和普林西比的经济增长均有看好的迹象。但是，安哥拉经济增长受国际市场油价波动影响较大。2017 年，中国与葡语国家的合作向纵深发展，中国和葡语国家地方政府和企业的积极性将进一步释放，中国与葡语国家的合作前景十分美好。

专题报告

Special Topics Reports

B.2

中葡论坛成立以来发展回顾

中葡论坛常设秘书处 *

摘　要：　中葡论坛自2003年成立至今，在论坛各与会国的支持下，为
　　　　　推动中国与葡语国家经贸合作，促进中国和葡语国家的共同
　　　　　发展发挥了多方面的积极作用。中葡论坛已经成为中国和各
　　　　　葡语国家间重要的经贸交流平台。本报告对论坛的发展情况
　　　　　进行了回顾，总结了论坛成立以来取得的成就，以及对澳门
　　　　　"一个平台"建设的促进作用。

关键词：　中葡论坛　澳门　经贸合作

---

* 中葡论坛常设秘书处，全称中国—葡语国家经贸合作论坛（澳门）常设秘书处，负责日常事
务，设在澳门特别行政区。

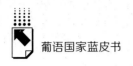
前　言

2003 年 10 月，在中国与各葡语国家达成共识的条件下，中国—葡语国家经贸合作论坛（澳门）（简称中葡论坛）在澳门成立。中葡论坛是中央人民政府（商务部）发起并主办，澳门特别行政区政府承办，以经贸促进与发展为主题的非政治性政府间多边经贸合作机制，旨在加强中国与葡语国家之间的经贸交流，发挥澳门连接中国与葡语国家的平台作用，促进中国内地、葡语国家和澳门特区的共同发展。目前，安哥拉、巴西、佛得角、几内亚比绍、莫桑比克、葡萄牙、圣多美和普林西比、东帝汶等 8 个葡语国家均参与该机制。根据《经贸合作行动纲领》，与会国政府共同发起，常设秘书处于 2004 年 4 月在澳门正式设立，执行和落实部长级会议的各项决定。中葡论坛 2003～2016 年在澳门成功举办了五届部长级会议，并通过了 2004～2006 年、2007～2009 年、2010～2013 年、2014～2016、2017～2019 年 5 个《经贸合作行动纲领》。

澳门回归以来，凭借与葡语国家在语言、文化、法律等方面的历史渊源，以及自由的市场环境、单独关税区、独特的地理位置等优势，逐步成为中国与葡语国家经贸合作、文化交流的桥梁和纽带。为进一步发挥澳门的平台作用，国家"十二五"规划和"十三五"规划提出支持澳门建设中国与葡语国家商贸合作服务平台。澳门特别行政区五年发展规划也明确提出大力建设"一个中心、一个平台"，促进中国内地、澳门与葡语国家的互利合作与共同发展。

一　中葡论坛成立以来的发展成效

中葡论坛成立以来，经过各与会国的共同努力和澳门特别行政区政府的大力支持，扎实推进各领域务实合作，共同应对复杂多变的国际政治经济形势，不断增加中国内地、澳门和葡语国家人民的获得感。中葡论坛不断创新、富有成效的发展，已经成为国际合作的成功典范。

（一）政府间合作更加紧密

中葡论坛成立以来，中国与葡语国家高层互访频繁，中国与各葡语国家友好合作关系不断发展，并分别于 2005 年和 2012 年与葡萄牙和巴西建立全面战略伙伴关系。2016 年 12 月，中国与圣多美和普林西比恢复外交关系，2017 年 3 月，圣普正式加入中葡论坛。

各与会国政府大力推动论坛框架下的交流与合作，使论坛成为中国与各葡语国家双边磋商机制的重要补充，并日益成为与会各国共同应对世界经济问题、实现共同发展的对话平台。

论坛与会国高度重视论坛发展建设，历届部长级会议的规格不断提高，多位中国国家领导人和葡语国家总统、总理、副总理都曾率代表团参加会议。2016 年第五届部长级会议期间，李克强总理亲自出席会议开幕式并致辞，7 个与会的葡语国家共派出了 4 位总理及 14 位部长出席部长级会议相关活动。在落实历届行动纲领的过程中，各葡语国家驻华大使、驻澳门领事做了许多工作，支持论坛项下开展的各项经贸、文化、教育等活动，推动了政府间协议和项目的落实。

（二）贸易投资快速增长

中国与葡语国家跨亚、非、欧、拉美四个大洲，人口超过 16 亿，在世界总人口的占比超过 20%。双方 GDP 约占全球 GDP 的 17.5%。整体资源丰富且彼此之间互补性强，具有巨大的合作发展潜力。论坛成立以来，中国与葡语国家以历届部长级会议签署的经贸合作行动纲领为引领，积极开展务实合作，发挥各自优势，实现互利共赢。2002 年中葡论坛成立前，中国与葡语国家进出口商品总值 60.56 亿美元，2014 年中国与葡语国家进出口商品总值达到 1326 亿美元，比 2002 年增长近 21 倍。2015 年，受世界经济下滑影响，中国与葡语国家进出口商品总值略有下降，但仍达到了 984.75 亿美元，总体保持平稳。中国海关总署资料显示，2017 年 1~9 月中国与葡语国家进出口商品总值 894.3 亿美元，同比增长 29.36%。其中中国自葡语国家进口 628.1 亿美元，同比增长 31.26%；对葡语国家出口 266.2 亿美元，同比增长 25.09%，显示出强劲的增长势头（2003~2017 年中葡贸易数据详见表 1、表 2、表 3）。

表1 2017年、2016年部分月份中国与葡语国家进出口商品总值

单位：万美元，%

序号	国家	2017年1~9月			同比增长			2016年1~9月
		进出口额	出口额	进口额	进出口	出口	进口	进出口额
1	安哥拉	1713368.20	165729.29	1547638.91	45.37	33.65	46.75	1178602.94
2	巴西	6654418.06	2112689.92	4541728.15	28.78	33.57	26.67	5167313.69
3	佛得角	5006.65	5006.19	0.46	29.56	29.82	-97.25	3864.44
4	几内亚比绍	2166.37	2135.87	30.49	31.96	31.39	89.38	1641.73
5	莫桑比克	133962.53	95320.08	38642.45	0.74	-4.04	14.83	132984.53
6	葡萄牙	423949.88	271230.10	152719.78	1.94	-10.98	37.33	415883.45
7	圣多美和普林西比	510.57	510.55	0.01	-0.06	0.23	-99.13	510.89
8	东帝汶	9222.70	9126.59	96.11	-23.77	-24.51	1058.62	12097.96
	中国对葡语国家进出口合计	8942604.96	2661748.59	6280856.37	29.36	25.09	31.26	6912899.63

资料来源：海关总署。

表2　2003～2016年中国对葡语国家出口总额

单位：万美元

国家 ＼ 年份	2003	2004	2005	2006	2007	2008	2009
安哥拉	14579	19353	37279	89419	123131	292892	238596
巴西	214496	367485	482755	737995	1137203	1874919	1411852
佛得角	260	275	519	1009	1470	1327	3541
几内亚比绍	1235	599	579	568	728	613	2319
莫桑比克	4503	7515	9148	12797	16022	28842	33913
葡萄牙	40637	58840	91201	135972	182628	230392	192352
东帝汶	107	171	127	579	946	914	2326
圣多美和普林西比	20	22	55	122	178	188	220
总计	275837	454260	621663	978461	1462306	2430087	1885119

国家 ＼ 年份	2010	2011	2012	2013	2014	2015	2016
安哥拉	200410	278154	404419	396485	597627	372232	176113
巴西	2446247	3185426	3342505	3618968	3492522	2742847	2216240
佛得角	3434	4952	5749	6116	5122	4492	4934
几内亚比绍	943	1483	1589	1176	1712	1945	2130
莫桑比克	49639	69846	94177	119716	196989	194103	137986
葡萄牙	251324	280090	250216	250681	313724	289865	403770
东帝汶	4283	7037	6250	4730	6034	10595	17188
圣多美和普林西比	205	179	300	476	572	787	663
总计	2956485	3827169	4105205	4398348	4614302	3616867	2959023

资料来源：海关总署。

表3　2003～2016年中国从葡语国家进口总额

单位：万美元

国家 ＼ 年份	2003	2004	2005	2006	2007	2008	2009
安哥拉	220593	471734	658183	1093330	1288867	2238252	1467583
巴西	584380	868413	998974	1292002	1833301	2982386	2828098
佛得角	—	—	—	—	0	—	0
几内亚比绍	—	3	—	—	17	124	162
莫桑比克	2668	4429	7353	7977	12389	12591	17755
葡萄牙	19461	28090	32385	35381	38453	38728	48093
东帝汶	—	—	—	1096	5	11	2
圣多美和普林西比	3	134	—	—	0	2	0
总计	827105	1372803	1696895	2429786	3173032	5272094	4361694

续表

年份 国家	2010	2011	2012	2013	2014	2015	2016
安哥拉	2281259	2488929	3345834	3194802	3109494	1598316	1381873
巴西	3808620	5264880	5205967	5366605	5197564	4438037	4540461
佛得角	1	10	0	0	0	2	8
几内亚比绍	386	412	664	1682	4995	1781	16
莫桑比克	20137	25550	40276	45118	165301	45198	47987
葡萄牙	75425	116226	151779	140122	166486	147184	158010
东帝汶	25	174	68	39	9	72	29
圣多美和普林西比	1	0	4	0	0	3	2
总计	6185854	7896181	8744592	8748368	8643849	6230594	6128386

资料来源：海关总署。

中国已经成为葡语国家最大的贸易国。其中，巴西是中国在葡语国家中最大的贸易伙伴。2009 年，中国超过美国成为巴西最大的出口目的国。中国是巴西农产品最大的出口国，据巴西有关部门统计，巴西对华农产品出口量占其农产品出口总量的 32.3%。2017 年前 9 个月，巴西从中国进口了 211.3 亿美元的商品，同比增长了 33.57%，中国也首次超过美国，成为巴西第一大进口来源国。[①]

在投资领域，自论坛成立以来，中国对葡语国家的投资额从 2003 年的 5600 万美元增加到 2016 年的超过 500 亿美元，增长了近 900 倍。中国石油、国家电网、三峡集团、中兴通讯等大批央企和华为、复星、三一等实力民企纷纷到葡语国家投资建厂，成立分公司。巴西是中国在葡语国家中最主要的投资目的国。有数据显示，2016 年中国企业在巴西的投资额达到 210 亿美元，比 2015 年增长 67%，巴西已成为有更高价值的中国投资目的国之一。[②] 在非洲葡语国家，中国在 2017 年成为莫桑别克最大的外资投资国。根据莫桑比克投资促进局公布的 2017 年上半年投资数据，中国已取代 2011 ~

---

① 中国驻巴西大使馆经济商务参赞处，http：//br. mofcom. gov. cn/。
② 中国驻巴西大使馆经济商务参赞处，http：//br. mofcom. gov. cn/。

2016 年的阿联酋和南非，成为莫桑比克最大的外资投资国，投资金额为 1.73 亿美元。[1]

（三）合作举措更加务实

中葡论坛五届部长级会议以来，促进中国与葡语国家经贸合作的举措更加注重结合世界经济发展的总体趋势，贴近各国发展实际，注重建立多层次、全方位的合作关系。在第五届部长级会议开幕式上，中国国务院总理李克强宣布了中方推进与论坛葡语国家经贸合作的十八项举措，涉及产能合作、发展合作、人文合作、海洋合作、澳门平台作用等五大领域，包括向论坛亚非葡语国家提供不少于 20 亿元人民币援外优惠贷款和 20 亿元人民币无偿援助、免除论坛亚非葡语国家 5 亿元人民币无息贷款到期债务，为论坛葡语国家提供 2000 个各类培训名额、2500 个中国政府奖学金名额等。在此次会议上，中国与葡语国家还签署了《关于推进产能合作的谅解备忘录》，确定了中国与论坛葡语国家产能合作的总体目标、遵循原则、工作任务、领域项目规划、政策支持保障、推进工作机制等六方面内容，开启了中国和论坛葡语国家经贸合作新模式。

（四）合作领域更加广泛

随着中国与葡语国家经贸合作的深入，双方的合作领域不断拓展，合作内容更加广泛。由第一届部长级会议宣布的 7 个领域，增加到第五届部长级会议宣布的 18 个，涵盖政府、投资、贸易、农林牧渔、企业、地方省市、金融、人力资源、自然资源、产能、基础设施、旅游、运输与通信、文广与体育、卫生、海洋、金融和其他传统与新兴领域。

第五届部长级会议提出的十八项举措进一步深化了发展合作和人文合作等传统领域的合作内容，大幅增加并突出了推进国际产能合作和深化澳门平台建设，结合葡语国家需求新增了海洋合作的内容。十八项举

---

[1]　中国驻莫桑比克大使馆经济商务参赞处，http：//mz.mofcom.gov.cn/。

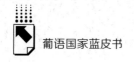

措领域之广，内容之丰富，数量之多，均为历史之最。本次会议期间还签署了一系列多双边协议。其中，《经贸合作行动纲领》以"一带一路"精神为引领，进一步拓宽了合作领域，提升了合作水平。新增的产能合作、海洋合作、省市间合作等章节，丰富了贸易投资、企业间合作、基础设施合作、金融合作、农林渔牧业合作、发展合作、运输与通信合作、卫生合作等多个领域内容。

（五）论坛影响力不断提升

由于中葡论坛对中葡间经贸合作显著的促进作用，论坛的影响力不断提升，中国内地省市、有关机构和中葡双方企业越来越多地参与到中葡经贸合作中来。

在内地省市中，江苏省在澳门举办的"江苏—澳门—葡语国家工商峰会"，已成为内地省份借助澳门平台与葡语国家经贸合作的典范。该峰会自2011年起已经连续成功举办了7届，江苏与葡语国家的合作领域不断扩大，涉及贸易投资、基础设施、农业、渔业、教育、文化等领域。2016年10月，江苏与澳门共同决定在常州市合作开发建设苏澳合作园区，这将进一步深化江苏与澳门和葡语国家的产业合作。

第五届部长级会议以来，为推动中国与葡语国家贸易和产能合作，论坛秘书处先后到浙江、江苏、湖南等地开展产能合作对接活动，推介葡语国家投资贸易环境，宣传澳门"中葡商贸合作服务平台"作用。湖南省、山东省、深圳市、天津市、沈阳市、青岛市、上海市、徐州市等省市的相关部门到访秘书处，商谈开展合作事宜。论坛秘书处还与青岛市、中国国际贸易促进委员会（简称"中国贸促会"）签署了合作备忘录。

在企业参与方面，中葡青年企业家论坛已连续3年在澳门举办，吸引了来自中国内地、澳门和葡语国家的青年企业家探讨合作和发展机遇。内地企业利用论坛机制和澳门平台在远洋渔业、航空、会展等领域与葡语国家开展了合作。

二 中葡论坛促进澳门"一个平台"建设

自国家"十二五"规划和"十三五"规划提出支持澳门建设中国与葡语国家商贸合作服务平台以来，在中央政府的支持下，澳门特区政府主导"一个平台"建设取得了积极进展。在此过程中，中葡论坛充分发挥中国内地和葡语国家经贸联系优势，协助推进"葡语国家食品集散中心"、"中葡中小企业商贸服务中心"及"中葡经贸合作会展中心"（简称"三个中心"，这是中葡论坛第四届部长级会议期间，国务院副总理汪洋在充分肯定澳门作为中葡平台作用时提出的）建设，积极宣传澳门平台作用，有效促进了澳门"一个平台"各项具体内容的落实。澳门平台作用日益突出，国际影响力不断提升，已成为"一国两制"成功实践的重要标志。

（一）葡语国家食品展示中心迅速发展

近年来，葡语国家食品展示中心和类似的展示点已在内地多个省市设立，成为内地企业与澳门、葡语国家企业联系的重要渠道和窗口。葡语国家食品展示中心于 2016 年 3 月 31 日在澳门正式设点，目前在澳门有多个展示点。内地首个"澳门葡语系国家地区酒类及食品展示中心"于 2014 年 5 月在上海设立，之后陆续在江门、福州、顺德、佛山、广州、苏州、合肥、长沙、扬州、宁波、武汉、杭州、成都、重庆、沈阳、天津设立，范围遍布10 省 17 市。2017 年 6 月，在天津设立的"澳门及葡语系国家商品（天津）展销中心"是截至目前内地最大的展示中心。

与此同时，"葡语国家食品展示中心"已初步具备了线上线下联动功能，并主要通过中国—葡语国家经贸合作及人才信息网（简称"信息网"）来实现实体商品和线上资料对接。目前，该网已收录了逾万件葡语国家食品及饮料。现内地大多数展示中心已将实体店与该网进行关联，顾客在参观展品时，通过扫描二维码进入"中国—葡语国家经贸合作及人才信息网"中的"葡语国家食品资料库"页面，就可获取产品和供应商的具体信息。

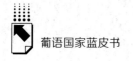

（二）中葡经贸会展中心建设稳步推进

中葡经贸合作会展中心主要通过在澳门举办各色会展，以及与内地合作举办经贸会展活动，为澳门会展业的发展增添动力。中葡论坛成立以来，澳门会展业的硬件设施建设和会展品牌打造均取得了长足的发展，特别是中葡论坛部长级会议把澳门作为会议永久会址，带动了澳门会展的整体影响力。

硬件设施建设方面，澳门拥有完善的会议场地和酒店设施，包括东亚运动会体育馆、旅游塔、世贸中心、渔人码头等近 20 个会展场地。酒店客房约 4 万间，70% 是五星级酒店。到 2020 年，澳门将可提供超过 21 万平方米的会展场地，以及逾 4.8 万间酒店客房。交通设施网络不断完善，港珠澳大桥即将建成通车，由香港机场前往澳门更加方便，弥补了澳门到许多国家和地区不通直航的短板。

会展品牌打造方面，2003 年，首届中葡论坛部长级会议在澳门举办，这也是迄今为止在澳门举办的规格最高的国际会议。2005 年澳门国际贸易投资展览会（MIF）成为全球展览业协会（UFI）的认证展会，MIF 及澳门会展业的品牌影响力获得提升。近年来，中央政府有关部门将一系列具有国际影响力的大型会议、论坛放在澳门举办。其中，自 2012 年起，国际基础设施建设与投资高峰论坛、世界旅游经济论坛也移至澳门举办。第八届亚太经合组织（APEC）旅游部长会议和第十三届中国会展经济国际合作论坛（CEFCO 2017）也分别于 2014 年和 2017 年在澳门举办。

得益于澳门会展品牌的影响，中葡经贸会展中心发展迅速。中葡论坛常设秘书处在澳门国际贸易投资展览会、澳门国际旅游（产业）博览会和澳门国际环保合作发展论坛及展览等大型展会上专门设置葡语国家展台，已成为澳门会展中一道独特的风景。在 2017 年第二十二届澳门国际贸易投资展览会上，葡语国家产品及服务展（澳门）首次独立成展，吸引了超过 200 个主要来自中国内地、澳门及 8 个葡语国家的企业参展，集中推广宣传葡语国家的产品及相关服务。

（三）"中葡中小企业商贸服务中心"作用不断显现

"中葡中小企业商贸服务中心"主要通过提供市场咨询服务、举办经贸交流活动帮助中葡中小企业寻找商机。随着该中心项下各项机制的成熟和完善，以及"中葡企业家联合会"的成立，该中心已成为中国内地、澳门和葡语国家企业沟通信息、开拓市场、分享经验的重要平台。

2016 年第五届部长级会议的配套活动之一是"企业家·金融家大会"，会上举行了"中国与葡语国家企业家联合会"签约和揭牌仪式。目前，中国贸促会已经成立联合会中方委员会，并于 2016 年 12 月召开了中方委员会第一次工作会议。澳门成立了"澳门筹备委员会"，于 2017 年 4 月召开了第一次工作会议。会议决定联合会将设指导委员会，成员包括中国国际贸易促进委员会、8 个葡语国家的贸促机构及澳门贸易投资促进局。目前，中葡企业家联合会的运作章程已经初步确定，即将正式运行。

中葡论坛常设秘书处还与澳门贸易投资促进局等部门联合举办了"中国—葡语国家青年企业家论坛"，旨在利用中葡论坛多边合作机制，发挥澳门中葡商贸合作服务平台的作用，进一步促进中国内地、澳门及葡语国家在青年创业方面的交流合作，加深相互之间的了解，为论坛各方青年企业家创造更多的发展机遇和合作机会。在 2017 年第三届中葡青年企业家论坛上，中葡青年创新创业交流中心举行了揭牌仪式，标志着该中心正式成立运营。成立中葡青年创新创业交流中心是李克强总理在中葡论坛第五届部长级会议开幕式上宣布的十八项举措之一。该中心由澳门特区政府全资的澳中致远投资发展有限公司负责运营。中心场地由特区政府提供，含 1500 平方米的室内场所和 2000 平方米的室外活动场地，设置了企业创意展示区、会议区、路演区等功能区域。中心针对创业青年在创业初期寻找办公场地的困难，向申请进驻中心的创业青年免费提供临时办公地点。此外，该中心实行 24 小时营业，方便兼职创业者，并解决了葡语国家时区不一致的问题。

在活动举办方面，除了青年企业家论坛，澳门贸易投资促进局每年还举办两次"葡语国家商机系列活动"，邀请来自中国内地和澳门政府部门的专

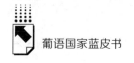

家讲解各葡语国家投资环境和政策，并邀请在葡语国家有投资贸易业务的企业分享经验。除此之外，中葡论坛常设秘书处和澳门贸易投资促进局还组织企业赴葡语国家开展经贸促进、招商推介等活动，如举办"中国与葡语国家企业经贸洽谈会"等，并组织葡语国家产品供应商在中国内地举办贸易对接活动。

（四）"一个平台"建设内容更加丰富

随着中国与葡语国家经贸合作、文化交流的不断深入，澳门"一个平台"建设内容更加丰富。除上述"三个中心"外，中葡论坛项下还成立了中葡青年创新创业交流中心，为中国和葡语国家青年企业家开展创业交流、咨询和沟通平台等服务。在文化交流上，创立于1998年"葡韵嘉年华"已经举办了20届，创办于2008年的"中国—葡语国家文化周"已经成功举办了8届，有效促进了中国与葡语国家间的文化交流，为中葡扩大经贸往来注入了动力。为进一步加强中葡文化交流，创新交流方式，第五届部长级会议提出的十八项举措中提出要在澳门设立中葡文化交流中心和中葡双语人才培训基地。目前，澳门各主要院校积极开展中葡双语人才培训，2017年5月，澳门大学"中葡双语教学暨培训中心"正式成立，澳门城市大学专门设有葡语国家研究院，开设葡语国家研究博士和硕士学位课程，澳门理工学院在未来4年将扩大葡语专业招生约至目前的3倍，达到683人。

三　结语

中葡论坛在促进中国与葡语国家贸易、推进澳门"一个平台"建设方面取得了显著成绩。特别是2008年国际金融危机以来，在全球经济下滑、贸易不景气的背景下，中葡经贸合作仍保持着稳定的增长，显示了中葡论坛具有强大的生命力，符合中国与各葡语国家人民的利益。在世界经济重新恢复增长的态势下，中葡论坛应当把握发展机遇，推动中国与葡语国家的互利合作再上新台阶。

自 2013 年中国国家主席习近平提出共建"丝绸之路经济带"和"21 世纪海上丝绸之路"的重大倡议以来，经过四年努力，"一带一路"为沿线国家带来了实实在在的利益，得到了国际社会的高度认可，并于 2016 年写入联合国安理会决议。"一带一路"共商项目投资、共建基础设施、共享合作成果的合作理念，通过开展产能、金融和基础设施等领域的合作，有助于促进生产要素有序流动、资源高效配置、市场深度融合，并有助于构建人类命运共同体。

李克强总理在中葡论坛第五届部长级会议开幕式上指出，"一带一路"合作倡议与许多葡语国家发展规划高度契合。葡萄牙总理科斯塔也表示，中国的"一带一路"倡议有助于加强中国同葡语国家的经济关系，中葡论坛将在"一带一路"建设中发挥更大作用。① 中葡论坛未来的发展，应当依靠中国全面对外开放的大战略，融入"一带一路"倡议，将论坛自身机制优势和"一带一路"合作发展理念相结合，充分借鉴"一带一路"的成功经验，在更高层次、更多领域和更广大范围促进中葡论坛的发展和创新。

---

① 《中葡论坛助力"一带一路"倡议》，中国贸易新闻网，http：//www.ccpit.org/Contents/Channel_ 4117/2016/1014/703564/content_ 703564. htm。

B.3
中国与葡语国家在法律领域的
交流和合作：澳门特区的角色

魏 丹*

摘 要： 人类的文化是通过语言来传承的。世界上以葡萄牙语作为官方语言的国家和地区除了拥有共同的语言之外，在文化上也有着很大的相似性。法律制度与政治制度、经济制度等一样，都是文化的重要组成部分，葡语国家和地区的法律制度就表现出高度的相似性。本报告分析了葡语国家和地区的"共同法"或者"法律共同体"的积极意义，总结法律在中国与葡语国家经贸合作中的作用并探究澳门的角色和挑战。

关键词： 法律文化　葡语国家和地区共同法　澳门

一　葡语国家和地区法律制度的特征

人类的文化是通过语言来传承的。世界上以葡萄牙语作为官方语言的国家和地区①除了拥有共同的语言之外，在文化上也有着很大的相似性。法律制度与政治制度、经济制度等一样，都是文化的重要组成部分。葡语国家和

---

* 魏丹，澳门大学法学院副院长、教授，澳门巴西研究学会理事长，巴西司法部项目合作专家。

① 以葡语作为官方语言的国家包括安哥拉、巴西、佛得角、几内亚比绍、莫桑比克、葡萄牙、圣多美和普林西比、东帝汶。以葡语作为官方语言的地区是中国澳门特别行政区。此外，赤道几内亚也将葡萄牙语作为官方语言之一（但此报告的研究范畴不包括赤道几内亚）。

地区的法律制度就表现出高度的相似性。历史法学派代表人物之一萨维尼认为，法律与语言一样，都是民族精神的一部分。"如果说语言是理性交往和表达意义、构造人文世界的工具和途径，法律则是人们用行动达到这一目的的工具和途径。"[①] 法律制度是文化的体现，而法律文化的载体是法律语言，法律语言作为法律科学的技术性沟通工具，又广泛承载了文化、哲学、社会的传统元素。

当代世界的主要法律体系包括大陆法系、英美法系和社会主义法系。葡语国家和地区的法律制度是否构成了一个独立存在的法律体系，在学术界的理论研究上还存在争议。持否定观点的代表人物为葡萄牙法学家 Dário Moura Vicente[②]，他的主要理由为：葡语国家和地区并没有提出独有的关于法律的概念，且它们各自所处的地理位置和区域一体化的进程对彼此之间形成一套独有的法律体系产生了一种强大的离心力，尤其是在法律多元化的非洲葡语国家，官方法还同时受到大量非官方的习惯法的影响。持肯定观点的代表人物包括德国法学家 Erik Jayme[③]、Carl Friedrich Nordmeier[④] 和葡萄牙法学家 António Menezes Cordeiro[⑤]、António Marques dos Santos[⑥] 等。他们则认为，葡语国家和地区的某些法律制度（例如物权法、家庭法）具有自身的独特性，葡语国家的宪政制度也非常相似，在债法领域均从法国元素过渡到德国潘德克顿的罗马—日耳曼元素，同时兼顾合同理论和意思表示理论，

---

① 谢鸿飞：《萨维尼的历史主义与反历史主义——从历史法学派形成机理角度的考察》，《清华法学》（第三辑），清华大学出版社，2003，第 82 页。

② Dário Moura Vicente, "O Lugar dos Sistemas Jurídicos Lusófonos entre as Famílias Jurídicas," http：//www. fd. ulisboa. pt/wp – content/uploads/2014/12/Vicente – Dario – O – lugar – dos – sistemas – juridicos – lusofonos – entre – as – familias – juridicas. pdf.

③ Erik Jayme, "Betrachtungen zur Reform des portugiesischen Ehegüterrechts," *Festschrift für Imre Zajtay*, *Tubinga*, 1982, pp. 262 and the following.

④ Carl Friedrich Nordmeier, *Zulässigkeit und Bindungswirkung gemeinschaftlicher Testamente im Internationalen Privatrecht*, Tubinga, 2008, pp. 16 and the following.

⑤ António Menezes Cordeiro, "O sistema lusófono de Direito," http：//www. oa. pt/Conteudos/ Artigos/detalhe_ artigo. aspx？idsc = 112471&ida = 112722.

⑥ António Marques dos Santos, "As relações entre Portugal, a Europa e o Mundo Lusófono e as suas repercussões no plano jurídico," em *Lusíada*, Direito, II Série, No. 1, 2003, pp. 73 – 89.

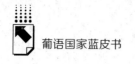

可谓形成了葡语国家的共同私法。

无论是否单独构成法系这一争议的焦点如何，葡语系国家和地区的法律制度拥有很多共同的元素和共性却是不争的事实。它们的共性至少表现在以下五个方面。

第一，共同的历史传统。葡语系国家和地区的法律传统都源自罗马法，法律的体系、原则和规则以及法律精神、价值均从罗马法演进而生。所有这些国家和地区的法律制度都符合大陆法系的特征，成文法典是最重要的法律渊源。葡萄牙的法律或多或少地对其他葡语国家法律制度的形成产生了影响。

第二，共同的法律语言和法律术语。由于这些国家和地区的法律都以葡萄牙语为媒介对法律概念进行技术性的表达，同一法律术语在不同葡语国家和地区并不存在较大歧义。

第三，具体法律制度（包括公法和私法的不同法律部门，尤其是民商事法律范畴）中所提供的相同或相近的解决路径和方法。例如，在民法领域，葡萄牙的民法典是非洲葡语国家和澳门地区民法典的立法基础，巴西2002年的新民法典在人格权、法律行为、代理等方面也重新参考并引入了葡萄牙民法典中的制度。在商法领域，这些国家和地区关于公司的法定类型、治理模式、合同模式和商事合作的规定都有很多共性。

第四，法学教育的高度相似性。1290年建立的葡萄牙科英布拉大学是20世纪以前葡语系国家唯一的一所葡语大学，法学院是该校最初创立的学院之一，在罗马法的复兴中逐步成长，随后在启蒙运动和葡萄牙及欧洲的现代化制度构建中贡献了力量。科英布拉大学的法学教育体系影响着其他葡语国家和地区的法学教育，很长时间以来，这些国家和地区的葡语法律学说和教材都是借鉴和沿用科英布拉大学的法律教育模式，甚至教学人员也是科英布拉大学的教授或曾在科英布拉大学接受过培训的人员。

第五，法律执业互相认可和便利性以及法律服务市场的共容性。葡语系国家的法律从业人员（包括律师、法官等）至今还可以在其他葡语国家和地区执业。

然而，由于葡语国家和地区各自所处的地理区域和历史发展路径的差异，这些国家和地区的法律制度当然也存在着差异。其实，在当今世界上，哪怕是文化再接近、语言再一致，都没有两个国家或地区的法律制度完全相同。葡萄牙是欧盟的成员国。巴西作为拉美最大的国家，是南方共同市场的成员，其文化也受到美国的影响。非洲葡语国家都在不同程度地参与非洲区域一体化和法律统一化的进程。东帝汶是当今世界最年轻的国家之一。澳门是中华人民共和国的一个特别行政区，其中华人占人口绝大多数。由此可见，葡语国家和地区分布在亚洲、欧洲、非洲和南美洲差别迥异的社会时空中。有趣的是，它们虽然彼此相隔遥远，各有特色，但是，这并不妨碍它们的法律制度中共性大于个性。

二　葡语国家和地区的"共同法"或者 "法律共同体"的积极意义

随着经济一体化的不断深化，随着货物、资金、人员、技术和信息等要素在全球范围快速自由流动，不同法律体系和制度需要融合和协调乃是大势所趋。但是，经济生活的复杂性对不同国家和地区的法律专业化和个性化提出了更高的要求。各国的经济发展水平和需要各有不同，各国的社会、法治和司法的建设程度参差不齐，法律制度又不可避免地存在差异。

在21世纪的今天，葡语国家和地区的"共同法"现象或者作为一个"法律共同体"究竟有什么积极的意义呢？

葡语国家和地区虽然广泛分布于世界四大洲，但因为法律制度和文化的接近，形成了一个有特色的"法律共同体"，这既是对世界法律文明多元化的一大贡献，客观上也更加方便与其他不同法律文明的对话和协调。在当今提倡平等、共赢的国际治理的背景下，葡语国家和地区的法律共同体可以为国际规制协调这一公共产品做出自己的创新和贡献。

无疑，葡语国家和地区法律制度的广泛共性使得彼此相互取长补短更加便利和高效。每个国家和地区的立法者在制定修改国内法时，必然会学习和借鉴其他国家的先进经验。在这一学习过程中，比较法的方法被广泛运用。

值得一提的是，比较法并非为了单纯地模仿和移植外国法，国内立法者通过了解和接触外国法律，学会了遴选那些适合于本国社会和国情的具体制度。从那时起，外国法很快被解读为更适宜于本国经济和文化的一种需求。立法者必须对比较法进行实际的应用，考虑分析如何在承认法律基本原理的基础上求同存异，进而使本国法同本地区乃至国际层面的法律规范相协调。立法者还需要进行甄别和比较推理，找到本国法区别于其他外国法和国际惯例的合理依据。在法律的实施过程中，不同法律制度之间的竞争又恰恰是促进彼此协调与融合的最好办法之一。① 也就是说，在法律制定出来以后，立法者和执法者可以从实证的角度去研究每一部法律所产生的现实绩效和作用，从而在动态的过程中实现法律文化的学习（catch-up）、跟进（keep-up）和超越（go beyond）。② 因为葡语国家和地区语言相同、文化接近，在相互学习借鉴法律制度的过程中所需要跨越的技术性障碍较小。

此外，葡语国家和地区的法律制度具有广泛共性这一特征也为第三方（例如其他国家的投资者）了解和进入葡语世界提供了更大的方便。这在客观上为法律专业人士提供了更大的市场服务空间，也有助于推动葡语国家和地区经济主体及专业团体加速实现其自身的国际化进程。

三 法律在中国与葡语国家经贸合作中的作用

中国与葡语国家拥有全球 17% 的经济总量和 22% 的人口。③ 在中国与葡语国家经贸合作以及各方参与"一带一路"的共建中，法律的重要性显

---

① Jan Smits，"A European Private Law as a Mixed Legal System," *Maastricht Journal of European and Comparative Law* 5，1998，p. 328.

② 魏丹：《中国竞争法立法的现状与发展——兼论比较法的影响》，Leonel Alves，Tong Io Cheng，Paulo Cardinal 主编《澳门特别行政区立法会关于法律及公民权利的第三轮系列研讨会在一国两制原则下比较法的意义及重要性》，澳门特别行政区立法会，2016，第 431 ~ 451 页。

③ 引自《李克强在中国—葡语国家经贸合作论坛第五届部长级会议开幕式上的主旨演讲（全文）》，http：//www.fmprc.gov.cn/ce/cedk/chn/zgwj/t1404987.htm。

得越发突出。法律制度为各个参与方的经济共赢将提供制度保障以及冲突解决方案。

目前，除了中国与葡语国家的双边经贸合作之外，鉴于葡语国家之间已经多年存在密切的经济合作走廊，中国与其他葡语国家可以通过某一个葡语国家或者多方参与，借道进入其他的葡语国家市场。举例而言，中石化通过收购葡萄牙石油和天然气巨头高浦（Galp）能源公司实现对巴西公司（Petrogal Brazil）的股份购买，使得中石化获得该拉美公司在巴西的四个离岸油田中的股份。① 再如，中国通过葡萄牙借道进入非洲市场，使三峡集团收购了葡萄牙供电商 EDP（Energias de Portugal）的部分股权，且两家公司已经联合投资在莫桑比克和安哥拉建造大坝，② 在巴西建立了公司拓展巴西市场业务。③ 又如，海南航空从巴西 Azul 公司手里购买了葡萄牙 TAP 的股份。④ 一方面，葡语国家市场对中国的投资持开放态度；另一方面，从法律技术的层面来讲，葡语国家法律文化和制度的接近促进了三方合作和交叉投资的便利。

中国与葡语国家的经贸合作和推进"一带一路"合作的范畴和方式越来越多元。从货物贸易过渡到货物贸易和服务贸易并举；从贸易发展到相互投资，且投资范畴越来越宽泛；从援建承包工程到建设、运营、技术转让等。因此，中国与葡语法律文化的互动与交流的议题也越发广泛：从贸易关税法规到投资保护，涵盖劳动法、税收法、知识产权法、竞争法、环境法、自然资源法、招标投标法等具体法律部门；从某个国家的国内法规定到相关问题的国际法规范和协调；从硬法到软法等多个层面。

但是，经济合作总量的增加和投资的融合将不可避免地导致冲突和摩擦。如果项目参与方能通过磋商或和解来解决问题固然是好，但是从常态上推论，各方如何通过法律的途径去化解争议和纠纷，如何通过机制化的建设

---

① http：//chinainvestin. com/index. php/zh/invest - in - 2/news/1191.

② http：//www. chinadaily. com. cn/interface/toutiao/1138561/2014 - 12 - 20/cd_ 19125959. html.

③ http：//www. jiemian. com/article/499648. html.

④ http：//ny. 52hrtt. com/web/news_ info. do？id = D1498645571882.

为经济发展保驾护航，是我们必须思考和处理的问题。

时至今日，鉴于不同葡语国家在各自所在区域的一体化进程中，在葡语国家内部以及在中国和葡语国家之间，目前还没有形成自贸区或类似的经济一体化机制，而"一带一路"通过基建合作的倡议为各方研究制度创新提供了契机。

中国目前仅与葡萄牙、佛得角和莫桑比克签订了双边投资保护协定，未来可以研究与其他葡语国家也签订双边投资保护协定，甚至可以考虑中国与葡语国家签订多边投资保护协定。此外，中国仍没有同所有葡语国家签订双重互免征税协定。

虽然中国与大多数葡语国家批准了《承认与执行外国仲裁裁决公约》（简称《纽约公约》），但在实际操作中，仲裁仍然没能成为各方解决投资争端的普遍选择。汉语与葡语的差异仍是现实解决各类冲突和纠纷的一大障碍。

四　澳门的角色和挑战

自 1987 年中国和葡萄牙签订了关于澳门问题的联合声明之后，澳门法制经历了从无到有的发展历程。从历史传统上来看，葡萄牙的欧洲大陆法律制度和文化对澳门的法律制度产生了重要的影响，但是法律多元化一直是澳门法制发展的重要特征。一方面，澳门的法律基础展现出与其他葡语国家法律文化的相似之处，但另一方面，回归之后，澳门作为中华人民共和国的一个特别行政区，其法制的发展又融入了国家发展的一个有机组成。

在中国与葡语国家在法律领域的交流与合作中，澳门的优势体现在政治方面、文化方面、语言方面和资源方面等多个维度。在政治方面，澳门具有"一国两制"的独特优势。在中国中央政府、葡语国家政府和澳门特区政府的支持下，澳门成为"中国与葡语国家经贸合作服务的平台"。作为"一带一路"的重要节点，澳门还是粤澳合作、港澳合作、泛珠合作，以及粤港澳大湾区等区域合作中的重要参与者。在文化和语言方面，澳门与葡语国家交往密切，汉语和葡语都是官方语言，在立法、行政、司法上普遍采用中葡双语制。在资源方面，澳门与中国内地和葡语国家的联系交流紧密，法律执业团体具有熟悉葡语系国家人脉的优势。

五　澳门回归后及中葡论坛成立后中国与葡语国家法律交流回顾

澳门回归及 2003 年中葡论坛成立后，中国与葡语国家的法律交流很多通过澳门来进行。2016～2017 年，澳门特区政府、立法机构和司法机构以及澳门特区社会都从不同角度强化和发展了与葡语国家法律界的合作与交流。

例如，2016 年，中国及葡萄牙签署有关知识产权的协议。同年，澳门特区行政长官崔世安会见葡萄牙最高司法法院院长安东尼奥·席尔瓦·恩里克斯·加斯帕尔率领的代表团。2017 年初，澳门特区政府行政法务司司长陈海帆会见巴西众议院议员巴中友好小组主席帕索斯探讨澳门特别行政区政府与巴西开展多方面合作。2016 年，澳门特区政府行政法务司长陈海帆与葡萄牙经济部长曼努埃尔·卡布拉尔（Manuel Cabral）签署了《中华人民共和国澳门特别行政区行政法务司与葡萄牙共和国经济部在食品活动监测及监察范畴的合作协议书签署仪式》。2017 年，澳门贸易投资促进局、经济局及中国国际贸易促进委员会驻香港澳门代表处合办了"澳门及葡语国家企业如何在中国内地取得知识产权保护研讨会"。特区政府自 2015 年底宣布将与部分国家开始有关引渡协议的探讨，并将优先与葡语国家开展商讨。

2016 年，澳门立法会携手广东省人大与葡语国家地方议会组织交流会。

2016 年，葡萄牙总检察长率团到访澳门终审及中级法院，这是澳门回归后葡萄牙共和国总检察长首次访问特区法院，旨在加强同澳门刑事方面的司法交流与合作。同年，莫桑比克共和国总检察院代表团访问澳门。

2016 年，葡萄牙最高司法法院院长访问澳门终审法院。澳门终审法院院长岑浩辉表示要落实最高人民法院与葡萄牙最高司法法院所签订的《司

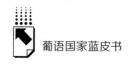

法合作谅解备忘录》，为中国与葡语国家法院之间的交流与合作搭建平台。

中葡论坛也曾为葡语国家法律专家和外交官举办多期"葡语国家商法和国际法研究班"（如 2012 年和 2015 年与澳门大学合办），并举办关于葡语国家经济特区的研讨会（2014 年）。

澳门大学、澳门城市大学、澳门科技大学均在 2016～2017 年度举办了中国与葡语国家法律合作的学术研讨会。2017 年 11 月，澳门举行了中国与葡语国家智库高峰会，会上达成了体现参与方共识的澳门倡议书，为发挥好澳门智力平台和信息平台的作用迈出了可喜的一步。①

2017 年，广东正澳律师事务所与佛得角 Marques & Delgado 律师事务所、葡萄牙 Calçada Advogados 律师事务所一起举办签约仪式，共同发起设立"中国—澳门—葡语系国家法律服务联盟"。

六　结语和展望

为了扮演好桥梁和使者的角色，澳门可以在中国与葡语国家法律领域的交流和合作方面发挥作用。澳门尤其能在促进"文化相通""民心相通"上凸显独特的优势，可以协助利益攸关方相互增进了解。一旦出现纠纷和争议，澳门仍旧可以为争议方提供争端解决机制的便利，在传统的司法争议和非司法争议（如和解、调解和仲裁）领域提供专业服务，为参与方在"一带一路"项目中的顺利进行发挥保驾护航的作用。澳门还可以继续积极推动与葡语国家在立法、司法等领域的深度交流，并在高校人才培养方面深入密切合作。

从建设完善澳门法律文化的角度来分析，澳门继续深入与中国内地和葡语系国家的法律制度的互学和借鉴，将会获得莫大的益处。在全球化时代，一些看起来属于"本地"的问题需要通过跨区域或者跨国的协同合作才能得以解决。与历史上曾有过的被动地、被强制地接受外来法律传统的模式不

---

① http：//www.macaodaily.com/html/2017－10/20/content_ 1216170. htm.

同，今天，各国各地区都采用了主动学习、选择借鉴的模式。而移植使用其他法域的制度来解决本地的问题恰恰是一种将本地法律传统继续进行深化和固化的过程。只有本地的法律文化传统足够强大，在与外国法律制度互动时才会更容易，也才能更有自信地向其他法域输出自己的经验。① 在中国与葡语国家在法律领域的交流和合作中，所有参与方都能共赢。

① Wei Dan, "Macao's Legal System under Globalization and Regional Integration: Between Tradition and Evolution," *Frontiers of Law in China*, Springer, 2014, Vol. 9 (2), pp. 233 – 251.

B.4
中国内地葡语教学的现状与未来

卢春晖*

摘　要： 近十年来，随着葡语专业在全国高校的迅速发展，该专业在校生人数及教师数量呈现快速增长态势。与其他外语类专业的情况类似，教师年轻化是中国内地葡语教学的一大特点。青年教师构成了师资队伍的主力军，既承担着教育教学和专业发展的重任，又肩负科研行政等多项工作。教师是提高外语教学发展与质量提升的决定性因素之一，青年教师的发展与学生发展、专业发展相辅相成。本报告通过问卷调查法对来自18个省共72名高校青年葡语教师的现状进行研究和分析，较为全面地展现了他们在教学生涯中面临的困难和挑战，并提出推动教师个人与教学发展的途径及有效措施。

关键词： 葡语教学　高校青年教师　定量分析

在中国，除英语以外的其他外语被称为非通用语，也就是人们常说的小语种。① 然而在国际社会，葡萄牙语是10个国家及地区的官方语言，拥有2.73亿使用人口，遍及5个大洲。2016年12月12日，葡萄牙前总理安东尼奥·古特雷斯就任联合国秘书长，进一步提高了葡语的国际影响力。在中

---

* 卢春晖，浙江外国语学院葡萄牙语系教师。

① 也有学者将英、法、日、德、俄、西班牙和阿拉伯语称为通用语种（大语种），其余均属非通用语种（小语种）。参见岑建君《功在当代利在千秋——谈我国外语专业人才的培养与要求》，《上海外国语大学学报》1997年第6期。

国内地，北京外国语大学和中国传媒大学于 1960 年先后开设葡萄牙语专业，随后，上海外国语大学于 1977 年开设该专业。2000 年后，国内其他高校逐步开设葡萄牙语专业，学生和教师人数不断增加。

据统计，截至 2016 年，共有 33 所国内高校开设葡萄牙语专业，其中 6 所高校开设了葡萄牙语研究生课程，25 所高校开设了本科课程，4 所高校开设葡语专业课程，1 所高校同时开设本科和专业课程。从人数上来看，2016 年 28 所内地院校共招生 782 人，在校生人数为 2159 人。随着院校数量和学生数量的"井喷式"增长，葡语教师数量也大幅度增加。根据 2016 年的不完全统计，中国内地葡语教师人数达 136 人，教师队伍整体比较年轻，绝大多数为 25 ~ 35 岁。从目前形势来看，在未来几年中这种增长趋势还将持续。[①]

葡语专业在国内高校的扩张主要得益于中国与葡语国家（主要是巴西和部分非洲葡语国家）经济合作及外交关系的加强，是市场导向及时代发展需求的结果，但这种扩张及教师团体的年轻化也引起了教育界专家对教学质量的担忧。早在 2014 年，北京外国语大学葡萄牙语教研室主任叶志良老师在接受媒体采访时表示："高就业率使得葡萄牙语专业在中国越来越热门，然而教师人数的缺乏以及年轻也给专业的可持续发展带来了挑战。"[②]

本次研究将立足于葡萄牙语专业在内地的发展现状，结合调查数据描绘并分析青年葡语教师的教学现状，总结存在的问题与挑战并提出对应的解决途径。

一 理论基础及前人调查研究

与英语教学相比，葡萄牙语教学研究在国内发展时间较短，规模相对较小，可供参考的权威性文献不多。而到目前为止，笔者未能在知网数据库中

---

① 颜巧容：《中国内地与澳门特区及葡语国家在葡语专业教育领域的合作》，载《葡语国家发展报告（2015 ~ 2016）》，社会科学文献出版社，2017，第 45 ~ 49 页。

② "Académico Defende Formação Pós – graduada Para 'Elevar Ensino do Português na China'," http：//jtm. com. mo/actual/academico – defende – formacao – pos – graduada – para – elevar – ensino – portugues – na – china/.

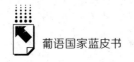
搜索到专门关于青年葡语教师的调查和研究。因此，我们主要采用以英语作为外语教学的相关权威性文献作为本次研究的理论参考。

在外语教学质量的提升和发展过程中，教师质量是关键性的影响因素。因此，研究外语教学的同时不应忽视对教师群体的关注。张为民总结了高校的外语教学的四个主要方面：生源、师资、教学及语言环境。① 生源和语言环境受客观条件影响，在此不做讨论。而教师作为教学的主体，在教学质量上起关键性作用。② 关于教师的哪些具体方面会影响教学质量，戴炜栋在第四届高等学校外语专业教学指导委员会成立大会上提到，无论新办院校还是老牌院校，教学质量得不到保证的专业点主要原因包括：师资严重不足，教师水平与相关要求相去甚远，教学方法、手段落后，对外语教学法了解甚少。他表示，提高教学质量、加强学科的内涵建设根本在于提高高校外语教师的业务素质。③ 束定芳也表示，外语教师是教育改革和教学质量提高的关键，教师自身的语言素质、教学观念、教学理论水平、教学技能技巧、教师的自主发展能力都是制约教学质量的因素。④ 此外，联合国教科文组织在总结教育改革成功经验时也明确指出，教师是教育改革成功与否的三个关键因素之一。⑤

关注教师教学质量和业务素质的提升首先应该关注青年教师的现状和发展。戴曼纯⑥、周燕⑦、胡中俊⑧等学者的调查研究显示，青年教师在高

① 张为民、何红梅：《结合学科需要，加强综合训练——澳门大学外语教学特色评介》，《外语界》1997 年第 3 期。
② 岑建君：《功在当代利在千秋——谈我国外语专业人才的培养与要求》，《上海外国语大学学报》1997 年第 6 期。
③ 戴炜栋：《第四届高等学校外语专业教学指导委员会工作思路》，《外语界》2007 年第 6 期。
④ 束定芳、华维芬：《中国外语教学理论研究六十年：回顾与展望》，《外语教学》2009 年第 6 期。
⑤ 陈秀梅：《地方高校青年英语教师专业发展需求调查》，《集美大学学报》2008 年第 3 期。
⑥ 戴曼纯、张希春：《高校英语教师素质抽样调查》，《解放军外国语学院学报》2004 年第 2 期。
⑦ 周燕：《高校英语教师发展需求调查与研究》，《外语教学与研究》2005 年第 3 期。
⑧ 胡中俊：《高校"青椒"的成长困境和出路》，《当代青年研究》2015 年第 6 期。

校教师队伍中占很大比例，构成了教育主体的中坚力量。该结果与本报告调查结果相似。本次研究对象为 34 周岁以下或在高校工作 5 年以内①的青年葡语教师。调查结束后共收回 72 份有效问卷。根据已有统计数据中显示的内地高校教师总数，可粗略认为符合条件的青年教师占半数以上。青年教师在我国高校葡语教师队伍中占比较大，关注他们的发展是提高葡语教学质量的需要，是专业发展的需要，也是优化中国葡语人才培养的需要。

随着外语教学重心从教学客体向教学主体转移，教师发展研究成为一种新的趋势。同时，随着教师越来越专业化，教师教育研究蓬勃开展，相关理论不断深化。国内学者对于外语教师的素养和发展提出丰富的观点和看法，如戴曼纯提出合格英语教师应具备的五项基本素质，吴一安通过访谈的形式，对优秀英语教师进行了定义。②

本次研究参考和借鉴了前人有关英语教师和教学研究的理论成果，吸收了其中适合葡语的部分，与实际调查相结合，为中国青年葡语教师未来的职业发展提供建议。

二 研究方法

本报告研究采用问卷调查法于 2016 年 10 月进行定量分析。问卷的制作在"问卷星"③ 平台上完成，随后调查人员将平台自动生成的问卷链接发送给目标受众。被调查者可在电脑或手机移动端填写电子问卷，提交后系统自动回收答卷并统计相关数据。问卷采用匿名形式填写。

本报告的研究对象为 34 周岁以下或在高校工作时间 5 年以内、副高以下职称的葡语专业教师。研究人员希望通过问卷了解以下几个方面的信息：

---

① 两个条件满足其一即可，第二个条件设置的主要原因是考虑个别教师入校较晚、工作时间不长。

② 吴一安：《优秀外语教师专业素质探究》，《外语教学与研究》2005 年第 3 期。

③ https: //www.sojump.com/.

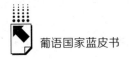

目前中国高校青年葡语教师的基本工作情况（工作量及工作时间）、所在院系的情况（教师结构、与同事的合作与交流等）、教学与进修情况（听课、参会、培训等）、在教学方面所面临的问题及解决方法。本次研究侧重教学，不涉及教师科研方面的讨论。

　　该问卷共有 17 个问题。根据问题内容所侧重的方面，可分为三大模块。第一模块包括第 1～10 题，主要了解受访者的基本情况，例如"性别""从业年数""周课时数""课余时间工作量"等；第二模块包括第 11～13 题，主要了解受访者所在的工作环境及个人学习和进修情况，如"教师结构""听课频率"等；第三模块包括第 14～17 题，问题内容相对于前两个模块更具有主观性，目的是了解受访者对现状的认识和想法，如"教学中面临的主要问题""提升教师质量的具体方法"等。

　　在形式方面，除了第三问"在教育行业的工作年数"外，所有问题均为选择题（包括单选题及多选题，个别问题设置"其他"选项，可供被调查者填写）。客观型问题一般为单选题或无限选的多选题。如"课时量为多少"为单选题，受访者可选"8 课时以下""8 课时至 12 课时（含）""12课时至 14 课时（含）""14 课时以上"其中之一。又如"您承担哪些类别的课程"为无限选的多选题，受访者可选择"专业课"、"公共课"或"辅修课"的一项或任意几项。主观型问题一般为带限选的多选题，目的是使答案更为集中，突出主要矛盾。如"您认为在青年教师提高教学质量的途径中，最重要的有哪些"一问中，问卷提供了 10 个选项，而被调查者最多只能选择其中的 5 项。通过这样的约束条件，研究人员可以更加清晰地了解受访者的想法。

三　问卷调查数据结果

（一）答卷回收情况及来源地分析

　　问卷的发放在三天内进行。受访者填写完并提交后，答卷由"问卷星"

平台回收并处理数据。根据平台统计，有效问卷共计72份，即72名符合调查条件的青年葡语教师参与了问卷。结合已有数据，我们可以基本认为，现阶段我国青年教师占葡语教师队伍的半数以上。

除了答卷内容外，平台还收集了一系列附加信息，如每份问卷的填写时间及填写地点。由此我们发现受访者来自中国18个省、直辖市及特别行政区，另外有7份问卷来自国外。国内涉及的地点包括澳门、北京、福建、甘肃、广州、海南、河北、黑龙江、湖北、吉林、江西、山西、上海、四川、天津、浙江和重庆。结合答卷数量以及中国开设葡语专业的33所高校分布地，我们可以认为其中大部分高校参与了此次调查，调查数据能够较为全面、广泛、客观地反映中国葡语教师的情况。

（二）答卷数据分析

答卷调查数据从整体上描绘了被调查者的基本情况。从性别上来看，72名受访者中62名为女性，约占86%；10名为男性，约占14%。女教师在性别比例中占主要地位。男女比例的差异同样也非常明显地体现在葡语专业的学生之中，这亦是所有外语类专业的共性。

学术背景方面，持硕士学位者最多，共40人，约占56%；博士在读18人，约占25%；本科学历12人，约占17%；持博士学位者仅2人。总体来看，高学历者较少，大部分教师拥有硕士学位或将在未来几年内取得博士学位。近十年来，由于就业形势较好，大部分毕业生均选择进入企业或市场化领域就业，将语言作为工作的"敲门砖"，选择继续深造的不多。另外，目前在中国内地仅有上海外国语大学和北京外国语大学独立开设葡语专业硕士点，暂无博士点，这也为葡语学子及教师的学历提升带来不便。近几年来，随着葡语专业在内地高校的扩招和竞争力的加强，选择攻读硕士学位的学生越来越多。由于具有博士学位的葡语专业人员缺乏，大部分内地高校在招聘教师时均选择以硕士作为起点要求。同时，出于自身职业发展和专业发展的需要，高校教师也逐渐开始攻读博士学位。按照目前的发展趋势，预计在未来3~5年，高校葡语教师中的博士数量将得到一定提升。

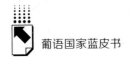

被调查者在高校的平均工作年限为 2.95 年。值得注意的是 72 名教师中有 43 名工作时间不超过 3 年，约占总人数的 2/3。因此，我们可以认为大部分被调查的青年教师在高校工作时间不超过 3 年。

在了解受访者承担的课程数量情况时，我们发现：平均每周承担 8 课时以下的有 12 人，约占 17%；8~12 课时（含）33 人，约占 46%；12~14 课时（含）22 人，约占 31%；剩下 5 人平均每周承担 14 课时以上，约占 7%。数据显示，大约 83% 的受访者每周承担 8 课时以上，其中 38% 的受访者工作量超过 12 课时。总体而言，受访教师的教学工作量较为繁重。

关于承担课程的类型和年段（多选题），大部分教师（97%）承担专业课教学，14% 和 11% 的教师分别承担公共课和辅修课教学。关于任教的年段，约 96% 的青年教师承担低年级的课程（大一及大二），约 63% 的青年教师承担高年级课程（大三及大四）。因此，年轻教师，尤其是刚入校的教师承担低年级课程居多。

高校教师，尤其是青年教师往往承担课程以外的一些工作。调查显示，受访者除教学以外承担的其他工作类型中，学生工作占 39%，行政工作约占 38%，仅 18% 的受访者表示"几乎不承担其他工作"。因此，我们可以认为约 82% 的青年教师承担除了教学以外的其他工作。

为了进一步了解青年教师的工作量，我们对"除了上课时间外，每周花在教学上的时间（备课、作业批改、学生答疑等）有多少"进行了提问。约 31% 受访者回答 20 小时以上，意味着平均每个工作日课外工作时间达 4 小时以上；约 21% 受访者回答 15~20 小时；约 33% 受访者工作 10~15 小时；15% 左右受访者课外工作时间在 10 小时以下。数据分析显示，我们认为，超过半数的青年教师（52%）课外教学工作时间在 15 小时以上。按一周 5 个工作日计算，每天课堂外在教学方面所花时间超过 3 小时。值得注意的是，其中有 31% 的受访者平均每周课外教学工作时间超过 20 小时，即平均每个工作日超过 4 小时。

问卷进一步了解受访者的工作时间安排。关于青年葡语教师"是否在休息时间（晚上、周末或节假日）工作"，调查数据显示约 76% 受访者

"常常在休息时间工作"，21%"偶尔在休息时间工作"，仅 2 名受访者回答"很少在休息时间工作"。[①] 究其原因，64% 左右受访者回答"工作量太多，来不及完成"，52% 回答"工作时间不确定性"，30% 回答因"个人习惯"。该题设置"其他选项"供受访者提供其他答案，包括：坐班时有很多工作没有时间备课；科研压力大；照顾家中婴儿；突如其来的教学之外的任务。

教研室的环境和人员构成对于专业及青年教师个人的发展具有较大的影响。本次调查中师资构成情况如下：64% 教师表示其所在专业没有资深教师（副高及以上职称）；21% 表示有 1~2 位；仅 15% 受访教师所在专业有 2 名以上资深教师。资深教师的缺乏在一定程度上反映了中国内地葡语教师的年龄"断层"，对青年教师教学技能的提升及教研、科研的发展构成挑战，同时也对他们的个人能力和主动性提出要求。

我们主要从两个维度出发了解受访者在教学方面的主动性：一是听课，二是参会或进修。首先，约 44% 教师表示"很少参加观摩课或旁听同行的课"；约 46% 教师表示"平均一个月 1~2 次"；约 8% 回答"平均一个月 4 次"；仅 1 人选择"平均一个月 6 次及以上"。数据显示，大部分教师（90%）平均每月听课 2 次及以下。其次，在参会和进修方面，约 35% 的受访者平均每学年参会 1 次；约 36% 平均每学期 1~2 次；10% 左右为每学期 2 次以上，而 19% 左右受访者表示很少参加此类学术或教学活动。

问卷的后半部分内容相对主观。通过对数据的分析，我们不仅可以了解教学现状，也可以较为量化地总结青年教师的心理特质。对于教学是否带来压力，约 27.78% 受访者表示"非常同意"；34.72% 表示"同意"；29.17% 持中立态度；5.56% 和 2.78% 受访者表示分别"不同意"和"非常不同意"（见图 1）。根据数据，绝大部分青年教师（92%）在教学过程中感觉到不同程度的压力。其中 28% 左右对面临压力"非常同意"。

问卷的最后三个问题均为多项选择题，试图深入了解受访者在教学过程中遇到的挑战，以结合他们的观点提出解决途径。首先，为了找到上文

---

① 对于选择该选项的受访者，问卷系统自动跳过下一题"在休息时间工作的原因"。

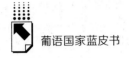
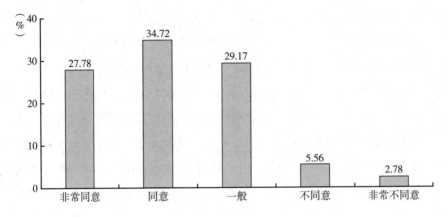

图1　教学过程中是否感到压力

中所提及的压力的具体来源，我们设问："您认为青年葡语教师在教学方面面临的困难有哪些?"并提供12个选项（包括一个"其他"选项）（见图2）。统计显示，所有选项均被选择，其中得票数最高的前5项分别为：科研能力较弱限制教学能力发展（68.06%）；自身语言水平未达到理想要求（59.72%）；缺乏资深教师的指导和培养（59.72%）；缺乏教材和参考资料（58.33%）；专业发展尚未成熟、同行间交流不够（54.17%）。我们发现，对于青年教师来说，科研的重要的毋庸置疑。在上述5项中，其中2项为主观原因（科研和自身语言水平），其余3项为客观原因。在"其他"选项中，受访者表示：科研与教学脱节，科研压力大；学校对教师的要求高，但未提供应有的培训。

"在青年教师提高教学质量的途径中，最重要的是什么?"该题为多选题，提供了10个选项（包括一个"其他"选项）（见图3）。为了使答案更集中，受访者最多只能选择5项。根据数据，票数最高的前5项依次为：提高自身语言水平（80.56%）；增加语言之外相关知识的积累（如历史、社会、时事）（77.78%）；学习教学技能理论及研究教学法（52.78%）；积极参加教学研讨会及培训班等（52.78%）；参加观摩课或同行听课（43.06%）。我们发现，青年教师对自身外语水平重视程度最高，另外也认为学习相关知识和同行交流对于提高自身教学水平至关重要。

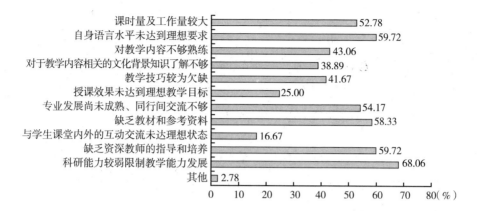

图2　教学方面面临的困难

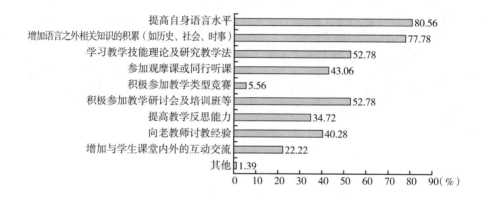

图3　青年葡语教师提高教学质量的途径

　　最后一个问题对于整个调查问卷具有总结性的作用：一名优秀的葡语教师应具备的最重要的素质有哪些？该问题提供了9个选项（包括一个"其他"选项）（见图4），为了使答案更加集中，受访者最多只能选择5个选项。数据显示，票数最高的选项分别为：过硬的语言基本功，听说读写能力俱佳，口头表达能力强（100%）；了解中西方文化，能将文化内涵渗透在葡语教学中（81.94%）；善于把控课堂节奏，营造良好气氛激发学生兴趣（76.39%）；具备很强的学习能力和教学反思能力（66.67%）；懂教育理论，了解学生的心理及二语习得的基本规律（55.56%）。排列第一的选

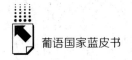

项选择率达到了百分之百。这说明，作为一名外语老师，最重要的还是自身语言水平。除了语言教学外，外语教师还应懂得文化教学。另外，一名好的教师应具备一定的教学能力和教学技巧，掌握相关教育理论。优秀的教师应该是一名好的"学生"。教学相长，拥有较强的学习能力和反思能力才能在这条道路上走得更远。

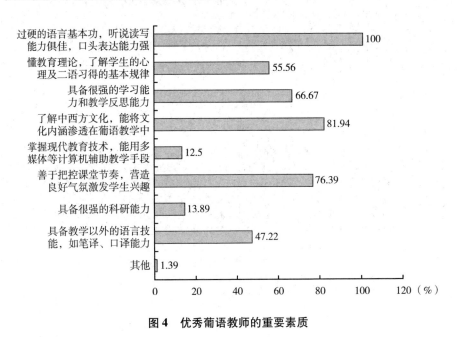

图 4　优秀葡语教师的重要素质

四　调查分析总结、问题及对策

（一）调查数据分析总结

根据调查结果，我们从青年教师角度总结出中国高校葡语教学现状的几个特点。

（1）性别分布不均。中国高校青年葡语教师中绝大多数为女性（86%）。

（2）博士比例低。数据显示，72名被调查者中仅2名为博士，18名（25%）为在读博士生。

（3）教师工作量较大。一方面，大部分教师（82%）平均每周承担8节以上课时，约1/3教师承担12节以上课时。另一方面，大部分教师（83%）除了教学工作外承担其他工作。由于工作量大、工作时间不确定等原因，几乎所有受访教师（97%）都在晚上、周末或节假日工作。

（4）缺乏资深教师。数据显示，2/3左右受访教师表示其所在的专业缺乏资深教师（副高及以上职称）。这意味着这些专业的发展主要依靠青年教师的力量。

（5）听课积极性应得到加强。听课和参加观摩课可以帮助青年教师发现自己的不足，发现别人的优点并获得教学灵感。问卷数据显示，为数较多的老师（43%）认同听课和互相学习的重要性，但落实到行动上时，44%教师表示"很少参加观摩课或旁听同行的课"，大部分教师（90%）平均每月听课不超过2次。

（6）教师参会及培训主动性较强。参加教学类学术会议或培训是提高教师教学能力和素质、拓宽视野的重要途径。数据显示，约80%教师每年至少参会一次。

（二）问题及对策

数据显示大部分青年葡语教师（92%）在教学过程中感到压力。他们认为遇到的主要困难包括：科研能力较弱限制教学能力发展（68.06%）；自身语言水平未达到理想要求（59.72%）；缺乏资深教师的指导和培养（59.72%）；缺乏教材和参考资料（58.33%）；专业发展尚未成熟、同行间交流不够（54.17%）。我们发现，科研能力较弱与自身语言水平不足属于主观个体问题，而其余3项均属于客观、具有普遍性的问题。

面对呈现出来的问题，我们可通过对第16题与第17题答案的分析提出统计意义上的解决方案。我们发现，第16题与第17题答案在内容和排序上具有很强的相关性，如表1所示。

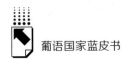
表1　第 16 题与第 17 题答案对比

序号	提高教学质量的途径	优秀葡语教师的重要素质
1	提高自身语言水平	过硬的语言基本功,听说读写能力俱佳,口头表达能力强
2	增加语言之外相关知识的积累（如历史、社会、时事）	了解中西方文化并能将文化内涵渗透在葡语教学中
3	学习教学技能理论及研究教学法	善于把控课堂节奏,营造良好气氛激发学生兴趣
4	积极参加教学研讨会及培训班等	具备很强的学习能力和教学反思能力
5	参加观摩课或同行听课	懂教育理论,了解学生的心理及二语习得的基本规律

　　比较表 1,"途径"一栏与"素质"一栏中票数最多的前两项完全对应。"途径"一栏第 3 条与"素质"一栏第 5 条对应,其余几条也呈现很强的相关性。以本次调查结果为基础,同时参考周燕[①]提出的英语教师资格认证的基本标准以及戴曼纯[②]调查后提出的 5 项合格英语教师基本素质,我们从内部和外部两个角度提出了提高青年葡语教师教学水平的途径。

　　从内部角度:提高专业水平,包括语言水平及相关文化知识水平;提高学术科研水平,教研结合;加强与同行教师的沟通和交流,特别是与资深教师的交流;积极参加学术活动,包括教学会议及培训;学习教学法理论,经常反思教学行为;积极进修,提高学历水平。

　　从外部角度:国家教育部门提高对青年教师的重视并提供帮助,如提供针对青年教师的科研或教学项目,出台有利于青年教师进修和职业发展的政策,鼓励编写和出版高质量教材,建立符合我国国情的高校外语教师教育质量保障体系等;高校提高对青年教师的重视,如青年教师职业发展规划、导师制、与专业相吻合的职业培训、对口的科研指导等;资深教师对青年教师的帮助和扶持。可通过导师制、听课、磨课、经验分享、科研指导等形式帮助青年教师快速成长,加强开设葡语专业高校之间的合作和交流。值得欣慰

①　周燕:《高校英语教师发展需求调查与研究》,《外语教学与研究》2005 年第 3 期。

②　戴曼纯、张希春:《高校英语教师素质抽样调查》,《解放军外国语学院学报》2004 年第 2 期。

的是，近几年随着科技的发展和部分老牌高校的努力，高校间的交流频率已经得到显著提高。未来，这种沟通机制可以向规律化和常态化方向发展。

五　结语

以问卷调查为基础，获得一手数据并通过对数据的定量分析客观展示中国内地葡语教学的现状，着重描述青年教师所遇到的挑战并提出有助于职业发展的相应对策，这是本次研究的现实意义。文中数据可作为未来进一步研究的参考。我们希望能帮助相关教师了解自身所处的生态圈，在一定程度上找到自己的发展方向。同时也希望唤起外界力量对内地葡语教学的理解和重视，提供相关领域的帮助，从整体上提高中国葡语教学的水平。

B.5
安哥拉经济多元化的发展
与大选经济特色

尚金格*

摘　要：　本报告阐述了2016～2017年安哥拉政府在石油收入下滑时，推动经济多元化的决心和政策力度。根据国家已有和现有的条件，把经济多元化发展的重心主要放在农业、渔业、矿业、工业及旅游业上。2014年安政府决定放弃依赖石油经济的发展模式，整合和制订资金投入方案为经济多元化发展排除一切困难。最近两年间，安哥拉政府把经济多元化列入国家发展战略。工业、农业、渔业、矿业、旅游业成为经济多元化大潮中的主流。随着经济多元化为当地和外部企业带来一些投资商机，政府也跟随经济多元化发展出台一系列的优惠政策。同时，鉴于安哥拉存在大选经济特色，很多刺激性经济政策、公共基础工程项目都会在大选年扎堆实施。

关键词：　安哥拉　国内生产总值　经济多元化　经济特色

一　2016～2017年安哥拉国内生产总值概述

安哥拉（下文简称"安"）经济收入来源主要依靠几个板块：石油和天

---

* 尚金格，《安哥拉国家报》记者，自由撰稿人。

然气、钻石和矿业、农业、渔业和畜牧业、水力发电、林业、交通与通信等。根据安哥拉国家统计局（INE）针对2002～2017年现有国内生产总值统计记录，自2002年开始至今，安哥拉国内生产总值每年都有将近21%的增长率，特别是到2016年，安哥拉人均国内生产总值已经突破51.7万宽扎（约合3500美元）。2017年安国内生产总值增速放缓至0.9%，低于2014年的4.1%①。尽管2016年、2017年两年安哥拉仍旧受到国家原油价格持续走低的影响，但是，安中央政府通过经济多元化发展，已经向第三国进行资金求助以便发展和进行国家基础建设，这样有利于带动经济发展的节奏和步伐。

在经济和政策结构调整方面，国际货币基金组织给予安中央政府一些合理性建议。国际货币基金组织在2017年1月预测安哥拉经济在2016年出现增长疲弱甚至停滞状态后，2017年经济增速会出现小幅增长，增幅将会达到1.3%。② 在2016年、2017年两年中，国际货币基金组织派遣若干经济、金融、财政方面的专家与安方进行多场正式和非正式会晤，举办了多场经济论坛，针对近些年安哥拉经济、金融方面存在的各类问题进行分析，并给出指导性意见。国际货币基金组织认为在最近几年里，安哥拉政府应极力摆脱石油为支柱产业的国民经济，更注重发展非石油经济领域。

通过对国内生产总值各个行业的经济数据分析得知，经济多元化对安哥拉国内生产总值增速起到至关重要的作用。安哥拉天主教大学科学研究中心（CEIC）的数据显示，安哥拉经济发展增速要恢复到2012年的水平，需要出台更多刺激私人和外资投资的政策，以及大力发展各个产业，而不是单一依靠石油出口为国家财政创收。预计到2021年，安国内经济结构和改革才

---

① Angopress, PIB do país regista crescimento na ordem de 0, 9 porcento, http：//www.angop.ao/angola/pt_ pt/noticias/economia/2017/1/6/Angola – PIB – pais – regista – crescimento – ordem – porcento, 205b15ab – 6bf3 – 4df9 – 9522 – 4a133d8fbb94. html, 2012年8月8日。

② Lusa, FMI：Angola deve crescer 1, 3% em 2017 após estagnação, https：//eco. pt/2017/01/25/fmi – angola – deve – crescer – 13 – em – 2017 – apos – estagnacao/, 2017年1月25日。

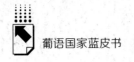
能充分落地实施，届时安哥拉的经济才能回到 2012 年的黄金期，国内生产总值的增速才能回到之前的 4.5%。

二　经济多元化的起因和发展

从 2016 年伊始，安哥拉政府在国际原油价格持续低位徘徊的时候，国内一些经济人士和大学教授就建议中央政府加快实行经济多元化的步伐。安哥拉的经济多元化萌芽应该从 2015 年下半年开始，只不过起初大多仅停留口号上，真正促使安中央政府大力度发展经济多元化则是从 2016 年上半年开始。

（一）石油产品低价徘徊促使经济多元化

尽管近些年安哥拉经济发展的动力比较强劲，但经济政策的制定和落实相对比较被动。比如在 2008 年全球经济出现下滑的情况下，中央政府第一次提出国家经济多元化政策，但在国际原油价格高企的情况下，使得国家过度依靠石油出口，因此经济多元化在那时仅成为一个口号。直到 2014 年，国际石油价格一路走跌，国家财政收入出现大幅下降，在国家债务持续增加的情况下，中央政府又一次把"经济多元化"列入《安哥拉 2013～2017 年国家发展规划》。

安哥拉是撒哈拉沙漠以南第二大石油生产和出口国，2002 年结束内战之后，便加大石油开采产量和出口力度。由于数年前国际石油价格的高涨使得安哥拉国内经济发展进入高速期，安政府石油财政收入的增加也带动了国内基础和公共工程的建设发展，提升了国内民众的福利待遇，以及增加了更多的财政补贴项目。

2014 年石油价格下跌，使得安哥拉政府收紧政府开支，且暂停了将近 90% 的工程项目。除了政府公共项目的流产和暂停外，政府还减少和取消了一些普通老百姓的福利政策，如取消了之前制定的民众石油补贴并提高国内汽柴油价格等。

（二）多方面、多层级经济多元化将持续到2025年

经济多元化涉及很多行业，这展现了安政府下大决心转变石油财政的政策方向。2016 年 1 月，安哥拉前总统多斯桑托斯先生在国情咨文中重点解释了安哥拉为什么要发展经济多元化。

（三）农业、渔业、畜牧业发展是经济多元化的基础

农业建设在经济多元化中扮演着非常重要的角色。从 2015 年开始，政府出台了一系列惠及农业发展的政策，并且鼓励本国和外资企业投入农业开发和建设。在相关政策的推动下，安哥拉主权财富基金斥资 45.6 亿美元推动国内农业建设，并在比耶省、库内内省、马兰热省、莫西古省、宽多库班戈省、威热省和扎伊尔省租用 7.2 万公顷的农业地用于农业、畜牧业建设。① 此举在发展农业的同时，可以为老百姓提供大量的就业机会。事实上，安哥拉大部分人口都在从事农业生产。发展农业、畜牧业会为农民提供大量就业机会和学习种植经验的机会。因此，安政府在发展农业、畜牧业的时候，为当地民营企业提供农业优惠贷款，以便刺激农业和畜牧业快速发展。除了提供优惠贷款政策以外，进出口管理部门也颁发了一系列禁止某些农产品、肉类进入安哥拉的规定。这类进口政策也极大地推动了安国内农业产品种植和畜牧业养殖的发展势头。

2016 年 1 月，安哥拉政府实施收紧农贸产品进口政策和提高农副产品进口关税措施之后，一些本土民营企业和外资企业开始进军农业和畜牧业。安哥拉的农业发展主要从四个方面考虑：第一，开发未开垦的肥沃土地，大面积种植国内急需农作物（玉米、大米），解决粮食供应问题；第二，加强农业基础设施建设，缓解外汇紧张情况下的进口需求；第三，提升安哥拉农业在非洲国家的竞争力和生产力，并改善现有农业经商环境；第四，以农业

---

① O PAIS, Fundo Soberano investe USD 250 milhões na agricultura, http：//opais. co. ao/fundo - soberano - investe - usd - 250 - milhoes - na - agricultura/，2016 年 9 月 21 日。

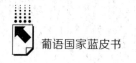
基础设施建设发展逐步带动农业人口创业和就业。

2016年初，在国内外汇紧缺的情况下，安哥拉国内农副产品的进口量出现大幅下降，直接导致国内物价飞涨。比如，小麦粉、玉米粉等农副产品出现价格翻倍的情况，安哥拉很多大型商场甚至对小麦粉、玉米粉、面包和牛奶实行限购。因此，安政府下决心改变大量耕地无人耕种，粮食却依赖进口的现状。按照执政党安哥拉人民解放运动（以下简称"安人运"）制定的《2017～2022年发展规划方案》，① 将在短期内提高农产品产量，控制他国农产品的进口数量，乃至实现粮食出口以增加外汇收入。

在发展农业的同时，畜牧业和林业发展也被政府提上日程。政府鼓励农民发展家庭式农业项目，并为农民提供小额优惠贷款。鼓励私人投资农业、畜牧业和林业项目，加强政府资金投入，提升农村地区农业、畜牧业服务能力，以及提高技术部门的技能水平。

在畜牧业发展方面，提出制订规模化和集约化养殖场建设的方案，寻找拥有高端养殖技术和经验的合作伙伴。安哥拉政府表示将加大农业基础设施建设、修复与管理的力度。比如，安排水务部门设计和建设农田灌溉设施。同时，由政府统一采购优质的农产品种子，从而达到农产品高产、优产的目标。安政府还重点发展安哥拉原有农业强项的研发投入，简化政府审批手续等。在1975年独立之前，棉花、向日葵、甘蔗、玉米都是安农业的支柱产品，今后除了发展农业传统项目以外，还将推动咖啡、可可、棕榈的种植和开发。大规模发展上述农业项目的前提是扩大国内可用耕地的面积，做好完善的土地储备，合理合规地管理农业项目的实施；建立有效的机制和财政体系，确保农业贷款方便落实保障项目可持续发展；建立农业生产组织，保证农作物成熟之后可快速高效地收获农作物，减少不必要的浪费和损失。

与此同时，安政府提出高效农业信息化建设，完善农业市场信息咨询分类：产品价格、销售途径，以及产品进出口供应链环节。畜牧业发展主要侧

---

① Cesár André, Jornal de Angola, http：//jornaldeangola. sapo. ao/reportagem/agricultura _ e _ prioridade, 2017年6月6日。

重从国外引进优良禽畜品种；建立干预措施，由兽医服务工作人员负责大规模禽畜饲养集散地的管理和监控；建设牲畜现代模块化屠宰系统并配备制冷系统，以减少影响畜牧业发展的客观因素，并严控大规模禽畜传染性疾病的发生和蔓延。

（四）渔业发展方兴未艾

安哥拉中部沿海城市巴亚法德湾（Baia Farta）是安哥拉最古老的渔港之一，位于本格拉省会本格拉市以南 20 公里左右，南部的纳米贝（Namibe）和北部的索约（Soyo）都是安哥拉著名的渔场。本格拉位于海岸线中部，距首都罗安达 500 公里，交通极为便利。海鱼是安哥拉人餐桌上必不可少的食品，但是鱼的价格并不便宜，主要原因是远洋捕鱼能力有限，当地渔船大都是三五米长的小舢板，甚至不乏独木舟。政府鼓励外资进入渔业市场，增强远洋捕捞能力，以改善当地百姓的生活。

安哥拉经济严重依赖石油出口，近年来国际油价低迷，安哥拉遇到了2002 年内战结束以来最严重的经济困难，政府为此提出了经济多样化的目标和口号，农业和渔业成为政府重点支持和扶植的产业，在安哥拉的中资企业，也纷纷把目光投向了农业和远洋渔业。

来自韩国、中国、俄罗斯的渔业捕捞企业纷纷在纳米贝、巴亚法德湾、索约港建立远洋渔业基地，业务范围包括船舶修理和维护、远洋捕捞、海鱼加工和冷藏、储运、船舶维修和养护、鱼粉加工和出口等，为安哥拉远洋渔业项目的发展做出了很大的贡献。安哥拉政府还在投资环境和税收领域提供支持，鼓励和欢迎更多的外资企业进入远洋渔业。

安哥拉西临大西洋，海岸线长 1650 公里，由于水温适合鱼类生长，渔业资源非常丰富。渔业从业人员约 5 万人，可全年作业，是国家支柱产业之一，鱼产量居非洲前列。沿海渔场盛产龙虾、蟹、竹荚鱼、鲐鱼、鲮鱼、石斑鱼、各种鲷类（加吉鱼）、金枪鱼、鲳鱼等。作业渔船以单拖或双拖（底拖网）为主，由于是近海作业，海况较好，几乎没有风浪，特别适合 600马力以下的渔船作业。安哥拉海区全年生产效率高，作业期长，一般从每年

的8~9月到次年的6月，都能保持稳定的高产。由于目前还没有休渔期政策，产量相当可观，经营业绩非常理想，许多在西非海域的渔船也正考虑转到安哥拉作业。

目前，在安进行捕捞作业的国家主要包括西班牙、葡萄牙、意大利、韩国、俄罗斯、纳米比亚和中国。为实现国家发展计划和经济多样化的目标，安哥拉目前正忙于制定相关渔业政策与措施。2013~2017年，安哥拉国家发展计划的目标是：出产400吨鱼类和甲壳类（包括内陆渔业和水产业）、120吨盐和占每年总捕获量20%的咸鱼。

（五）经济多元化的工业化建设

安哥拉在殖民地时期和独立之后，农业和矿业一直都是第一大支柱产业，工业则为第二大支柱产业。工业中制造业为重中之重，除了石油冶炼以外，也开始加工糖、啤酒、水泥、木材，并开始投建化肥厂、纸浆厂、玻璃钢厂。

2002年内战结束后，本土企业家在外资企业技术和资金的扶持下，开始投资建厂，发展利润相对较丰厚的重工业和轻工业。重工业产业主要包括冶金、机械、能源（电力、石油、天然气等）、化学、建筑材料，以及为国民经济各部门提供技术装备和原材料的基础工业。轻工业主要是指生产生活消费品和制作手工工具的产业，其总体上可分为两大类：一类是以农产品为原料的轻工业，主要包括食品制造、饮料制造、烟草加工、纺织、缝纫、造纸以及印刷等产业；另一类是以工业品为原料的轻工业，主要包括文教体育用品、日用化学制品、日用玻璃制品、日用金属制品、手工工具制造、文化和办公用机械制造等产业。

1975年安哥拉解放初期，没有专门主管工业的职能部门，而是把工业和矿业两个部门合并在一起，直到2012年1月3日，安哥拉颁布第3/13号总统令，成立了专门主管国家工业发展的工业部。[1]

---

[1] 安哥拉工业部（MIND），http://www.mind.gov.ao/Institucionais/Historico.aspx。

2012 年成立工业部之后，安中央政府开始着手建设工业园区和专属经济工业园区（ZEE）。安政府把低污染工业发展列入国家发展战略计划书，并计划在未来几年建立若干个专属经济园区和专属工业园区。政府对所有入驻专属工业园区的本土和外企实行工业税、进出口关税减免优惠措施。专属经济园区内包含 7 个工业园项目，主要分布于罗安达省和本戈省的 4 个市。工业园项目分别是维亚纳（Viana）工业园项目、基曼达（Quimanda）工业园项目、瓦拉（Uala）工业园项目、塞格拉（Sequela）工业园项目、甘卡祖泽（Gangazuze）工业园项目、噶夸古（Cacuaco）工业园项目，以及蓬·耶稣（Bom Jesus）工业园项目。工业园区管委会为进入园内的企业提供土地租赁、市政管网、水电、日常厂区维护、监控与安全保卫等服务，未来还将为园区内企业开展产品定制服务，推广本土商品产业化。

工业园和专属经济区的建设直接带动了经济多元化的发展。轻工业，尤其是食品、饮料、服装、鞋类、建筑材料、可回收产品、轻化工行业等产业在政府和外部资本进入的情况下快速发展。

在国家发展战略中，政府发展工业的目的是为了缓解工业产品只能依赖进口的弊端。安工业部把建筑业、可回收产业、轻化工产业、饮料、食品、鞋业作为工业发展浪潮中的重中之重。自 1975 年以来，安哥拉便失去非洲传统工业国家的地位，工业发展过程中所需的技术和资金存在诸多问题。不过，政府认为工业化是一项需要持续数年的大工程。安政府将会继续扩大吸引外商投资工业发展的力度，为外资企业创造良好的投资环境。安商业部和外商私人投资小组每年都会推荐为安哥拉经济发展做出贡献的外商企业颁发卓越奖。

发展工业化可以直接拉动国内需求和创造就业。据安工业国务秘书介绍，2015 年安哥拉经济进入停滞期，政府推动了一批制造业项目，安置了 4.51 万人就业，占劳动人口的 0.06%，而商业、银行业、保险业和服务业占劳动人口的 7.7%，建筑业和公共工程行业占 4.7%，这对降低国内的失业率起到很大的作用。

2012～2017 年，除发展石油工业以外，安政府还一直在大力推行发展制造业的方针，打造本国品牌的汽车、家用电器，以及高档的智能产品。建筑材料行业的发展更是如火如茶，在安哥拉建筑市场方兴未艾的几年里，很多企业都开办建筑材料加工厂如钢铁、塑料管、彩钢瓦、泥土红瓦、铝合金加工厂等。安哥拉工业协会建议，政府推进工业化的可持续发展要依靠国内和国外的私人投资，只有私人投资进入工业领域才能真正带动工业发展。工业园的建设也会带动其他加工制造行业，如矿业产品、农业产品和海产品加工等。只有多部门跨部委合作，经济才能迅速发展起来。

安哥拉工业协会对于工业发展在经济多元化中的作用给予了肯定。但工业化难以克服的问题是原材料不能就地生产、采购，只能依靠进口，这就需要大量的私人和公共资金支持。因此，吸引投资便成为摆在政府和企业面前的头等大事。同时，提供高水平的港口效率，改善道路管网和市政基础设施，也有助于降低私人企业投资成本，提升回报率。为此，工业部向安哥拉主权财富基金申请 1 亿美元的费用，改善现有工业园区的基础设施状况。[①]

工业发展带动经济增速的首要指标是增加财政税收。2017 年 5 月，安国家税务总局发布最新报告，预计 2017 年全年非石油类税收约合 1.7 万亿宽扎，其中包含各类企业应缴纳的工业税，而安全年财政税收是 54 万亿宽扎。[②]

（六）矿业发展在经济多元化发展中扮演重要角色

安哥拉是全球第四大钻石生产国，但在 2002 年结束内战之后，安政府却没有重视钻石开采，而把全部的精力都投在石油钻探上面。2014 年 6 ~ 12 月，国际原油价格下跌 50%，2015 年原油价格在 45 ~ 60 美元/桶波动。2003 ~ 2008 年，安哥拉经济曾以年均 9.8% 的速度增长。经历过世界金融危

---

① http：//opais. co. ao/angola – rumo – a – industrializacao/，2014 年 11 月 16 日。

② http：//www. angop. ao/angola/pt ＿ pt/noticias/economia/2017/4/18/Angola – Imposto – industrial – mais – representativo – sistema – tributario – pais，27b657d1 – 10d3 – 4f53 – 98ce – 3f8a5bd3e976. html，2017 年 5 月 4 日。

机和随后的油价下跌后，2010～2014年，安哥拉经济增速降至年均4%。据国际货币基金组织（IMF）预估，未来几年这种趋势还将延续，2015～2020年安哥拉的经济增速估计为3%～5%。

国际原油价格下跌的直接后果是安哥拉外汇储备下降，进而影响安哥拉央行向其他商业银行供应的外币量，2015年前5个月，外汇供应量下降了30%。外汇储备减少导致安哥拉出现货币危机，反过来又影响了商业经营。2016年6月，安哥拉央行突然增加向当地银行的外币供应量，宽扎不断贬值，引起国内物价陡升和通货膨胀。

据非洲开发银行统计，安哥拉有36.6%的人口生活在贫困线以下，失业率高达26%（年轻人更高一些），贫富差距大（2011年基尼系数为55.3，但低于南非的63.4%）。① 毫无疑问，安哥拉必须寻求经济多元化。为吸引外国投资者，安哥拉颁布实施了新的矿业法，对矿权审批流程进行梳理、简化和改进。按照新的矿业法，勘查和开发实行单一的合同制。安哥拉矿产资源属国家所有，政府应通过国有企业持有矿业项目至少10%的股份（或者参与分配矿物和金属产品），矿业企业还必须对当地工人和技术人员进行培训。

2015年2月，在南非国际矿业大会举行的安哥拉—加拿大投资论坛上，安哥拉地质矿产部长指出，发展矿业是安哥拉实现经济多元化的一种选择，也是政府增加收入的重要来源。政府为此制定的矿业发展战略是正确和可持续的，能够达到预期目标。同年4月，为发展矿业，安哥拉政府宣布从主权财富基金专门调拨2.5亿美元投资勘查、矿山扩产和现代化。

2016年下半年，为吸引矿业投资项目，安哥拉政府与中国政府分别在中国澳门、安哥拉罗安达举行高级别招商投资洽谈会。2016年，安哥拉共发放了43个矿权证，涵盖33个饰面石材矿、6个钻石矿、4个金矿。

根据美国地质调查局2012年矿业年报，安哥拉2012年主要生产的矿产

---

① QUADRO DE PARCERIA ENTRE O GOVERNO DE ANGOLA E O SISTEMA DAS NAÇÕES UNIDAS（UNPAF），http：//www.afro.who.int/sites/default/files/2017－06/angola_unpaf－angola－－8－july－2014－port－final.pdf，2014年7月8日。

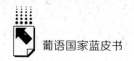
品包括水泥、钻石、黄金、花岗岩、石膏、大理石和盐，其他未开发的矿产包括铍、黏土、铜、铁矿石、铅、煤、锰、云母、镍、泥炭、磷酸盐、石英、银、钨、铀、钒和锌。但是，如同原油一支独大一样，安哥拉采矿业也是如此，钻石业是该国最大的矿种。2012 年，安哥拉未加工钻石产量占世界的 6.5%，当年为政府带来 11 亿美元的收入。[①] 钻石是安哥拉第二大出口商品。安哥拉已经发现了 600 多个金伯利岩体，但是，只有极少数数量和质量都能够满足商业开采要求。

2015 年，安哥拉钻石产量为 883.7 万克拉，[②] 创该国钻石历史最高水平，但由于价格下跌，销售收入仅为 11 亿美元，低于 2014 年的 13 亿美元。即便如此，安政府仍对此相当满意，认为安哥拉钻石生产已经创下历史最高水平，产量达到原计划的 103%。2016 年安哥拉钻石产量为 900 万克拉，按照钻石国际中间交易价格 105 美元核算，全年钻石销售额是 9.45 亿美元。尤其值得一提的是 2016 年 2 月，安哥拉国家钻石公司和澳大利亚共同合资卢卡帕开采出了 404 克拉、价值 1400 万美元的安哥拉第一大钻石。[③]

安哥拉钻石工业由国家钻石公司（Endiama）控制，该公司享有钻石工业的独家经营权。Endiama 集团成立于 1981 年，从事钻石的勘探、开发、加工和贸易。Endiama 矿业公司则成立于 2012 年，从事勘探、研究和开采。但是，该公司愿同其他公司，包括外国公司开展项目合作。Endiama 与巴西的奥德布雷希特（Odebrecht）公司成立了合资企业 SDM 公司，双方各占一半股份，沿宽果河开发钻石砂矿。2014 年，全球最大的钻石公司德比尔斯重新开始在安哥拉的勘探工作。2005～2012 年，德比尔斯一直在安哥拉从事钻石勘探工作，但是没有商业发现。Endiama 矿业公司一直在勘探钻石项目，包括马兰热省坎甘达拉市

① http：//jornaldeangola. sapo. ao/economia/producao_ de _ diamantes _ rende _ milhoes _ de _ dolares.

② Angola bate recorde de produção de diamantes，http：//www. jornaldenegocios. pt/economia/mundo/africa/angola/detalhe/angola_ bate_ recorde_ de_ producao_ de_ diamantes，2015 年 12 月 30 日。

③ http：//www. angonoticias. com/Artigos/item/49830/maior － diamante － descoberto － em － angola － tem － 404 － quilates，2016 年 2 月 16 日。

（Cangandala）、米兰多（Milando）和西古沃（Chinguvo）钻石砂矿，以及坎波（Gambo）、甘戈（Gango）、卢安戈（Luangue）、基图比亚（Quitubia）、西吉（Tchegi）、西亚法（Tchiafua）和乌勒格（Vulege）等金伯利岩勘探项目。2015 年 2 月，该公司在罗安达附近重新开设了一个钻石加工厂，投资 700 万美元用于设备升级。此前，该公司仅能完成 40% 的抛光流程，目前能够完成所有的钻石加工流程，每月可加工钻石 5000 克拉。①。

但是，钻石价格下跌是安钻石公司目前最关心的问题。从实际价格看，在过去的 30 年中，钻石价格下跌了 80%（1980 年达到高峰）。Endiama 公司首席执行官安东尼奥·卡洛斯·桑巴拉宣布，未来公司将同其他企业合作，成立国际分支机构来振兴钻石市场，并将与一家美国公司共同实施一项钻石协同计划，即削减钻石生产国的产量。

此外，从 2016 年开始，安矿业部还在一些招商引资洽谈会上邀请外资企业和本土企业共同参加其他矿产品的开发。目前，一些中资和外资企业开始加入安哥拉黄金、铜、玉石的开采行列。从安哥拉矿物质分布图来看，大量黄金储存在安哥拉北部与刚果（金）接壤的山脉。开采岩石黄金对于很多投资商来说难度较大，所以，很多企业把眼光放在安哥拉北部一些河流发掘沙金。对于沙金的开采，安哥拉政府出台较为严格的开采方案，不能对河流沿岸的生态环境产生损害，在开采挖掘之后，必须恢复原有的地理面貌。

与钻石行业管控不同，黄金开采、销售体系还不健全。根据矿业规定，在安哥拉境内所有涉及金属类矿业开采的项目必须有安哥拉国家钢铁公司（Ferrangol）占股，持股比例不能低于 15%。但是，该公司并不像安国家钻石公司那样完全把控钻石产业的开采、销售、加工等环节。安境内也没有一家从事黄金收购的国有企业，这一点与非洲其他国家严格管控黄金买卖相比更加自由。目前，安哥拉境内仅有一些从事黄金收购的私人企业，但是，公司的规模和抗风险能力极小。

---

① 国土资源部，http：//www. geoglobal. mlr. gov. cn/zx/kczygl/zcdt/201602/t20160222 _ 5324450. htm，2016 年 2 月 22 日。

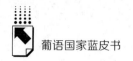

除去钻石和贵金属以外，安哥拉围绕建筑行业的矿业开采也进入高速发展期。据2014年5月的统计，与建筑相关的矿产品开采量共计达到19351万立方米，其中砂石料开采量约31%、鹅卵石7%、砂石49%、黏土1%、石灰石12%，主要来自本格拉、罗安达、南隆达、卡宾达、威拉、南宽扎、莫希科、威热、纳米贝和北宽扎等10个省份。装饰石材方面，仅2016年5月一个月石料开采量就达5641立方米，与2015年同期相比上升4.05%，主要出口至印度、中国、西班牙、埃及、波兰、葡萄牙和意大利等国，出口量占据生产总量的37.78%。①

未来15年，安哥拉将加快矿业开发进程，以摆脱对石油的过度依赖，实现经济发展多元化。为此，目前执政的安哥拉人民解放运动党（安人运）起草了一份矿业开发战略，将启动包括钻石、金、磷酸盐、铁矿石、铜和宝石在内的23个勘探开发项目。从长期看，由于石油项目减少，国内原油生产和收入下降，安哥拉会持续投资开发其丰富的矿产资源。世界银行预计，未来5年，安哥拉矿业平均增速为6.7%，这主要得益于全球钻石需求上升，安哥拉新钻石项目投产等。

（七）旅游业发展助推经济多元化

2016年5月，安哥拉旅馆与旅游部长在一场旅游推介会上表示，安哥拉政府将把旅游业作为国家发展的第三大支柱产业。在同年4月21日召开的中央部长级经济会议上，政府制订了2016～2017年旅游发展计划。② 根据计划，作为旅游经济发展的主要数据指标，全国将建设187家星级宾馆、1200家旅馆及超过4000个餐馆，旅游住宿24390个房间，床位达到320844个。为了提供高水准的旅游服务，建立200家旅行社和200家汽车租赁公

---

① http：//jornaldeangola. sapo. ao/reportagem/rochas＿ornamentais＿precisam＿de＿mercado＿interno，2017年7月11日。

② Turismo cria oportunidades para diversificar a economia – Paulino Baptista，http：//m. portalangop. co. ao/angola/pt＿pt/noticias/economia/2016/4/19/Angola – Turismo – cria – oportunidades – para – diversificar – economia – Paulino – Baptista，48884b93 – 61ac – 47ce – a8e1 – 896be5aa5b25. html，2016年5月4日。

司，创造 219349 个工作岗位。2015 年，全年共接待外国游客 592495 人。2016 年 10 月 20 日，安总统签署第 296/16 号总统令，简化入境安哥拉的外籍游客办理旅游签证手续。未来，安政府会把旅游业作为国家发展的第三大支柱产业，旅游短期发展战略期是从 2011 年到 2020 年，长期战略则一直持续到 2025 年。旅游业的可持续发展，必须提高旅游地的服务水平，同时提高旅游收入状况。

旅游业是一项跨领域的经济行为，涉及经济生活和生产生活，如旅馆业、餐饮、交通、通信、文化、商业等。制约安哥拉旅游发展的因素除了旅游地基础设施不健全以外，最重要的是旅游服务水平相对较低。相比其他非洲邻国，安哥拉的旅游状况相对较差。一些自然和文化景区的路况极差，很多景区只能乘坐四驱汽车前往，承接大型旅游项目比较困难。因此，未来安哥拉政府将出台更多的优惠政策吸引外商投资旅游业。安旅游国务秘书阿尔夫莱多先生强调："旅游业发展在经济多元化的大潮中扮演非常重要的角色。"旅游业发展在吸引外国游客进入安哥拉旅游时，也可以拉动国内的旅游经济和外汇收入。获得经济利益后，还可推广安哥拉本土的文化、运动、酒店、客运等发展，从而在未来成为撬动经济发展的有力杠杆。

三　安哥拉与中国合作促进其经济多元化

2016 年 11 月，中国向安哥拉提供 78 亿美元贷款，用于国内公共基础建设项目，如深水港、道路修复与建设、水电站、能源建设等。安政府拟通过实施各类公共工程基础项目建设降低失业率，为更多公民提供就业机会。中国企业在安哥拉实施了 155 个工程项目，合同总额约 52 亿美元，共创造了 3.65 万个就业岗位。经过招标，近 36 家中资企业承揽安哥拉公共基础设施工程项目。2016 年 8 月 4 日，中国葛洲坝集团承揽的安哥拉卡古路·卡巴萨水电站举行盛大开工仪式。该水电站是目前中资企业在非洲承建的最大的水电项目，被誉为"非洲三峡工程"，建成后将满足安哥拉 50% 以上的供

电需求，极大地促进当地经济及社会发展，具有深远的历史意义和国际影响。该项目合同总金额为 45.32 亿美元，水电站装机容量 217.2 万千瓦，计划工期 80 个月，建设高峰期将为当地提供近万个就业岗位。中国葛洲坝有限公司还将负责该水电站建成后四年期的维护和运行，并为安哥拉培训一批专业的电站运营管理和技术人才。

2017 年 6 月 5 日，中国银行股份有限公司罗安达分行举行揭牌开业仪式，成为首家进入安哥拉经营的中资银行，也成为亚洲第一家在安哥拉设立经营性机构的商业银行。中国银行负责人表示，中安两国是休戚与共的利益共同体和命运共同体，中行罗安达分行的成立，将有力促进双方合作协议落地，有力推动中安两国经贸往来。中国银行罗安达代表处升级为分行后，将围绕"担当社会责任 做最好的银行"战略，充分发挥集团跨境服务优势，为两国企业提供信息咨询、客户撮合、业务推介、资金支持、风险防范等一揽子服务，积极服务中国企业投资安哥拉，全力支持安哥拉企业开拓中国市场，努力构建中安战略合作的金融桥梁。

四 结语

安哥拉经济多元化与中国调结构促增长有相似的地方。现阶段，安哥拉经济多元化发展仍然处于起步阶段，到 2025 年，经济多元化发展大概需要 60.4 亿美元的资金支持。安政府每年在制定经济和政策发展规划时，都会考虑到资金的投入和使用方向。2017 年是安哥拉总统和国民议会选举的大年，安哥拉新政府也会出台一系列新政策，对国家经济建设发展给予更长期的考量。

B.6
中国与巴西双边金融合作的
特点与前景

赵雪梅*

摘　要：　近十几年来，随着中巴经贸关系日益密切，两国金融合作步
入快车道。以中资国有银行为主体的金融机构，为中资企业
"走进巴西"搭建金融平台，为中国和巴西企业大型项目的
融资提供重要支持。中巴金融合作的领域集中在能源、基础
设施、制造业等，带动中国装备出口巴西。中资政策性银行
创新金融合作模式，通过两国政策性银行间的合作，共同构
建为中巴企业提供融资的平台，有效推动中巴金融合作进程。

关键词：　中巴金融合作　中资国有银行　融资平台　大型企业　中国
装备出口

　　巴西是中国在拉美地区第一大贸易伙伴和第一大投资目的国。中国商务
部数据显示，截至 2015 年底，中资企业在巴西累计投资 199.4 亿美元，在
巴的中资企业数超过 100 家，巴西是拉美国家中吸收中国对外投资最多的国
家。2015 年中巴双边货物贸易额 716 亿美元，同比减少 17.3%。中国为巴
西最大贸易伙伴、最大出口目的地国和最大进口来源国。据巴西计划、发展
与管理部公布的数字，2003～2017 年中国在巴投资项目 247 个，其间，

＊　赵雪梅，对外经济贸易大学教授，大连外国语大学西葡语系教授。

2010 年和 2017 年是两个投资高峰年。

在经济一体化发展趋势下，金融与国际贸易和跨国投资相互促进、渗透。商品和资本的全球化流动催生了国际金融市场的发展，而国际金融市场的发展又为国际贸易的繁荣发展创造了有利条件。随着中巴贸易关系日益密切，越来越多的中资企业投资巴西，两国金融合作凸显必要和可能。2014年习近平主席在访问巴西时首次提出中拉"贸易、投资和金融"的三大合作领域，金融合作被视为中拉双边经贸关系发展的"新增长点"。2015 年李克强总理在中巴工商界峰会闭幕式上的致辞中提出了中拉产能合作的"3 × 3"新模式，通过拓展基金、信贷、保险三条融资渠道，推动中拉合作项目。中方已经宣布出资 500 亿美元，设立中拉产能合作专项基金，其中的200 亿美元用于支持中巴产能合作项目。

目前中巴双边经贸关系正处在如何升级和再上新台阶的关键时期，双边金融合作的推进无疑有助于这一目标的实现。中资银行要"走出去"，首先要配合企业"走出去"，满足企业的金融服务需求，适应企业的金融服务需求。[①] 强化中巴双边金融合作，以金融服务便利化来推动贸易投资便利化，也正是为了配合和满足快速扩张的中巴贸易关系以及中国企业走出去的需要。

本报告拟分三个部分论证近年来中巴金融合作的主要特点及未来走势。第一部分聚焦中巴金融合作的现状及快速发展；第二部分拟对中巴金融合作中表现出的主要特点进行分析，突出合作主体、合作领域、合作目标及合作的时机选择等因素；第三部分针对中巴金融合作中存在的问题进行分析，并对其发展前景进行展望。

一　中巴双边金融合作的现状

中巴双边金融合作的拓展与中资国有银行的积极参与和推进密不可分。

---

① 欧明刚、方方：《中国银行业国际化发展报告》，《银行家》2015 年第 4 期。

中资国有银行中，最早参与中巴金融合作的是中国国家开发银行与中国银行。

中国国家开发银行（简称"国开行"）是我国三大政策性银行之一。[①] 近十年来，随着中国企业"走出去"的快速推进，如何看待中国企业海外发展面临的挑战，特别是在中国正在崛起的大背景下，国家政策性银行如何支持中国企业"走出去"等议题，引起中国政府及国内学界的关注。金融是支持企业"走出去"的重要保障，银行与企业合作是中国企业"走出去"的助推器。[②] 而海外投资活动中的高风险性及国家风险因素等特点，使商业性金融往往在很多具体领域或项目上不敢、无力或很少涉足，从而使由政府提供后盾支持的政策性金融成为在海外投资发展初期提供金融支持的主导力量。[③] 2005 年以来，国开行积极贯彻国家的企业"走出去"战略，主动拓展国际业务，引导和支持中资企业扩大对外投资合作。[④] 2009 年至今，国开行连续 6 年保持国内同业第一，是中国最大的对外投融资合作银行。[⑤]

国开行与拉美地区进行金融合作始于 2005 年，2009 年当中国首次以正式成员的身份参加美洲开发银行第 49 届年会时，国开行与美洲开发银行签署了合作备忘录，为促进中国和拉美加勒比地区的金融合作迈出了重要一步。国开行对巴西的国际业务始于 2006 年，2013 年 3 月国开行巴西里约热内卢代表处正式挂牌，成为该行在拉丁美洲地区的第一家分支机构。截至 2016 年底，国开行累计支持巴西项目 42 个，涉及油气、矿业、基础设施、制造业等多个领域，累计承诺贷款 580 亿美元，发放贷款 400 亿美元，是中

---

① 1994 年我国政府设立了直属国务院领导的中国国家开发银行、中国进出口银行和中国农业发展银行三家政策性银行。国开行明确定位为开发性金融机构，中国进出口银行、中国农业发展银行为政策性银行。
② 谭姝：《国开行给力中国企业"走出去"》，《国际融资》2010 年第 12 期，第 11~16 页。
③ 黄人杰：《政策性银行支持中国企业"走出去"的金融选择》，《商场现代化》2007 年第 10 期。
④ 截至 2015 年末，开行国际业务项目遍布全球 115 个国家和地区，贷款余额 2867 亿美元，约占全行本外币贷款余额的 1/4。
⑤ 国家开发银行网站，http://www.cdb.com.cn/ywgl/xdyw/gjhzyw/。

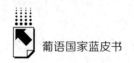

巴金融合作中规模最大的中资银行。① 2009 年国开行与巴西石油公司签署的金额为 100 亿美元的《融资合作协议》是该行创新金融对外投资与合作方式，支持中资企业拓展巴西市场的重大项目之一。这次融资促成巴西国家石油公司提供两个深海石油区块与中石化开展合作，使中国企业首次进入巴西深海石油勘探开发领域。②

中国银行是最早在巴西设立代表处的国有商业银行。该行于 1998 年在巴西圣保罗设立代表处，2007 年获得中国银监会关于设立中国银行（巴西）有限公司的批复，2009 年 3 月在巴西中央银行注册，并于 2010 年 4 月正式开业。为加大在巴西全境的布局，该行于 2014 年 8 月又在里约热内卢开设分行。

中国银行（巴西）有限公司总裁张东向于 2014 年 9 月在接受《经济参考报》采访时说，该行为中国企业走向巴西，以及为巴西企业走向中国提供授信、公司金融、贸易结算、个人金融等全方位金融服务。目前，该行与三一重工、奇瑞等多家大型中资企业签有战略合作协议，与绝大多数驻巴中资企业建立业务合作关系，为在巴中资企业提供有效的金融支持。该行也关注巴西本土企业发展，与巴西淡水河谷公司签有为期 3 年的全球融资合作备忘录，与巴西国家石油公司开展业务合作等。③

2014 年中国政府出台了加大金融支持企业"走出去"力度的政策，鼓励商业银行加大对重大装备设计、制造等全产业链的金融支持，发挥政策性银行等金融机构的作用。作为拉美最大经济体及我国对拉投资最多的国家，巴西出现在中资银行海外扩张和全球布局的战略中。2014 年和 2015 年中国

① 王海林：《在巴西投资兴业的中资企业超过 200 家》，《人民日报》2017 年 1 月 5 日，第 3 版。
② 2008 年，时任巴西油公司总裁访问国开行，希望国开行融资支持其扩大石油相关领域的投资。国开行表示愿以此合作为契机，带动中巴能源合作。国开行与巴西国家石油公司多次接触，经过几轮艰苦谈判后，2009 年 5 月国开行与巴西国家石油公司签署了金额为 100 亿美元的《融资合作协议》。按照协议条款，巴西国家石油公司向中国每日出口原油 20 万桶。
③ 陈威华、荀伟：《中巴金融合作正当其时——访中国银行巴西子行总裁张东向》，《经济参考报》2014 年 9 月 26 日。

国家主席习近平和总理李克强相继访问巴西，使中巴金融合作在贷款规模、合作领域、中资金融机构参与等方面都跃上了新的台阶。

作为世界排名第一的中国工商银行，继成功进入秘鲁和阿根廷市场后，2013年1月23日在巴西最大城市圣保罗宣布正式成立中国工商银行（巴西）有限公司，使工行在南美市场的服务网络初步形成。2015年5月，中国工商银行与巴西淡水河谷①、巴西联邦储蓄银行②、巴西国家石油公司③、巴西蔚蓝航空公司等多家大型企业签署了合作协议，涉及金融、基建、资源、能源、航空等多领域合作，支持中国与巴西企业的融资需求。

与中国银行和中国工商银行进入巴西的方式不同，中国建设银行和中国交通银行都是通过收购当地商业银行而落户巴西的。中国建设银行收购了巴西 Banco Industrial e Comercial S. A.（BICBANCO）银行总股本的72%之后，于2015年底将其更名为中国建设银行巴西子行；④ 中国交通银行是在收购了巴西 BBM 银行80%的股权后，于2016年12月将其更名为交通银行巴西子行。建行巴西子行成立后，充分发挥建行在客户资源、资金实力和基建融资等方面的优势，利用原 BICBANCO 银行在巴西市场上具备的完整平台和丰富的操作经验，为两国客户提供更全面、更优质的金融服务。为帮助更多中资企业争取到低息政策性贷款，建行巴西子行已从巴西国家经济社会发展银行获得了20亿雷亚尔（约合55亿元人民币）的初始授信额度。此外，该行与广西柳工机械股份有限公司在设备销售的融资贷款领域展开合作。并

---

① 2015年5月19日中国工商银行与巴西淡水河谷公司签署了为期三年的谅解备忘录。根据谅解备忘录条款，中国工商银行将通过银团贷款、双边贷款、出口信贷、贸易融资等形式为淡水河谷提供高达40亿美元的融资安排与金融服务。
② 2015年5月，工行与巴西联邦储蓄银行签署合作谅解备忘录，为中巴企业在清洁能源、基础设施、生态农业等领域提供金融服务。
③ 据中国新闻网2015年5月21日消息，中国工商银行宣布为巴西国家石油公司引进中国海工装备租赁提供30亿美元融资，并与巴油签订合作框架协议。
④ 中国建设银行网站2013年11月1日消息称，已就收购巴西 Banco Industrial e Comercial S. A.（BICBANCO）总股本72%的股份买卖交易与 BIC 银行的控股集团 Bezerra de Menezes 家族达成协议，并于2013年10月31日（巴西时间）在圣保罗签署了股份买卖协议。

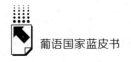
购带来的协同效应在交通银行巴西子行的运营中也得以体现。交通银行巴西子行是一家全牌照银行，提供银行存贷、国际结算、贸易融资、外汇兑换、衍生工具买卖等银行服务。

作为政策性银行之一，中国进出口银行承担着推动国家战略、支持企业"走出去"的使命和责任。2014 年 7 月中国进出口银行分别与巴西国家社会经济发展银行①、巴西国家石油公司、巴西淡水河谷以及巴西航空工业公司等签署了涉及多个领域的 4 份协议，涉及金额 66.5 亿美元。2017 年该行与巴西银行签署了《中国进出口银行和巴西银行主要融资条件协议》，② 将向巴西银行提供 3 亿美元流动资金贷款，优先用于中巴贸易项下的贸易融资需求。

据华盛顿美洲对话研究中心发布的报告，2015 年，拉美各国政府及公司从中国国家开发银行和进出口银行的两家政策性银行获得贷款约为 290 亿美元，其中巴西获得的融资金额约为 107 亿美元，居拉美各国之首。③

二　中巴双边金融合作的主要特点

2008 年金融危机以来，多个大型国际银行不断调整在巴西市场的发展策略，部分银行实施"瘦身计划"，缩减其在巴西的业务，部分银行逐步撤出巴西。与这一趋势相反的是中资银行加快进军巴西的步伐，将巴西视为中资银行国际化的一个重要市场。

中国和巴西双边金融合作具有以下特点。

---

① 巴西国家经济社会发展银行（BNDES）是该国最大的政策性银行。根据新华社消息，2014 年 7 月 7 日，中国进出口银行与巴西国家经济社会发展银行签署两行合作备忘录，将在机电产品、成套设备和高新技术进出口、能源矿产、基础设施建设、飞机和船舶等重点领域开展合作，将通过同业转贷、风险参贷、联合融资、信用担保等多种方式推动中巴贸易，共同支持两国企业在中国、巴西或第三国开展对外承包工程和境外投资。
② 该协议于 2017 年 9 月 2 日在中国人民大会堂签署。
③ 中国驻里约热内卢总领馆经商室：《逆流而上，中国金融机构扩大对巴贷款规模》，http：//www. mofcom. gov. cn/article/i/jyjl/l/201602/20160201260075. shtml。

第一，中巴双边金融合作的快速发展是基于双方各自发展的需要。一方面，中国经济已发展为全球第二大经济体，2016年中国经济在全球经济占比升至14.9%，对全球经济增长的贡献率达到32.6%。由于中国经济的储蓄率较高，对外走向净输出资本，增加中国金融机构尤其是银行业的对外投资具有重要意义。另一方面，具有丰富自然资源的巴西，2013~2016年经济陷入严重衰退，受其经济的不利影响，巴西企业的海外融资受到限制。巴西最大的石油生产商巴西国家石油公司，由于深陷腐败丑闻，信用评级被不断下调，由此投资者有意避开巴西金融资产。因此，吸引中国投资被巴西视为走出经济衰退和恢复经济增长的方法。

第二，两国政策性银行在合作中发挥着至关重要的作用。通过签署谅解备忘录，中巴两国政策性银行共同确定合作领域，共同搭建融资平台。例如，2014年国开行与巴西国家经济社会发展银行签署备忘录，双方同意在基础设施领域开展合作；2014年中国进出口银行与巴西国家经济社会发展银行签署框架协议，明确了双方在能源、基础设施和电信领域的共同投资计划；2017年中国进出口银行与巴西银行签署《中国进出口银行和巴西银行主要融资条件协议》，利用同业合作解决两国贸易发展瓶颈，提供便利的融资渠道；[1] 中国出口信用保险公司2014年与巴西银行签署《合作框架协议》，2017年与巴西国家经济社会发展银行签署《合作谅解备忘录》，双方商定为中资企业对巴出口、在巴承建承包工程项目以及参与巴西相关投资提供综合性融资解决方案。

第三，中资国有银行通过创新融资模式，抓住有利时机，积极服务于中巴企业。例如，国开行与巴西石油公司签署为期10年的《融资合作协议》最初是巴西国家石油公司因急需大额资金支持其业务发展，而登门拜访国开行并希望国开行融资支持其扩大石油相关领域的投资。时任国开行董事长陈元抓住此合作契机，经艰苦谈判最终达成协议，带动中巴能源合作，推动中

---

[1] 杜冰：《进出口银行与巴西银行签合作协议，助力中巴经贸发展》，《金融时报》2017年9月2日。

国海洋工程装备进军巴西市场。① 国开行与巴西南马托格罗索州政府、安徽丰原集团就玉米、大豆深加工项目签署《关于农业深加工合作框架协议》，发挥投贷组合优势，助力中巴农业深加工领域合作实现零的突破。中国进出口银行与巴西航空公司签署融资协议，通过中巴航空信贷合作，支持海航集团下属天津渤海租赁有限公司进口巴西航空工业公司 40 架 E190 系列飞机，为国内客户开拓了更广阔、稳定、有竞争力的境外资金渠道，对后续双边出口和共同开拓第三方市场起到了良好的示范作用。② 此外，中石油利用国开行贷款承建了卡塞内天然气管道项目；烟台来福士海洋工程有限公司利用工行融资租赁为巴西沙茵集团建造两座石油钻井平台；中国进出口银行与巴西淡水河谷公司、中远集团和招商局集团分别签署谅解备忘录，向中远集团和招商局集团提供最高达 12 亿美元的贷款以支持两家航运企业，为巴西淡水河谷提供铁矿石航运服务。

第四，中巴金融合作，带动中国大型装备出口。例如，中国进出口银行与巴西淡水河谷公司签署《中国进出口银行与巴西淡水河谷公司融资框架协议》，为淡水河谷在华的船舶和采矿设备采购项目及相关基础设施建设项目等提供融资支持；中国进出口银行与巴西国家石油公司签署《中国进出口银行与巴西国家石油公司关于支持中巴海洋工程装备产能合作的融资备忘录》，为巴西国家石油公司提供 10 亿美元贷款，用于巴西国家石油公司在中国采购海洋工程装备以及为巴西国家石油公司向中国出口石油产品等提供信贷支持。

第五，中巴金融合作集中在能源项目，特别是石油领域。仅以巴西国家石油公司为例，该公司先后从国开行、中国进出口银行获得合计为 200 多亿美元的贷款，不仅缓解了该公司扩大石油投资资金不足的困境，而且也缓解了该公司偿还债务的压力。

① 《中国国家开发银行国际业务宣介手册》，中国开发银行网站，http://www.cdb.com.cn/。
② 杜冰：《进出口银行与巴西银行签合作协议，助力中巴经贸发展》，《金融时报》2017 年 9 月 2 日。

三　中巴金融合作中存在的问题及前景

中国巴西同为新兴经济体，两国在改革现有的国际金融体系中有着共同的诉求和愿望。在金砖国家框架下，中国和巴西积极推进金砖国家发展银行的建立；在中国倡议和主导的亚洲投资银行的建设进程中，巴西成为创始国中唯一的拉美国家，为之后秘鲁、委内瑞拉、玻利维亚、智利、阿根廷等拉美国家的加入创造了条件。

中巴双边金融合作尽管有了很大的发展，但在规模和深度上有待扩大与加深，在资金的监管上有待加强，在金融合作的领域上有待拓宽。

如果从对外投资的角度来看，中国对南美的对外投资与中资银行覆盖率并不相称。根据《2015年中国银行业国际化发展报告》，截至2014年底，中国在南美洲的对外直接投资覆盖率高达60.4%，然而中资银行在该地区海外机构的覆盖率只有8.3%。① 分析其原因，南美洲同中国的地理距离远、文化差异大、东道国政治经济不稳定等，都是影响双方金融合作的不利因素。

从海外业务看，中资银行大都处在熟悉和适应当地市场的阶段。除中国银行在巴西具有较长的经营历史外，其他的中资银行大都是近几年才设立的，且集中在圣保罗和里约热内卢两大城市。因此，这些银行要适度加大业务的多元化深度，在合规的前提下，加大参与金融市场的深度，增加债券、保险等金融市场业务收入。

在中巴金融合作的资金使用监管上，仍需加强建立有效配套的监管机制和中资银行的风险管控能力。巴西是一个腐败严重和行政效率低下的国家。2013年巴西国家石油公司腐败案、2017年初曝光的巴西建筑行业龙头老大奥德布雷希特集团的行贿案等，都对巴西的国际形象产生了一定的负面影响。这些腐败案对巴西企业的国际评级及对其经济的整体运行都带

---

① 欧明刚、方方：《中国银行业国际化发展报告》，《银行家》2015年第4期。

来不利。

巴西金融市场利率高，汇率不稳定、通货膨胀近年来有抬头的趋势，这都会给中资企业融资带来一定难度。中资银行应该通过有效合法的手段，为在巴的中资企业创造融资的便利条件。

展望未来，中巴金融合作在规模和深度上都将跃上新的平台，两国金融合作存在着巨大的发展空间。

如前所述，中资银行"走进巴西"首先是配合中资企业"走进巴西"。近两年，中资企业投资巴西的势头依然强劲。据巴西华人网报道，咨询公司Dealogic 数据显示，2017 年1~10 月，中国在巴西的投资总额354 亿雷亚尔（约合108 亿美元），中国企业在巴并购已从上一年的6 起增至17 起。分析人士预计，从2018 年开始，巴西将经历第二轮中国投资浪潮。[1] 2017 年中国在巴投资项目包括中国国家电力集团投资公司收购巴西圣西芒（São Simão）水电站、中国招商局港口控股有限公司收购巴西第二大港口巴拉那瓜港90% 的股权和中国海洋石油总公司中标巴西两块油田的开采权等。可以预见，随着更多的中资企业投资巴西，将会有更多的中资银行将目光投向巴西，已立足巴西的中资银行也会更积极地扩展金融业务和提供更优质的金融平台。

2015 年李克强总理在访问巴西时提出"3×3"中拉产能合作新模式，并宣布将设立500 亿美元的中国拉美产能合作基金，其中中国巴西产能合作200 亿美元。2017 年5 月，中国—巴西扩大产能合作基金（简称"中巴基金"）正式启动。依据协议，中国出资150 亿美元，巴西出资50 亿美元，中巴双方将按照市场化运作机制，共同寻找具体项目合作机会，并遵循商业原则做出最终投资决策。毫无疑问，中巴基金的启动为中巴金融合作搭建了新的平台。

巴西是拉美最大的经济体，也是世界排名前十的经济体之一。巴西拥有

---

① Taís Hirata, "China investe R $ 35 bi no país e consultores preveem mais aportes," 巴西华人网，http: //www. brasilcn. com/article/article_ 8551. html。

拉丁美洲最大的金融服务市场，并且蕴含丰富的增长潜力。2017 年巴西经济有望走出衰退，实现小幅增长。作为世界第二大经济体的中国，目前正处在调结构转型升级的关键时期，需要将部分行业的过剩产能转移出去。相信在中巴两国政府的积极推动下，随着中巴扩大产能合作基金的启动与运行，中巴金融合作将被赋予新的内涵，中巴金融合作模式亦将会随着环境的变化而不断创新。

四　结语

一般来说，一个银行在考虑如何进行海外布局的时候，通常应该综合考虑地理距离、经济距离、政治距离与制度距离等因素。中国与巴西虽然地理距离遥远，但近年来两国政治与经济关系越来越紧密，中巴之间的经济距离和政治距离在缩短，而经济距离和政治距离是决定一个银行设立分支机构的最重要的原因之一。

中巴双边金融合作是两国贸易、投资关系扩展的必然结果，而中巴双边金融合作的发展又将会推进中巴贸易投资关系的深化。2008 年全球金融危机为中巴金融合作的快速发展创造了机遇。中巴双边金融合作的快速发展是基于双方各自发展的需要，在中国政府中资银行"走出去"服务于企业"走出去"的政策方针的指导下，中资银行加大了与巴西金融合作的步伐。

随着巴西经济形势的好转，中国企业"走出去"步伐的加快，中资企业投资巴西将会出现新的高潮，中巴金融合作也将迈上新的台阶。

B.7
巴西绿色文化解析

张维琪*

摘　要： 本报告拟对巴西的绿色文化进行分析，从印第安土著人重视自然的有序利用，到欧洲移民抵达后的掠夺式开发，再到巴西民族意识逐步觉醒，对于自然的态度随着时间的不同而发生变动，考察绿色文化在巴西的历史渊源。历史传承、荣誉感和民族意识，成为国际社会影响之外的重要原因，由此巴西绿色文化重获新生并取得快速发展。巴西在环境保护和治理方面实现了创新，并在环境保护方面呈现出不同的理念。中国和巴西间的合作可以在民心相通、彼此了解的基础上，不断得到深化。

关键词： 巴西　绿色文化　环境保护　环境与经济发展

　　从国土面积和自然资源角度来看，无论是南美洲还是整个美洲，巴西的重要性无须赘言。而作为新兴大国，巴西在国际舞台上的活跃程度不断加强，积极地把减贫、可持续发展、气候变化等发展中国家所共同关切的主题引入议程设置。从中我们可以发现巴西对于发展权问题的重视，而其本身所持的绿色文化理念则显著地影响着这个国家在处理环境与发展关系方面的态度。反观20世纪70年代以前，巴西对于环境保护的议题并未予以特别的重视。因此，这种态度上的迅速转变，再到行动上成为积极的实践者，并不能仅从国际社会施加影响的角度去理解。那么，巴西绿色文化是否有其历史渊

---

* 张维琪，上海外国语大学西方语系副教授。

源，使得巴西在环境保护方面取得了快速的发展？在环境保护和治理方面，巴西有哪些值得称道的举措？所反映出的理念与我们是否存在差异？本报告拟从巴西绿色文化的历史渊源、所体现出的价值观等方面入手，结合新文献，就相关问题展开分析研究。

一　文化的词源与绿色文化

在汉语中，文化指的是文治教化，最早出现在汉刘向所著的《说苑·指武》之中："圣人之治天下也，先文德而后武力。凡武之兴，为不服也。文化不改，然后加诛。"可见，文化在中国最初是作为动词使用，凸显了其动态变化的方面，不同于西方将"culture"一词用来指称人们的农业耕种等相关联的生产活动及传承。

绿色文化，有着广义、狭义之分。最初，绿色文化显然与绿色植物的栽培相关，而随着全球生态问题的不断出现及人们环境意识的普及，绿色文化的内涵得到了进一步的扩大和深化，"绿色文化即人类与环境和谐共进，并能使人类可持续发展的文化"。① 可以说，绿色文化是一个富含当代特征的词语，集中反映在发展自身过程中人与自然关系的改善，环境保护意识的不断增长及由此所展开的积极治理行动之中。

二　巴西的绿色文化之路

1.印第安土著人的自然观

欧洲人抵达美洲之前，在巴西土地上生活着大量印第安土著人，他们以部落为单位，过着群居生活。由于美洲大陆的封闭性特征，美洲印第安文明总体发展程度较为缓慢，而到 16 世纪初，生活在巴西土地上的印第安土著文明发展程度仅达到新石器时代晚期。作为这片土地最早的居民，印第安人

---

① 周鸿：《文明的生态学透视：绿色文化》，安徽科学技术出版社，1997，第 36 页。

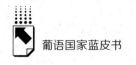

从自然中习得了大量知识，他们遵守自然法则、爱护环境生态系统。当地的土著对土地态度友善，仅从土地中取得自身生存所需，对各类资源采取合理利用而不滥用的态度。

1500年葡萄牙人发现巴西以后，大量采伐巴西沿大西洋雨林中的巴西木，以供布匹染色之用，导致巴西木的数量急剧减少。法国人让·德·莱利①为我们留下了一段发生在他与一位图皮南巴族的土著老者之间的对话，可以让我们清楚地理解印第安人朴素的自然观：

> 为什么你们法国人和葡萄牙人要跑那么老远，来找柴火木取暖呢？难道你们自家土地上没有木头吗？……我现在明白了，你们是极度不可理喻的人：就像你们所说的，穿越大海，经历了种种不适来到这里，还要艰辛劳动，为的只是给子女或需要供养的人聚集财富而已！难道养育了你们的土地不足以给他们提供食物吗？我们也有父母和喜爱的儿女，但我们确信，在我们过世之后，此前抚育了我们的土地也必定能够养育他们，因此，大可没有任何担忧地离开。②

显然，土著老者对欧洲人的贪欲难以理解，印第安人只是有限、有序地利用自然资源来养活自己，从土地出产的各种资源是他们安身立命之本，而当时蜂拥而来的葡萄牙人、法国人则秉承着一种完全相反的价值观。

2. 欧洲人的掠夺式开发

在欧洲人眼中，土地是财富之源，土地及其出产的一切都是商品。在大发现时代，重商主义思想在整个欧洲占据主导地位。重商主义认为，金银即财富，要不惜一切手段和代价来获取。对金银的贪欲使得欧洲人把新大陆各

---

① 让·德·莱利（Jean de Léry, 1534 ~ 1611），于1556年赴巴西里约热内卢地区一片被法国人占领的土地。其间，与当地印第安土著多有交流和接触，著有《巴西之旅》（*Viagem à Terra do Brasil*）一书。

② 转引自 Florestan Fernandes, *Mudanças sociais no Brasil*, São Paulo: Editora Global, 2013, pp. 196 – 197。

种可以转换成金银的资源作为劫掠的首要目标。以葡萄牙人为代表的欧洲殖民者一方面从精神上、肉体上压迫和奴役印第安人，使欧洲文化强势进入巴西，致力于抹除原有的印第安文化的印记。另一方面，他们在巴西的土地上进行了掠夺式的开发：从巴西木开始，之后是蔗糖和黄金，这些巴西土地上的物产无一不见证了这种开发模式的野蛮和对自然的伤害。

发现巴西之后的短短几十年，巴西木资源就被砍伐殆尽。为了获取蔗糖的高额利润，欧洲殖民者建立大种植园来种植甘蔗，又以大量破坏巴西原有绿化植被为代价，在巴西土地上发现金矿以后，进行无休止的开采，使得黄金资源在不到一个世纪的时间里被耗尽。在整个殖民地经济的发展过程中，掠夺式的开发使得葡萄牙成为受益者，享受到重重益处，但这一切都是以牺牲巴西土地上出产的资源为代价的。

3. 独立后重拾绿色文化

伴随巴西的独立进程，其民族意识和本土意识得到了不断的加强。在社会精英看来，巴西是一个美洲国家，是一个有着自身特色的热带国家，理所应当地具备有别于欧洲的独特身份，印第安人及印第安文化则成为最能体现身份差异的素材。对于巴西社会精英来说，找到、继承并发扬这种亲近自然的高贵身份，对于巴西独立以后解决新政权的合法性，显得尤为重要。

"在他们（指巴西作家和学者）看来，这片大路上的所有美洲人共同享有宝贵的印第安文化遗产——这种信念也成了激发众多优秀作品的灵感来源。"[①] 巴西浪漫主义作家若泽·德·阿伦卡尔（José de Alencar, 1829~1877）就是其中一位重要的代表，他尝试在创作小说的同时寻求巴西本土语言特色，这种努力在《伊拉塞马》等表现印第安人题材的作品中更是多见。印第安人的正面形象在这些作品中成为巴西民族身份的最佳代表。在塑造巴西人独特民族身份的过程中，印第安人有序利用自然资源，对环境友好的价值观念也得到了再现。现在，"在巴西，绿色已经成为公民居住和工作

---

① 〔英〕莱斯利·贝瑟尔：《从思想史和国际关系史的视角看巴西与拉丁美洲的关系》，《拉丁美洲研究》2017年3期，第103页。

环境的主题，巴西全国上下形成了人人爱护自然、人人共享环境、人与自然和谐共处的良性互动态势"。①

综上可以看到，绿色文化深深扎根在巴西这片土地之中。作为原住民，印第安人的文化传承起到了重要作用。而在以葡萄牙人为代表的欧洲人的掠夺式开发过程中，原属于这片土地的绿色文化只是暂时处于弱势被搁置起来，一旦巴西的本土意识在外来的压力下苏醒，这种文化及其价值观也相应地快速复兴。

三 理解巴西绿色文化的角度

1. 绿色文化在巴西扎根的原因

绿色是植物的颜色，它代表着健康，象征着生命的活力，并让人感受到生机盎然的希望。倘若询问巴西人为什么会选择绿色作为巴西国旗的底色，相信回答应该会出奇地一致：那就代表着亚马孙雨林啊！的确，素有"地球之肺"美誉的亚马孙雨林是整个地球上最大的热带雨林，且物种最为丰富，是属于全人类的宝贵财富。亚马孙雨林大部分位于巴西境内，从而成为巴西的代名词。因此，巴西人对于能拥有这样得天独厚的自然资源充满了荣誉感和自豪感。

结合绿色文化在巴西的发展历程可见，除了受到国际社会环保思潮的影响以外，源于印第安土著人的历史传承、拥有亚马孙雨林的荣誉感和自豪感，以及独立以来民族意识的觉醒，此三者成为绿色文化在巴西快速扎根的重要内部原因。在这一过程中，可以体察到历史传承和精神因素的重要影响。

2. 环境与经济发展的关系

广大发展中国家所面临的一项重要任务是通过经济发展来解决贫困问题。同时，巴西绿色文化的理念也深刻地影响普通巴西人如何看待发展与环境保护的关系。根据美国密歇根大学政治学教授罗纳德·英格尔哈特（Ronald Inglehart）主持的《世界价值观调查》（2014）②，在对巴西人价值

---

① 王友明：《巴西环境治理模式及对中国的启示》，《当代世界》2014 年第 9 期，第 59 页。
② 由罗纳德·英格尔哈特所主持的世界价值观调查项目，调研范围覆盖全世界近90%人口的价值观。

观的调查中，来自巴西各地的 1486 名 18 岁以上人士接受了调研，其中一项
调研内容涉及如何看待环境与经济发展的关系，即究竟是以保护环境优先还
是以经济发展为优先。① 调研结果如图 1、图 2 所示。

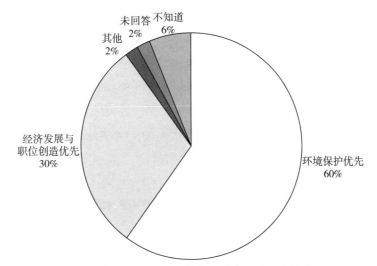

图 1　巴西人对环境保护与经济发展关系的看法

注：根据 WVS – Brasil 2014 年数据绘制。

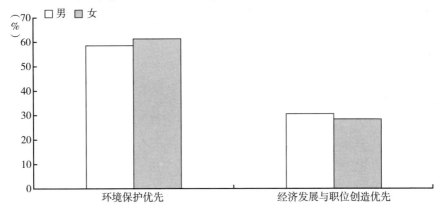

图 2　受访男女在看待环境保护与经济发展关系方面的差异

注：根据 WVS – Brasil 2014 年数据绘制。

---

① "World Values Survey（2010 – 2014）—Brasil 2014," v. 2016.01.01, p. 9, http：//
www. worldvaluessurvey. org/wvs. jsp.

图 1、图 2 可以清晰地表明，与经济发展、工作岗位相比，大部分巴西人更在意环境的保护。换言之，当经济发展项目与环境保护发生矛盾之时，多数巴西人选择的是保护环境，哪怕不利于就业也在所不惜。而且，根据调研，巴西女性对环境保护问题的在意程度要略微超过男性。这或许指出了绿色文化理念对巴西女性的影响，以及她们对于环境保护事务情感上的关切。因此，在环境问题与经济发展产生矛盾的时候，这一调研结果对于预判巴西人的行为具有重要的指导意义。此外，以不同年龄段进行分组之后的结果同样有意义：年龄段越低（29 岁及以下），对保护环境优先的支持率越高；年龄段越高（50 岁及以上），对经济发展优先的支持率越高（见表 1）。这种倾向也从另一个侧面肯定了巴西环境保护教育的积极成果。

表 1　不同年龄段对环境保护与经济发展的看法

单位：%

项目	29 岁及以下	30~49 岁	50 岁及以上
环境保护优先	65.9	61.8	54.5
经济发展优先	23.4	29.8	35.3

注：根据 WVS‑Brasil 2014 年数据绘制。

3. 环境保护和治理领域的创新

巴西通过一系列创新举措，在环境保护和治理领域不断进行更新，更加有利于绿色文化的进一步深化，不断扩展其时代内容。以下，仅就巴西的立法、治理和技术三个方面简要评价一下巴西的创新举措。

首先，在环境保护立法领域，巴西做到了"敢为天下先"，是世界上最早把环境问题作为单独章节写入宪法的国家。巴西《宪法》第六章"关于环境"中就有如下表述：所有人均享有均衡的生态环境的权利，为人民共用并对身体健康有益，为了当代人和子孙后代，公权力和全体人民必须要保护它、维护它。① 此

① *Constituição Brasileira*, Capítulo Ⅵ, Art. 225, disponível, http：//www. planalto. gov. br/ccivil_03/Constituicao/Constituicao. htm, "Art. 225. Todos têm direito ao meio ambiente ecologicamente equilibrado, bem de uso comum do povo e essencial à sadia qualidade de vida, impondo-se ao Poder Público e à coletividade o dever de defendê-lo e preservá- lo para as presentes e futuras gerações."

外，巴西的立法工作基本都是一事一议的，因此，在宪法的总体指导下，环境立法得到不断完善，涉及水资源保护、生物多样性、气候问题、环境治理、化学品安全等方面。1998 年底通过的《巴西环境犯罪法》，更是明确了危害动物罪、危害植物罪、污染和其他环境犯罪、违反城市管理和危害文化遗产罪、妨害环境管理罪五种危害环境的犯罪行为，并对行政违法做出了界定。在 2010 年，巴西政府就已经自豪地宣称，巴西已拥有世界上最为完整的环境立法体系。

其次，在环境治理方面，巴西政府不仅设有环境部，还在联邦、各州、各市设立环境局等官方机构。近年来，巴西政府以全面保护和可持续使用为依据，对各级保护单位（Unidades de Conservação）进行了重新设置。当前，联邦级保护单位共计 324 家，总面积近 8000 万公顷（见表 2），① 保护单位面积较 2000 年增长了近一倍。② 与此同时，诸如世界自然基金会巴西分会（WWF Brasil）、盖亚基金会（Fundação Gaia）、拯救大西洋雨林基金会（Fundação SOS Mata Atlântica）、社会环境研究所（Instituto Sócio Ambiental）等巴西民间组织也积极参与到环境治理活动之中，使得巴西环境治理的主体呈现多样化的格局，彼此间又形成了有效的联动。这不仅有力地推动着绿色环保意识的教育和普及，而且广泛地发掘出民间的环境治理参与意识。

表2 巴西联邦级保护单位

分类	数量	面积(公顷)
全面保护单位(Unidades de Proteção Integral)		
生态站(ESEC)	32	7496082.86
生物保留地(REBIO)	31	4267866.28
国家公园(PARNA)	73	26517092.54
自然纪念地(MONA)	3	44286.27
野生动物庇护地(REVIS)	8	269201.34

① Instituto Chico Mendes de Conservação da Biodeversidade, Ministério do Meio Ambiente, http://www.icmbio.gov.br/.

② 吕银春、周俊南：《巴西》，社会科学文献出版社，2004，第35页。

续表

分类	数量	面积(公顷)
可持续使用单位(Unidades de UsoSustentável)		
环境保护区(APA)	33	10332873.24
重大生态利益区(ARIE)	13	34088.40
国家林区(FLONA)	67	17824749.23
采集保留地(RESEX)	62	12477123.48
可持续发展保留地(RDS)	2	102619.45
总计	324	79365983.09

注：根据巴西环境部、西科·门德斯保护生物多样性研究所2017年11月公布的数据整理。

最后，技术领域的创新是巴西环境保护工作的亮点。巴西是发展中国家中最具有技术创新能力的国家之一。例如，其海域石油勘探的能力在十多年前就已经达到世界领先水平，可以实施水深1000~2000米的勘探。而在环境保护技术领域的技术创新则更为突出。早在20世纪70年代，石油危机曾让巴西面临燃料供应短缺。为了克服这一问题，巴西政府就实施了"乙醇计划"，利用甘蔗作为原料制作酒精，作为汽车的驱动燃料，并形成了相应的产业链、供应链。之后，该计划未能在合适的时间和空间进行，由于市场狭小和世界农产品价格上涨，这项领先于欧美发达国家的重要技术创新并未能得到应有的推广。即便这种技术创新本身追求的是一种更为有利的替代方案，现实中做到了用可再生能源代替化石燃料，客观上推动了环境的保护。

当然，客观地讲，尽管具备了立法、政策和意识上的重视，但由于执行力及经济条件等因素的限制，巴西在环境保护方面也并非尽善尽美，仍有很大的提升空间。

---

① 罗承先：《巴西石油工业的发展历程和现状》，《当代石油石化》2005年第8期，第40页。

四　结语

巴西的绿色文化，曾一度在欧洲文明的强势压迫下失去踪影，然而，在其民族意识不断觉醒，身份认知日益增强的过程中，巴西人的荣誉感和自豪感使得绿色文化得到了复兴。历史传承、荣誉感和民族意识，加上受到国际社会的影响，巴西对环境保护相当重视，并在环境立法、环境治理和环境技术方面进行了大量创新，使得巴西在环境保护方面成绩斐然。

同时，气候问题、水资源保护等环境治理事务已经日益成为全球性问题，而巴西要想进一步提升在环境保护领域的影响力，传播其绿色文化，必然离不开双边、多边的合作。了解全面战略伙伴关系的绿色文化偏好和关切，这就让中国和巴西之间在此项议程上深化合作成为可能，可以更进一步拉动两国关系向前发展。事实上，中巴两个发展中大国之间早已通过中巴地球资源卫星（CBERS）项目建立起高科技合作机制。因此，中巴之间可以在民心相通、对彼方有所认知的基础上，以技术创新为契机，不断深化双边或在国际多边机制中的合作。

B.8
巴西特梅尔政府"投资伙伴计划"
及中国的应对*

谌华侨**

摘　要： "投资伙伴计划"是特梅尔就任临时总统后着眼于巴西经济
发展疲软态势所实施的经济发展战略。该计划作为新政府的
重要施政方略，已经设定了清晰的指导原则、完善的组织机
构、多样化的投资方式、涵盖地域范围广泛的多种项目。该
计划开启了新政府的政府体制改革进程，强化了恢复经济发
展的决心，引发系列改革的高潮。鉴于此，中国政府应该实
现与巴西发展战略的对接，引导中国企业抱团投资巴西，强
化巴西中资企业协会与巴西政府的谈判能力。

关键词： 巴西　经济改革　投资伙伴计划　特梅尔政府

　　"投资伙伴计划"是特梅尔担任巴西临时总统后颁布的一号文件，较为
鲜明地体现了其执政理念。深入研究该计划的相关内容，对于认识巴西当前
的情况，指导中国发展与巴西关系，加强对中资企业投资巴西具有重要的现
实意义。本报告首先梳理"投资伙伴计划"的出台背景，随后全面解析该

---

　　* 在本报告的写作过程中，尼尔森·贝萨（Nelson Bessa）博士多次就笔者的疑问给予及时且耐心
的解答，并提供了诸多资料，在此表示感谢。文中疏漏，笔者自负。本报告是四川外国语大学校级
科研课题"中国政府在拉美资源开发型投资中的作用研究"的阶段性成果。
　** 谌华侨，四川外国语大学国际关系学院副教授，主要从事巴西政治与外交方面的研究。

计划的主要内容，由此分析该计划对于特梅尔政府的意义，最后从中国政府的角度提出应对举措。

一 "投资伙伴计划"出台的背景

自罗塞夫再次当选总统以来，巴西经济已经呈现发展疲软态势，由此引发国内多方面矛盾，由于不断高涨的公共开支，财政赤字严重，政府被迫向银行举债，此举被视为违反宪法。罗塞夫在议会弹劾投票期间，被临时剥夺总统权力，特梅尔自 2016 年 5 月 12 日开始担任临时总统，并最终于 2016 年 8 月罗塞夫被议会弹劾后正式担任巴西总统。

"投资伙伴计划"（Programa de Parcerias de Investimentos，PPI）是特梅尔担任临时总统第一天所签署的第一项临时措施。① 主要内容就是设立"投机伙伴计划"委员会，加快推进巴西基础设施领域的建设。

二 "投资伙伴计划"的主要内容

"投资伙伴计划"作为特梅尔政府的重要施政方略，已经勾画出清晰的内容体系，主要包括十大指导原则、完备的组织机构、多元化投资方式、渐次推进的项目等内容。

（一）指导原则

为了有效推进该计划，巴西政府设定了 10 项基本原则：①特许权将在最严格的技术条件下进行；②提高人员和生产部门的服务质量；③所有合同都有明确的指标，以提高法律的确定性；④恢复政府部门对监管机构的实际管理；⑤拍卖通知只有在公开辩论和联邦审计法院认可后才能发布；⑥所有

① Medida Provisória No – 727, de 12 de maio de 2016, Diário Oficial da União, Seção 1, Edição Extra, Nº 90 – B, quinta – feira, 12 de maio de 2016.

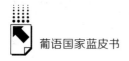

的拍卖通知将以葡萄牙语和英语发布；⑦拍卖通告与提交投标文书的间隔至少100天；⑧特许权只授予具有环境许可证的项目；⑨改变长期融资模式；⑩确保正在实施的特许权项目有序进行。①

（二）组织机构

为了有序推进"投资伙伴计划"，设立理事会、秘书处、相关部委、监管机构和金融支持机构。相关机构及其成员信息如下。

1. 理事会

理事会包括以下永久成员：共和国总统，总统府秘书长，总统府民事办公室主任，财政部长，规划、发展和管理部长，矿产和能源部长，交通、港口和民航部长，环境保护部长，国家经济和社会发展银行（BNDES）总裁，联邦储蓄银行（Caixa Econômica Federal）总裁，巴西银行（Banco do Brasil）总裁。同时，涉及具体项目的部长，以及监管机构的负责人也获邀参加理事会会议。②

2. 秘书处

秘书处由一个12人的执行团队组成，秘书长由总统府秘书长担任。③团队成员拥有基础设施、金融、法律、工程、经济、国际关系学科和工作背景。其使命在协调公共特许权、公私合营以及基础设施项目的实施。旨在减少官僚体系的障碍，确保计划运行过程中的法律确定性、透明性和有效性。④

3. 相关部委

"投资伙伴计划"主要包括交通、港口和民航部，矿产和能源部，城市部。主要职责是向理事会提交提案或项目建议，促进项目技术研究，

---

① 详细内容参见 http：//www. projetocrescer. gov. br/10 - diretrizes，2017 年 6 月 10 日。

② 详细信息参见 http：//www. projetocrescer. gov. br/conselho1，2017 年 6 月 10 日。

③ 起先，秘书长并非由总统府秘书长担任，只是在"洗车行动"持续发酵后，特梅尔总统才提拔莫雷拉·佛朗哥（Moreira Franco）担任总统府秘书长，该职位为内阁部长级别，在总统府内属于综合协调办事机构。

④ 详细信息参见 http：//www. projetocrescer. gov. br/secretaria_ executival，2017 年 6 月 10 日。

组织招投标和基础设施实施,为秘书处和监管机构的工作提供技术支持。①

4.监管机构

"伙伴投资计划"监管机构包括国家电力能源局(Agência Nacional de Energia Elétrica,ANEEL),巴西机场设施公司(Empresa Brasileira de Infraestrutura Aeroportuária,INFRAERO),国家石油、天然气和生物燃料局(Agência Nacional do Petróleo,Gás Natural e Biocombustíveis,ANP),国家道路运输局(Agência Nacional de Transportes Terrestres,ANTT),国家航道运输局(Agência Nacional de Transportes Aquaviários,ANTAQ),国家民航局(Agência Nacional de Aviação Civil,ANAC)。

上述监管机构都从属于理事会成员单位,负责全国范围内相关领域的监督和管理工作,能够为"伙伴投资计划"的顺利进行提供技术支持。

5.金融支持机构

国家经济与社会发展银行(Banco Nacional de Desenvolvimento Econômico e Social,BNDES)作为"计划"的金融支持单位,主要作用在于评估项目的营利性,为可行的项目提供融资渠道,"伙伴结构关系支持基金"管理"伙伴投资计划"涉及国有企业私有化进程,并管理国家私有化基金。

联邦储蓄银行(Caixa Econômica Federal)在"计划"实施过程中也会发挥重要的作用,将会把融资渠道拓展到"计划"所涉及的项目中。

(三)投资方式

"投资伙伴计划"的潜在投资者主要是愿意投资巴西基础设施的国内外公司。所有的投资者都是投资伙伴,伙伴协议除特许经营的一般方式之外,私有化也包含在该项计划之中。②

"投资伙伴计划"都是长期项目,一般要持续 20～30 年,政府和私营

---

① 详细信息参见 http://www.projetocrescer.gov.br/sobre_o_programa,2017 年 6 月 10 日。
② 详细信息参见 http://www.projetocrescer.gov.br/investidor,2017 年 6 月 10 日。

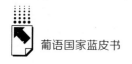
投资者须建立永久对话机制，政府的公共服务质量也需要具有连续性。对这些项目的监管主要由监管机构来完成。

（四）项目内容

投资项目是"投资伙伴计划"的核心载体，表明了该计划的实际发展状况。从统计汇总的信息来看，按照时间序列，项目的进展主要表现在以下三个方面。

（1）已经拍卖的项目在地域分布和项目类型上呈现一定的趋势。从地域分布来看，这些项目主要分布在东北部、南部和东南部。从项目类型来看，机场主要分布在人口密集的沿海城市、港口等区域重要出海口，变电站主要是人口密集的电力负荷中心，输电线路主要是将水力资源丰富的东北部电力输送到东南部的电力负荷中心。总体而言，已经拍卖的项目基本体现了巴西区域经济发展的态势，表现出不同的资源禀赋比较优势。

（2）正在进行的项目在项目类型和地域分布上体现出一定的特点。从项目类型来看，这些项目涉及铁路、高速公路、港口、水力发电、变电站、矿产、油气，以及其他方面的项目，基本涵盖了"投资伙伴计划"的主要项目类型。从地域分布来看，正在进行的项目在巴西全国范围内进行，呈现遍地开花的态势。中西部也规划了大量的项目，呈现区域均衡发展的态势。概而言之，"投资伙伴计划"的项目正在巴西全国范围内如火如荼地进行，呈现项目类型全面、地域分布广泛的特征。

（3）有待拓展的铁路和港口项目主要集中在圣保罗州和米纳斯吉纳斯州。铁路线密集分布在巴西两大经济中心全境，港口位于两州重要的出海通道处。同时，除了在经济发达的东南部布局项目外，在东北部也分布着少量的铁路和港口项目。总体而言，有待拓展的项目主要聚焦于经济最为发达的东南部两个州，关注的领域主要涉及大型运输领域的铁路和港口，这与该地区是巴西出口集散地的国际贸易门户地位不谋而合。

综上所述，"投资伙伴计划"的项目表现出几个方面的特征。首先，从领域上来看，"投资伙伴计划"的项目涵盖铁路、高速公路、机场、港口、电力(主要包括水力发电、输电线路、变电站)、矿产、油气等方面。其次,从地域范围来看,项目基本涵盖所有的州,呈现东北部、南部、东南部、中部和西部五大区域协同发展的态势。最后,从项目进度来看,已经拍卖、正在进行和未来延伸的项目有序进行,统筹协调推进。

三 "投资伙伴计划"对于特梅尔政府的意义

从"投资伙伴计划"的主要内容不难看出,该计划的本质是公私合营模式,目的在于吸引外国资本投资巴西的基础设施领域。在推进的过程中,势必会涉及政治体制和经济发展模式,甚至会触及社会矛盾。因此,这一计划对于官僚系统运行低效、经济发展疲软、社会领域改革乏善可陈的巴西而言,意义重大。具体而言,主要表现在政治、经济和社会三大领域的改革方面。

(一)深化政府体制改革

自特梅尔担任临时总统以来,不断出台新的改革举措,虽然普通民众因为个人利益对此颇有微词,但经理性分析,这些新举措对于巴西政治的良性发展意义重大,不可小觑。

1. 设立改革小组,实行增量改革

为了打破巴西经济发展的困境,特梅尔在尚未担任临时总统时,便开始组建自己的过渡团队,商议改革举措。2016年5月12日,他担任临时总统的第一天,便推出了"投资伙伴计划"。不仅如此,为了有效推进该计划,更是设立了"投资伙伴计划"理事会,该理事会作为总统府机构,直接由特梅尔领导,他本人亲自担任理事会主席。

"投资伙伴计划"理事会可以视为巴西深化基础设施建设体制改革领导小组。该小组由总统亲自挂帅,吸纳总统府办事机构、内阁重要部委的负责人为成员,该团队囊括了特梅尔内阁的核心经济幕僚团队,且这些人员与特梅尔关系密切,确保了理事会的凝聚力。此外,还专门设立了秘书处,具体

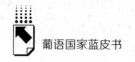

落实理事会的重大战略部署，负责监督相关政策的实施情况，并收集反馈实际中的问题。"投资伙伴计划"秘书长随后被特梅尔提拔为总统府秘书长，并继续兼任"投资伙伴计划"的秘书长。总统府秘书长处于总统府综合协调的领导岗位，更有利于协调项目推进过程中所涉及的各个部委的利益，便于项目实施。

自军政府结束以来，鲜见巴西联邦政府采取如此强有力的举措，成为自上而下，以集中决策的方式来推动改革的先例。"投资伙伴计划"理事会增设于既有的政府官僚体系之外，超脱具体部门的利益羁绊，能够从全局的高度来审视和推进改革，形成全国一盘棋的思路，便于统筹规划，具有显著的优势。

2. 破除官僚积习，建立高效政府

对于巴西而言，"投资伙伴计划"是一个全新的事物，在实施过程中，难免会涉及不同的政府部门。为了该计划的有效推动，相关部门需要改变传统的工作方式和既有模式，为计划实施提供便利。因此，这样的改革势必会触及某些部门的既得利益，招致改革的阻力。这对于官僚积习由来已久的巴西而言，改革过程中的阻力不言而喻。

有鉴于此，"投资伙伴计划"秘书长莫雷拉·佛朗哥在该计划推出的当天接受媒体采访时专门指出，"新的特许模式尝试消除官僚体系的障碍，以及国家的过度干预"，同时，他希望"私营企业拥有更多的法律保障，更多地投资于大型基础设施，创造更多的就业机会"。[①]

不仅如此，该计划明确指出要加强与投资者和金融界的透明沟通，招投标程序需要在更长的时间内进行，以便于投资者能够充分评估项目的特性和复杂性，避免出现工程领域的贪腐问题。[②]

---

① Primeira MP de Temer cria programa de investimentos, http：//www.brasil247.com/pt/247/poder/231836/Primeira – MP – de – Temer – cria – programa – de – investimentos. htm, 2016 年 5 月 13 日。

② 巴西最大建筑工程承包商奥德布雷希特（Odebrecht）公司因为腐败丑闻，引发了巴西新一轮政治危机。

从该计划的投资方式可以看出，巴西政府旨在削弱在基础设施和其他公共领域建设中国有资本的绝对控制地位，吸引更多的私人资本投资这些领域，减少政府在这些领域资源配置中的绝对作用。这样做的目的在于大幅减少政府对这些项目的不必要干扰，实行国退民进，保持这些领域的投资吸引力。

3. 颁布法律法规，为改革护航

"投资伙伴计划"一出炉，特梅尔第一时间签署临时措施，将该计划理事会和秘书处的成员构成和职能予以确定，并通过立法程序，将这一决定最后转变为法律。① 在该计划的实施过程中，不断出台相应的法律法规，形成了一整套涉及基础设施投资的法律法规体系，为该计划的推进提供了法律保障（见表1）。

表1 巴西政府颁布的与"投资伙伴计划"相关的法律法规

法律法规	领域	颁布时间	类型
Decreto n° 9.059, de 25.05.2017	投资企业资质	2017年3月26日	法令
Decreto n° 9.048, de 10.05.17	港口	2017年3月11日	法令
Decreto n° 9.036, de 20.04.17	项目开发	2017年3月3日	法令
Resolução do Conselho PPI, n° 10, 07.03.17	—	2017年3月3日	议会决议
Projeto Crescer – Novos empreendimentos	—	2017年4月3日	规定
Resolução do Conselho PPI, n° 9, 07.03.17	—	2017年3月10日	议会决议
Exchange Hedge Mec – Feb/2017	汇率	2017年2月16日	规定
Apresentação ilustrativa sobre o funcionamento do mecanismo cambial	汇率	2017年2月15日	规定
Decreto n° 8.916, de 25.11.16	交通	2016年11月25日	法令
Medida Provisória n° 752, de 25.11.2016	合同	2016年11月25日	临时措施
Decreto n° 8.893, de 01.11.16	能源和矿藏	2016年11月1日	法令

---

① Lei n° 13.334, de 2016, http://www.planalto.gov.br/ccivil_03/_Ato20152018/2016/Lei/L13334.htm, 2017年6月12日。

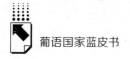

法律法规	领域	颁布时间	类型
Decreto n° 8. 873, de 11. 10. 16	彩票	2016 年 10 月 11 日	法令
Decreto n° 8. 874, de 11. 10. 16	基础设施债券	2016 年 10 月 11 日	法令
Decreto n° 8. 875, de 11. 10. 16	铁路	2016 年 10 月 11 日	法令
Lei n° 13. 334, de 2016	设立"投资伙伴计划"	2016 年 9 月 13 日	法律
Lei Federal n° 9. 074, de 1995	特许权标准	2016 年 6 月 7 日	法律
Decreto n° 8. 791, de 2016	"投资伙伴计划"组织架构	2016 年 6 月 29 日	法令

资料来源：http：//www. projetocrescer. gov. br/legislacao_ e_ arquivos，表格为笔者自行整理。

通过梳理计划推进期间的法律法规可以看出，特梅尔政府一般会将改革过程中的重大事件及时通过法律法规予以确定下来，形成明确的条文，并通过法制程序予以固化，形成了将改革进程法制化的特点。

（二）恢复经济发展

恢复经济发展、促进就业是特梅尔执政需要解决的重大问题。在此情况下，改组联邦政府部门，加大招商引资的力度，举办投资论坛，开展专项推介活动，吸引更多的外国资本投资巴西成为新政府迫切需要解决的问题。

1. 改组政府部门，大力进行招商引资

特梅尔担任临时总统后，将发展、工业和外贸部（Ministerio do Desenvolvimento, Industria e Comercio Exterior）改组为工业、外贸和服务部（Ministério da Indústria, Comércio Exterior e Serviços），同时，将规划、预算和管理部（Ministério do Planejamento, Orçamento e Gestão）改组为规划、发展和管理部（Ministério do Planejamento, Desenvolvimento e Gestão），新的规划部增加了更多发展职能，发展、工业和外贸部负责"加速增长计划"，将管理职能的秘书处整体划转到新规划部的国际司，同时，将此前规划部的预算职能划归到财政部，单独设立预算办公室，以便形成统一的财政政策。①

---

① Rosangela Bittar, Temer Wants to Replace Planning Minister, http：//www. valor. com. br/international/news/4693423/temer – wants – replace – planning – minister, Access on 2017/6/11.

在规划、发展和管理部新设立的基础设施发展司（Secretaria de Desenvolvimento da Infraestrutura）包括五个职能部门，分别是信息部、能源基础设施部、物流基础设施部、社会与城市基础设施部、金融和特别项目部。其主要职责是协调基础设施领域投资目标的选择，协调本司负责的基础设施投资项目的执行情况，形成基础设施领域评估、监督政策和发展计划，处理与基础设施相关的问题，研究并形成更好的基础设计发展方案，监督在国防、环境保护、旅游、通信、科技和金融领域的特殊基础设施项目，形成更优的基础设施领域的监督机制和措施，承担"加速增长计划"（Programa de Aceleração do Crescimento）秘书处的职能。①

与此同时，还在规划、发展和计划部设立国有企业管理与协调司（Secretaria de Coordenação e Governança das Empresas Estatais，SEST），用以强化对国有企业的管理。②

不仅如此，特梅尔还任命曾先后担任过规划、预算和管理部长，卫生部长，圣保罗市长，圣保罗州长，众议员，参议员，经济学家若泽·塞拉（José Serra）为临时外交部长。与此同时，新外交部长提名巴西驻 WTO 组织代表出任巴西外交部二号人物——外交部秘书长一职。

同时，对巴西外交部内部机构进行了新一轮改革，合并此前属于发展、工业和贸易部的贸易与投资促进局（Apex-Brasil），专司对外投资吸引，并将于2015年10月才履新的巴西驻华大使江豹（Reberto Juarlibeto）征召回国，担任新成立的贸易与投资促进局主席。同时，将同属于发展、工业和贸易部的外贸委员会（CAMEX）也划归外交部，负责对外贸易。③ 这样的机

---

① 详细信息参见 Decreto N° 8.818，DE 21 de julho de 2016，http：//www.planalto.gov.br/ccivil_ 03/_ Ato20152018/2016/Decreto/D8818.htm，2017 年 6 月 11 日。

② 详细信息参见巴西规划、发展和管理部官方网站，http：//www.planejamento.gov.br/assuntos/empresas – estatais/noticias/governanca – de – estatais – e – reforcada – com – criacao – de – secretaria – dedicada – as – empresas，2017 年 6 月 11 日。

③ 详细信息参见 Decreto n° 8.823，de 28 de julho de 2016，http：//www.planalto.gov.br/ccivil_ 03/_ ato2015 –2018/2016/decreto/D8823.htm，2017 年 6 月 11 日。

构合并，将进一步发挥这些机构与巴西驻外使领馆的联系，发挥外交部驻外机构分布广泛的优势，强化外交部的招商引资能力。

2. 举办2017巴西投资论坛

2017年5月30~31日，巴西政府在圣保罗举行了2017巴西投资论坛。以巴西政府的名义来举办这样的盛会，旨在吸引国外资本投资巴西。本次论坛从以下几个方面可以看出联邦政府恢复经济发展的决心。

（1）从参会人员的级别来看，巴西总统，财政部长，外交部长，规划、发展和管理部长，总统府秘书长，总统政务秘书，众议院议长和参议院议长悉数参加开幕式，巴西重要国有企业负责人参加分论坛，并作主旨演讲。巴西政府的高级官员到场宣传，表明会议的重要性。

（2）从论坛的议题来看，涵盖投资巴西的战略，投资社会服务领域的机会，投资环境与金融环境，巴西的制造业、创新与研发，巴西的投资与开发，巴西的投资机遇，巴西的能源与高科技，长期投资中的金融问题，国防工业的投资，议会的作用，投资过程中的环境问题等，外国资本投资巴西过程中将要面对的重大和棘手问题均包含在内。同时，相关的主题邀请巴西政府职能部门及其负责人担任议题召集人，提高研讨的效果。主办方旨在通过公开研讨外国资本投资巴西过程中遇到的问题，向外界展现更为公开透明的姿态。

（3）从参会嘉宾的行业属性来看，既有巴西政府部门的负责人，也有巴西企业界和行业组织的代表、金融机构的负责人，还有在巴投资国外企业代表以及国际组织负责人。主办方邀请的投资巴西利益相关方悉数到场，共同讨论投资巴西过程中的经验和教训，以得到更好的投资结果。[1]

巴西政府旨在通过论坛来介绍本国投资环境，从相关职能部门负责人以及投资者的角度来交流投资过程遇到的问题，为潜在投资者提供公开透明的信息，以吸引更多的外国投资者关注巴西。

---

① 巴西投资论坛的详细信息参看其官网，http://www.brasilinvestmentforum.com/。

（三）开启系列改革

"投资伙伴计划"作为特梅尔执政后的第一个战略，具有重要的引领示范效应。在该计划的实施过程中，特梅尔政府已经表现出改革者的姿态，拉开了系列改革的大幕。

1. 宪法修正案

自罗塞夫政府开始，巴西联邦政府的公共开支就不断攀升。随着国际大宗商品价格下跌，巴西原材料出口价格下降，对外贸易额不断下降，导致巴西国民生产总值的增长日趋缓慢。经济发展放缓，公共支出不断增加，导致联邦政府的财政赤字激增。

为了缓解日益严峻的公共开支问题，罗塞夫政府被迫向国有银行举债。虽然只是历届政府的通行做法，但此举被在议会处于多数的反对派利用，发起了针对罗塞夫总统的弹劾案。最终，罗塞夫被议会弹劾，剥夺了总统职位。按照巴西法律规定的继承位置，特梅尔担任巴西总统。

特梅尔担任总统后，针对激增的财政支出问题，提出了抑制公共开支、实行财政紧缩政策的宪法修正案。最终，议会通过代号为"PEC 55"的紧缩法案，[①] 修改宪法，为政府的公共开支设定天花板，在未来二十年里，联邦政府财政支出的增长幅度，最高不得超过上一年的通货膨胀率。此举将从根本上改变巴西总账户状况，改进公共开支的控制模式，改变《财政责任法》（Lei de Responsabilidade Fiscal，LRF）所规定的初始平衡的目标。宪法修正案有利于提高民众的储蓄，控制公共债务，实现经济增长。[②]

以法律的途径封堵巴西社会中不理性的公共开支激增现象，这被誉为经济发展回归理性的前提条件，使巴西经济不至于被过度的公共开支拖累。

---

① Proposta de Emenda à Constituição, nº 55, de 2016, PEC do Teto dos Gastos Públicos, https：//www25. senado. leg. br/web/atividade/materias/ - /materia/127337, 2017nian, 2017 年 6 月 12 日。

② 对宪法修正案有益之处的详细讨论参看该议案在参议院进行的陈述，Relatório Legislativo, Análise do Mérito da PEC n° 55, de 2016, https：//www25. senado. leg. br/web/atividade/materias/ - /materia/127337, 2017 年 6 月 12 日。

2. 养老金改革

根据巴西现有的养老金政策，男性工龄满 35 岁、女性工龄满 30 岁即可退休，领取养老金。因养老金与通货膨胀挂钩，近年来政府的养老金支出不断增加，给政府的公共开支造带来沉重的负担。

有鉴于此，特梅尔政府发起针对养老金领域的改革。该项改革的核心内容就是延迟退休年龄，计划将男性工作时间延迟到 60 岁，同时对教师，还有女性也设置最低退休年龄。在相关议案提交至国会时，招致巴西普通民众的强烈反对，由此引发了全国范围内的抗议游行事件。

虽然政府后来修改了相关条款，将州和政府的公务员再次纳入此次养老金改革的范畴，同时，给州和市政府 6 个月的时间提出各自的养老金改革方案，但仍然遭到教师、法官和检察官工会组织的强烈反对。地方政府也因为财政赤字，难以有效推行养老金改革。

3. 劳工法改革

为解决巴西财政赤字，政府提出了劳动制度改革计划。2017 年 4 月 25 日，巴西众议院特别委员会以 27 票赞成、10 票反对通过了政府提出的劳动制度改革方案，该方案将在众议院进行投票。

新的方案中允许"间歇性工作模式"，也就是允许用人单位以工作时间为标准向劳动者支付报酬。同时，还包括保护外包劳工利益的内容。反对者认为，这样的改革举措有利于企业通过更为灵活的外包方式来雇用工资更低、享受权利更少、工作时间更长的临时工。由此引发了众多工会组织在全国范围内的大罢工和大游行。

养老金改革和劳工法改革触及社会绝大多数人的核心利益，招致极大的批评，每当将相关议案提交到议会不同部门讨论的时候就会激起全国范围内的大讨论。特梅尔本人也自称这两项改革是"最不受欢迎的理性改革"。客观而言，当前巴西经济发展陷入困境，与此前政府所实行的民众主义经济政策，尤其是与在公共开支上实行的倾向普通工薪阶层的政策不无关系。相对高昂的退休金以及较为短暂的工作时间都是导致巴西经济低效的制度性因素，已经严重影响经济发展的效率。为了摆脱经济发展困境，有必要对这些制度性障碍进行大刀阔斧的改革。

四 中国的应对举措

针对巴西所实行的"投资伙伴计划"所展现出来的吸引外国资本投资巴西的强烈意愿,中国可以从以下几个方面予以应对。

(一)设立中国—巴西扩大产能合作基金,对接发展战略

早在中国总理 2015 年访问巴西的时候就提出要进行国际产能合作,两国主管政府部门在此期间签署了设立产能合作基金的协议。随后,中巴高层协调与合作委员会举行第四次会晤,其间提出了建立产能合作基金。2016年,中拉产能合作投资基金有限责任公司与巴西规划、发展和管理部国际司签署合作协议,正式设立中国—巴西扩大产能合作基金。

新中国成立以来的中巴经贸关系历史表明,两国的发展战略不同步,由此导致中巴两国接触的愿望不够强烈,经贸关系发展停滞不前或发展缓慢。随着时间的推移,当两国的发展战略自发靠近时,就会有力地推动中巴经贸关系快速发展。[1] 发展战略对接与否是影响两国经贸关系的重要因素。

中国—巴西扩大产能合作基金有利于两国沟通双方的政策、衔接彼此需求、推动务实合作、提供融资平台。[2] 由此可见,该基金可以起到中国和巴西发展战略对接中的桥梁作用,能够有效地将巴西的"投资伙伴计划"和中国的"一带一路"倡议连接起来。

(二)引导中国企业抱团出海,投资巴西基础设施领域

中国在基础设施建设领域取得了显著的成就,尤其是改革开放以来,在推进大型基础设施领域积累了丰富的项目施工和管理经验,取得了诸多重大

---

[1] 详细内容参见谌华侨《经济视角下的中国与巴西关系研究》,时事出版社,2017,第 3 ~ 6 章。

[2] 谌华侨:《中巴基金在发展战略对接中的作用研究》,金砖国家智库国际研讨会"深化金砖国家国际合作、共创全球治理新未来"会议论文,2017 年 6 月 24 ~ 25 日,未发表。

技术创新。在此过程中，装备制造业也逐步由中国制造向中国创造转变。目前而言，中国企业在国际化经营过程中，已经在海外基础设施领域取得了世界普遍认可的成就，创造了诸多精品工程，拥有良好的口碑。

"投资伙伴计划"急需把中国的资本、技术和装备引进到铁路、高速公路、机场、港口、电力（主要包括水力发电、输电线路、变电站）、矿产、油气等领域。而在这些领域，中国已经积累了丰富的建设经验，取得了有目共睹的成就。在此情况下，中国企业应该抱团投资巴西基础设施领域，实现优势产能输出。在这一过程中，需要打造中国品牌，在相关领域建立中国标准。

中央政府有必要会同国家发展和改革委员会、商务部、外交部和国务院国有资产监督管理委员会、国家外汇管理局与国家开发银行等部门，组建有效的协调机构，实现有序经营，避免恶性竞争。同时，要发挥相关企业的比较优势，整合相关产业链，实现上下游一体化的行业发展规划，从而实现永续发展的目的。

（三）强化巴西中资企业协会的国情调研，增加与巴西政府的集体谈判能力

海外商会作为重要的驻外机构，深耕东道国多年，其成员单位对相关情况比较熟悉，对生产经营过程中的实际情况最为了解。作为东道国情况的传感器，海外商会在东道国情况的收集和研判方面发挥着重要作用。

在国际上，美国和日本的海外商会运行体系较为成熟，对东道国情况的收集、整理、分析形成一整套流程，已经成为研究相关国家重要的参考资料。以中国美国商会和中国日本商会为例，它们每年要出版《美国企业在中国》和《中国经济与日本企业年度白皮书》，年度白皮书相关信息由中国美国商会和中国日本商会的成员提供，经由商会汇编后出版，并及时递交本国政府和中国政府，成为美国和日本企业向中国政府反馈和沟通其在华经营中相关问题的重要媒介和凭证。

在投资巴西的过程中，巴西中资企业协会可以学习并借鉴日本和美国等驻外商会的成熟经验，整合会员单位的国情调研能力，汇聚相关中资企业在巴经营过程中的资讯，编撰并发表类似的年度白皮书，增强与巴西政府的集体谈判能力，最大限度地维护中资企业的利益，规避风险。

B.9
中莫农业技术示范中心的
发展现状与展望

安春英　田泽勤*

摘　要：　基于莫桑比克较为适宜的农业自然条件，2009年2月中莫农
　　　　　业技术示范中心在该国建立。经过8年的建设与运营，示范
　　　　　中心通过开展水稻、棉花、蔬菜等农作物示范种植、生猪示
　　　　　范饲养，以及开展农业技术培训，有力地提高了当地农业技
　　　　　术水平，搭建了中国农业企业走入莫桑比克投资合作的平台，
　　　　　密切了中莫双边关系。与此同时，示范中心亦面临用水短缺、
　　　　　农资供应不足、非经营性运营成本支出较多等问题，需要着
　　　　　力解决与应对。

关键词：　农业援助　莫桑比克　中莫农业示范中心　产能合作

在中国对非发展援助中，农业援助是一个重要的组成部分。从1959年
中国向几内亚提供粮食援助开始，中国对非洲的农业援助已经持续了50多
年。50多年来，中国对非农业援助获得长足发展，援助方式与内容日渐丰
富，从提供农业物资援助，到援建农场、建立农业技术服务站，乃至派遣农
业技术专家、建立农业技术示范中心，体现了中国对非农业发展援助的变化
与创新。其中，农业技术示范中心是21世纪以来中国对非农业援助的新举

＊　安春英，中国社会科学院西亚非洲研究所编审，研究方向为非洲经济、非洲减贫与可持续发
展问题；田泽勤，中莫农业技术示范中心主任。

措，而莫桑比克农业技术示范中心是中国政府在非洲援建的第一个农业技术示范中心，其发展运营状况值得关注与研究。鉴于此，本报告拟在阐释中莫农业技术示范中心现有发展情势的基础上，分析其面临的困境，并提出相关对策建议，以期提升受援国的农业生产和粮食安全水平，同时总结与探索中国对非农业发展合作的可持续性。

一　莫桑比克农业发展的特点

莫桑比克位于非洲大陆东南部，总面积 799380 平方公里，人口 2830 万（2016 年），[①] 其中农村人口占总人口的 67.5%（2016 年），[②] 因此莫桑比克是农业国。从该国的经济结构看，2016 年，农业、工业和服务业三大产业在国内生产总值中所占比重分别为 24.8%、21.3% 和 53.9%。[③] 这就是说，莫桑比克 2/3 以上的人口经济来源主要依靠农业，农业生产是该国国民经济的主导产业，占出口总额的 15%，所以农业对国民经济发展至关重要。总体看，当前该国农业发展呈现以下特点。

1. 政府重视农业发展，加大对农业的支持力度

鉴于农业发展在莫桑比克国民经济中的突出地位，近几年莫桑比克加大了对农业产业发展政策层面的支持。在地区层面，2011 年 12 月，莫桑比克加入了非盟的《非洲农业综合发展计划》（CAADP）。在国家层面，莫桑比克政府制定了"十年农业发展规划"，因地制宜规划了 6 个农业发展走廊（参见表 1），旨在发展本国农业（尤其是粮食作物产能），实现农业领域每年 7% 以上的增速。

---

① EIU, *Country Report*: *Mozambique*, 18 October, 2017, p. 14.

② 参见世界银行网上统计数据库，https://data.worldbank.org/country/mozambique? view = chart, 2017 年 11 月 20 日。

③ EIU, *Country Risk Service*: *Mozambique*, June 2017, p. 12.

表1　莫桑比克的农业发展走廊规划

项目	出产的主要农产品
马普托项目发展走廊	水果和蔬菜(例如芒果)、禽鸡、鸡蛋等
林波波河谷发展走廊	大米、水果和蔬菜、家禽养殖等
贝拉发展走廊	以玉米为主,其他包括大米、水果和蔬菜、禽鸡、鸡蛋等
赞比西河谷发展走廊	玉米、小麦、大豆、水果和蔬菜、家禽养殖等
纳卡拉发展走廊	棉花、大豆、腰果、木薯等
奔巴岛发展走廊	玉米、棉花、腰果、大米、花生、木薯等

资料来源:《莫桑比克:六大农业发展走廊向投资者开放》,新浪网,http://finance.sina.com.cn/roll/20120227/075611458689.shtml,2017年11月15日。

2. 农业资源尚未得到有效开发

莫桑比克属热带草原气候,地广人稀,年平均气温20～25摄氏度,10月至次年3月为暖湿季,4～9月为凉干季,年降雨量700～1000毫米。因此,莫桑比克气温高,光照时间长,雨量充沛,农作物生长季节长,有利于热带作物的种植。而且从地形看,莫桑比克拥有非洲最大的平原之一,即占其国土面积40%的东南部沿海平原。尽管如此,在全国3500万公顷可耕地中,仅开发了565万公顷,[1] 农业用地开发严重不足,大量土地闲置,农业发展潜力有待释放。

3. 农业发展落后,生产力水平较低

莫桑比克农业生产方式十分落后,由于基础设施条件差,农业靠天吃饭现象严重。据世界银行统计,在已开发的可耕地中,灌溉农业面积只占总耕地面积的1.18%。[2] 因此,农田灌溉水平偏低是影响农业产量与生产效率提高的主要因素。当前,莫桑比克主要出产玉米、稻谷、高粱、木薯等粮食作物,以及腰果、棉花、糖、剑麻等经济作物。从表2可以看出,莫桑比克主要粮食作物玉米、稻谷、高粱、小麦单产分别为796.7公斤/公顷、413.7公斤/公顷、525.4公斤/公顷和1090.0公斤/公顷,均大大低于同期世界平

[1] 参见世界银行网上统计数据库,https://data.worldbank.org/country/mozambique?view=chart,2017年11月20日。

[2] https://data.worldbank.org/country/mozambique?view=chart,2017年11月20日。

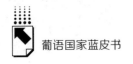
均水平（相应数值依次分别为：5615.7 公斤/公顷、4556.9 公斤/公顷、
1533.4 公斤/公顷和 3307.4 公斤/公顷）。①

表 2　2014 年莫桑比克主要粮食作物产出状况

农产品	种植面积(公顷)	产量(吨)	单产(公斤/公顷)
玉米	1703500	1357220	796.7
稻谷	376500	155742	413.7
高粱	295300	155164	525.4
小麦	19000	20710	1090.0

资料来源：联合国粮农组织网上数据库，http：//www.fao.org/faostat/en/#country/144，2017 年
11 月 20 日。

纵观莫桑比克近几年经济发展，由于农业生产率低下，农业现代化水平
未获显著提升，2012～2016 年年均农业增长率为 2.7%，远远低于同期
6.4% 的世界经济增长率。2017 年，该国农业、工业和服务的增长率分别为
2.1%、10.5% 和 2.9%。② 这就意味着近几年莫桑比克经济增长的驱动力不
是源于农业部门的拉动，而是农业牵制了该国经济发展。

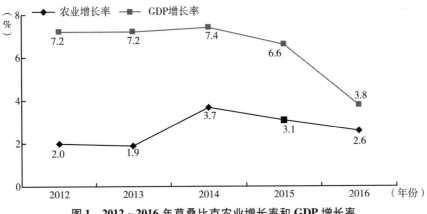

图 1　2012～2016 年莫桑比克农业增长率和 GDP 增长率

资料来源：世界银行网上统计数据库，https：//data.worldbank.org/country/
mozambique? view = chart，2017 年 11 月 20 日。

① http：//www.fao.org/faostat/en/#data/QC，2017 年 11 月 20 日。
② EIU, *Country Report*: *Mozambique*, 18 October, 2017, p. 10.

4. 粮食消费不能自给，缺粮问题严重

由于莫桑比克农业发展长期落后，国内粮食消费供不应求，该国粮食安全形势堪忧。据联合国粮农组织统计，尽管该国粮食不足人口比例由1999～2001年的40.3%下降为2014～2016年的26.6%，但由于该国人口数量持续增加，粮价上涨对政府的财政支出压力增大，以及部分年份旱涝自然灾害的负面影响等因素，该国粮食不足人口数量始终保持700万以上（参见图2）。为解决国内粮食供需矛盾，莫桑比克政府每年都需要从国外进口粮食，2015年，该国粮食进口额占总进口额的20%，[①] 这给政府带来很大财政压力。粮食短缺已经成为莫桑比克政府亟须解决的问题。

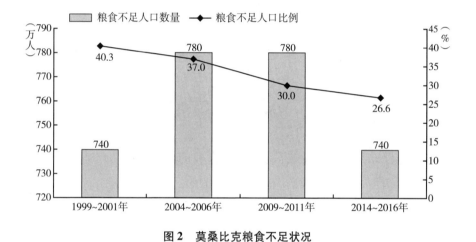

图2 莫桑比克粮食不足状况

资料来源：FAO, Africa Regional Overview of Food Security and Nutrition 2017, p.9。

上述情况既说明莫桑比克农业发展面临一定困境，存在一些问题，同时又说明该国农业具有一定发展潜力，尤其对于外部发展合作方——中国来说，摸清中国对莫桑比克农业援助的基础条件、受援方的需求所在，能为双方合作找到更好的契合点。

---

① 参见世界银行网上统计数据库，https：//data. worldbank. org/country/mozambique? view = chart，2017 年 11 月 20 日。

二　中莫农业技术示范中心的运营与初步成效

（一）中莫农业技术示范中心的确立与发展

中莫农业技术示范中心的建立起源于 2006 年在北京召开的中非合作论坛北京峰会。在这次会议上，中国政府承诺在非洲援建 14 个农业技术示范中心，负责为非洲国家试验、示范和推广农业种植技术、培训农业技术人才，解决粮食安全问题。国别和建址选择方面，在充分考虑受援国需求的同时，中方尽量选择具备一定自然条件（即包括土地资源、水气资源等因素）的农业发展适宜地区。如前所述，莫桑比克农业发展自然条件较好，中国商务部据此确定了莫桑比克农业技术示范中心的援建计划。2007 年 2 月 9 日，中国国家主席胡锦涛访问莫桑比克，并为"中国—莫桑比克农业示范中心"揭牌，标志着中国政府在非洲确立的第一个农业技术示范中心正式启动。

在运作模式方面，农业技术示范中心项目的投资主体是政府，运行主体是企业（即由地方政府推荐的农业技术示范中心的承办企业），因此每个项目的运行管理均主要由懂农业的经营主体来承担，以期实现项目的可持续发展。在管理制度方面，2011 年 6 月 24 日商务部和农业部联合印发了《关于促进援非农业技术示范中心项目可持续发展的指导意见》，文中指出：援非农业技术示范中心项目运行分为建设、技术合作和商业运营三个阶段，并针对不同阶段提出了的目标定位、内部管理和监督等具体指导意见。当时，中国商务部委托湖北省承担中莫农业技术示范中心的援建任务，在中国商务部的统一领导下，在湖北省委省政府的高度重视和中国驻莫桑比克大使馆、经参处以及莫桑比克科技部、农业部、农科院的大力支持下，湖北省农垦事业管理局责成湖北省联丰海外农业开发集团自 2008 年初承担中莫农业技术示范中心的工程建设任务，2009 年 7 月 9 日正式开工，2010 年 11 月建成并通过中国商务部验收，2011 年 7 月正式移交莫桑比克，2012 年 4 月正式进入技术合作期，隶属科技部管理。2015 年 4 月，3 年技术合作期圆满结束，2016 年 2 月与莫桑比克农科院签署后 7 年合作协议，隶属莫桑比克农科院管理，进入自主运营期，从 2012 年至今运作已经 5 年有余。

（二）中莫农业技术示范中心的运营状况

中莫农业技术示范中心位于莫桑比克首都马普托市西南 30 公里博阿内市莫桑比克农业科学院南部研究所内，总面积 52 公顷。其中，办公生活区 3.2 公顷，试验示范区产业发展区 48.8 公顷。

按照湖北省农垦事业管理局的整体工作安排，莫桑比克中国农业技术示范中心的总体工作思路是：在由技术合作期转入运营期以后，兼顾政治效益、经济效益、社会效益三者的统一，兼顾当前与长远，把中莫农业技术示范中心办成中国现代农业技术展示的平台，促进中莫友谊与交流的平台，促进中国农企进入莫桑比克的平台，突出重点，抓好各项具体工作的落实。具体说来，中莫农业技术示范中心重点工作如下。

第一，着力开展农作物试验。来自国内的农技专家来到莫桑比克后首要的工作就是找到适合在当地种植的农作物种子。为此，他们除了在杂草丛生的盐碱地开荒挖渠、翻洗土壤、改良土壤酸碱度以外，还要把从国内带去的粮食、蔬菜种子进行适应性种植、品种（包括水稻、玉米、棉花、芝麻、大豆及各种蔬菜等）比较、肥料试验及其他各项试验，筛选适应性强的优良品种及配套栽培技术，为进一步推广提供科学依据。经过试种，专家们从中优选出适合非洲莫桑比克当地气候、水质、土壤的农作物种子，包括水稻"粤农丝苗""黄华占"，玉米"香格里拉"等粮食作物，棉花"鄂杂棉 26号"，以及球白菜"强力 50"、"寒春 9 号"、豇豆"鄂豇 26 号"、辣椒"金泰热霸"、茄子"岭南 10 号"、白萝卜"晶华春"、大白菜"改良青杂三号"等经济作物。

第二，示范种养。示范中心已经开展的试验示范项目包括：一是水稻、玉米、棉花、大豆、芝麻等大田作物的试验示范，2016 年水稻种植面积达到 200 亩，玉米面积 100 亩，累计试验示范各类农作物品种 80 多

个。二是蔬菜，如白菜、大白菜、萝卜、莴苣、菠菜、茼蒿、雪里蕻、大葱、豆角、西红柿、辣椒、茄子、韭菜、黄瓜、冬瓜、南瓜、丝瓜、苦瓜、空心菜等 30 多种蔬菜的试验示范，2016 年蔬菜种植面积达 100 亩，累计试验示范各类蔬菜品种 80 多个。三是牲畜饲养，主要是养猪示范。

第三，举办农业技术培训班。截至 2017 年底，中莫农业技术示范中心共举办技术培训班 26 期，培训对象包括莫桑比克农业官员、农业技术人员、农业生产经营个体等，培训 1000 多人次。

（三）中莫农业技术示范中心取得的初步效益

中莫农业技术示范中心运营五年来，取得了良好的社会效益。无论从莫方还是中方抑或中莫双方关系来看，均从中受益。

第一，从莫桑比克方面看，有助于提升当地农业技术水平，从而提高其农业发展能力。科技是第一生产力，非洲农业的增长离不开农业研发与技术推广。在过去短短的几年时间里，中莫农业技术示范中心在当地运营与发展中创造了高农业生产率。示范中心种植的 200 亩水稻全部采用的是从中国引进的优质水稻品种"粤农丝苗"，全生育期不使用农药，产量高、品质好，深受市场欢迎。通过中方农技专家的努力，示范中心的稻谷单产达到每亩约 1200 斤，远远超过当地人均亩产四五百斤的水平。又如，他们从国内引进了 6 个特种玉米品种在示范中心的土地上种植，单产亦超过当地，尤其是"荆花糯 6 号"玉米亩产更是达到了 1000 公斤（每亩玉米棒的鲜重）的高产，为当地玉米产量的数倍，而且口感更佳。此外，从国内引进的"鄂杂棉 26 号"亩产籽棉产量达到 400 公斤。[①]

值得注意的是，中莫农业技术示范中心还注重对当地进行技术转移。2017 年底，在示范中心工作的中方人员 10 人，莫方人员现有固定工人 40 人，临时雇工 100 多人。在中方农业技术专家言传身教的指导下，在示范中心工作的当

---

① 中莫农业技术示范中心内部资料。

地工人都能熟练掌握相关种植技术。在示范中心工作了 3 年的当地人乔治说："以前我没种过庄稼，但我在这里学会了很多东西，水稻、玉米、球白菜我都会种了。"又如，示范中心周边 Manguiza 村的一个农户对西瓜种植颇感兴趣，示范中心遂安排农业专家到他的农田手把手地指导，从整地、播种育苗到管理进行全程跟踪服务，帮助他种植西瓜 30 亩，取得了较好成果。

此外，农技专家还从国内引进蔬菜品种 30 多个，并从斯威士兰引进种猪，进行生猪养殖试验，丰富了莫桑比克农产品收获物与居民的"菜篮子"，对于改善当地人民的饮食结构起到了重要作用。莫桑比克现有约 1/4 人口处于营养失衡状态。营养丰富的农产品在当地市场供应，逐渐被更多的民众食用，为塑造民众的健康体魄做出了贡献。

第二，从中国方面看，充分发挥了带动中国农业企业走入莫桑比克投资合作的平台与载体作用。正是在中莫农业技术示范中心的引领下，国内多家农业企业已在莫桑比克开展农业经营。例如，襄樊万宝粮油有限公司在莫桑比克的加扎省友谊农场开展水稻种植，带动当地农户种植粮食几十万亩；湖北禾丰粮油集团有限公司则在索法拉省贝拉市发展水稻生产；等等。与此同时，国内多家机构还通过示范中心开展了多个中莫农业技术交流与合作，包括国内的大专院校、科研院所与莫桑比克农业科技部门的合作，均取得了较好的效果。

更为重要的是，以中莫农业技术示范中心为窗口，展示中国现代农业技术成果，提升了中国在莫桑比克的软实力。示范中心农作物的高产显著带动了莫桑比克农业的发展，示范中心周边的蔬菜种植发展势头方兴未艾，充分展现了中国负责任大国的形象，践行了中国对非合作中"授人以鱼不如授人以渔"的理念。最近几年，到访示范中心参观的政府官员、专家学者特别多，[①] 包括美国、英国、日本、葡萄牙等国的专家及联合国开发计划署的官员等，其中比

---

① 中莫农业技术示范中心作为中国政府援助莫桑比克农业的一个平台，最近几年得到中国政府的高度重视，前来示范中心视察和参观的领导和团体较多，包括国务院参事室常务副主任王卫民率领的代表团、商务部副部长张向晨率领的代表团、湖北省人大常委副主任李春明率领的湖北省经济代表团、安徽省人大常务副主任宋卫平率领的安徽省经济代表团、中纪委驻商务部纪检组长王和民率领的代表团、海南省委副书记李军率领的中国共产党代表团、中国社会科学院西亚非洲研究所的专家代表团等。

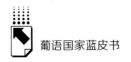

尔盖茨基金会多次到访示范中心，莫桑比克几任总统、农业部长及其他政府官员多次视察中莫农业技术示范中心。在莫桑比克民众中，流行这样一句口头语，"希拉蹦"，即中国好样的。毕业于华中农业大学，现在农业示范技术中心担任外联和翻译的莫桑比克小伙马哈拉比曾感言道："中国人很厉害，莫桑人生产一吨，他们生产两吨三吨。工作效率很高，每天上班，不管累不累。"

第三，从中莫关系看，示范中心作为中国政府援助非洲农业的一个创新项目，将社会效益置于首位，通过这类技术示范项目的试验、示范、培训、推广等公益性功能的发挥，不仅有助于提升受援国的农业生产和粮食安全水平，而且与当地人分享了改革开放30多年来形成的农业发展经验和技术，有力推动了中莫双边关系向前发展。示范中心周边的 PSK 村的一个农户，看了示范中心种植的水稻，也表现出种植水稻的浓厚兴趣，但是他既没有钱，也没有技术，示范中心不但免费提供秧苗，而且帮助他整地，指导他进行田间管理，最终还包回购他种植的稻谷，让他感动不已。示范中心基地由此成为当地一道亮丽的风景线，得到当地政府及老百姓的高度评价，纷纷盛赞"中国专家了不起"。而且，示范中心加深了中莫团结与友谊，起到了中国农业企业走入非洲的桥梁与纽带作用。

总的来看，中莫农业示范中心的建立及运营，起到了中国援助非洲众多农业示范中心的方向引领作用，媒体纷纷表示将继续关注中莫农业示范中心的可持续发展。近几年来，中国各大媒体，如新华社、中央电视台、中国国际广播电台等纷纷到示范中心采访，并对示范中心所做的各项开创性工作给予了充分报道与肯定。[①] 此外，2017 年 3 月，莫桑比克主流媒体也对示范中

---

① 这些报道包括：《中莫农业技术示范中心追求政治、社会、经济效益三丰收》（凤凰网及各大媒体转载）、《教黑人兄弟种粮种菜》（《楚天都市报》及各大媒体转载）、《莫桑比克重建中的中国力量》（今日头条及各大媒体转载）、《中国帮助莫桑比克探索粮食安全道路》（新华网及各大媒体转载）、《走进非洲，有一种交情叫亲密无间》（环球资讯广播）、《莫桑比克：最多中国农企落户非洲国家之一》（中非贸易研究中心网站）、《湖北农垦，拓展农业合作新领域》（新浪网等）、《"一带一路"助推湖北农垦扎根海外承建多个海外项目》（今日头条）等等。

心进行了集中报道，包括两家电视台（TVM、STV）、国家广播电台（RM）和《每日新闻报》（NJ）。这些报道播出后，在莫桑比克各界引起强烈反响。中国驻莫桑比克大使馆大使苏健盛赞示范中心所取得的巨大成绩，示范中心的辛勤工作加深了中莫友谊，为中国赢得了荣誉。

三 中莫农业示范中心面临的问题及其发展展望

从 2012 年正式运营至今，示范中心对试验、示范和推广农业种植技术、培养莫方农业技术人才、解决莫桑比克粮食安全问题起到了重要作用。2015年 5 月开始，示范中心面临着从国家全额拨款到自主经营的转型，这是中国在非洲农业示范中心追求可持续发展的另一次重要尝试。

（一）当下面临的困难

第一，缺水问题严重。示范中心的生产用水需从 4 公里以外的河道取得，同莫桑比克农科院共用一个水系。示范中心建设初期尚且能够满足供水，但随着莫方和示范中心开垦面积的逐步扩大，用水矛盾越来越突出，目前示范中心白天根本取不到水，只有晚上才能取到水，而且劳神费力，缺水已经严重影响示范中心农业生产的正常开展。

第二，生产物资严重短缺，农业机械老化严重。莫桑比克各种生产物资价格昂贵，而且短缺，技术合作期从国内采购过来的一些生产物资大多消耗殆尽，从莫桑比克采购这些物资十分困难，成本高，耗时费力，而且各种农业机械严重老化，维修成本高，目前生产所需的种子、农药、微喷灌设施及其他生产物资大多从国内购进，极不方便。

第三，中心运作成本高。当下，莫桑比克营商环境不甚理想，存在诸多问题。从表 3 可以看出，莫桑比克营商环境近几年未获显著改善，预计2018 年在全球 190 个经济体中营商便利度排第 138 位，政府部门办事效率低下。此外，据透明国际组织（Transparency International）于 2017 年 1 月25 日发布的全球廉洁指数（根据国家司法体系、反腐力度、执法有效性、

犯罪率等十项指数的评判，加以综合评估，给出分数），莫桑比克得 27 分
（最高为 100 分），在参与排名的 176 个国家中居第 142 位。[①] 该国仍存在较
为严重的腐败问题，例如示范中心车辆在外出办事过程中，有时会遇到
"拿、卡、要"的情况，由此增加了中心的运营开支。

表 3　莫桑比克营商环境部分指标

项目	2018 年排名	2018 年前沿距离分数[②]	2017 年前沿距离分数	前沿距离分数变化（百分点）
总体	138	54	53.03	↑0.97
开办企业	137	79.86	79.86	—
办理施工许可	56	72.80	72.96	↓0.16
获得电力	150	52.54	42.65	↑9.89
登记财产	104	59.27	58.76	↑0.51
获得信贷	159	25.00	25.00	—
保护少数投资者	138	41.67	41.67	—
纳税	117	66.13	66.13	—
跨境贸易	109	67.25	66.31	↑0.94
执行合同	184	27.32	27.32	—
办理破产	75	48.20	49.61	↓1.41

资料来源：http://chinese.doingbusiness.org/data/exploreeconomies/mozambique#starting-a-business，2017 年 11 月 26 日。

第四，安全隐患仍然较大。莫桑比克国家政局总体稳定，虽无影响较大
的暴恐事件，但是该国的社会治安仍存隐患，针对银行、商店、驻外机构及
外国人的抢劫盗窃、绑架事件时有发生。示范中心虽严格执行各项安全管理
制度，生活区全部安装了防盗门，保障了生产、生活的正常进行，但在示范

[①] https://www.transparency.org/news/feature/corruption_perceptions_index_2016#table，2017 年 11 月 26 日。
[②] 前沿距离分数（DTF）显示每个经济体与"前沿水平"的距离，它代表自 2005 年以来每个指标在《营商环境报告》样本的所有经济体中观察到的最佳表现。经济体与前沿水平的距离反映在 0～100 的区间里，其中 0 代表最差表现，100 代表前沿水平。营商便利度排名范围为 1～190。

中心的生产生活区发生了多起偷盗事件，加之部分工作人员安全防范意识不强，中心的安全防范成为问题。

（二）未来工作的着力点

目前，中莫农业技术示范中心基本形成四大产业主导格局：一是以水稻示范为主的种植加工，包括小磨麻油加工等；二是面向莫桑比克本地市场的球白菜与玉米种植示范；三是面向中国公司的各类蔬菜种植示范；四是养殖生产示范；等等（计划尽快恢复养殖生产）。

尽管示范中心面临上述问题，但仍需克服困难，实现示范中心的可持续发展。具体而言，包括以下几方面工作重点。

第一，继续搞好生产试验示范。统筹安排，周密规划，把中国农业技术与莫桑比克实际结合起来，进一步抓好水稻、玉米种植示范和生猪养殖示范，扩大以球白菜为主的蔬菜种植示范，循环种植，进一步提高示范种植效果。

第二，加大农业技术培训力度。让莫桑比克当地人掌握农业技术是使之提升生产能力的关键。为此，示范中心拟按照每年培训十批共500人次进行安排。在培训过程中，中方需紧密联系莫桑比克的实际情况，以切实帮助莫桑比克提高农业生产水平，提高粮食供给能力为重点。

第三，把农业产业开发与示范带动引领结合起来，把中国现代农业技术融入其中，努力延长农业产业链，促进当地农业生产发展和提升整体农业生产水平。例如，示范中心若把种子生产销售、粮食酿酒加工搞起来，可以显著提高经济效益，有助于示范中心的可持续发展，还可以带动当地农产品加工业的发展。

第四，依托"三方合作"项目，帮助周边农户提高农业种养水平，增加其收入。示范中心拟与盖茨基金会、莫方合作，以实施"三方合作"项目为载体，摸清周边农户的情况，帮助他们安排种植、养殖，并回购其产品，即按照"公司+农户"模式合作，在中心加工实现销售，帮助农民示范种植水稻、玉米、蔬菜和养鸡，帮助购买种子和添置小型农机具等，进一

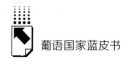

步提升扩大示范中心的影响力。

第五，做好优良农作物种子的繁殖推广。种子是最基本的农业生产资料，通过示范中心多年的试验，已经有一部分品种明显优于莫桑比克当地品种，可以和莫桑比克农科院合作，尽快通过审定，并开展大面积推广。比如，水稻品种"粤农丝苗"在莫桑比克种植多年，而且种植面积大，产量高、品质好，如果通过审定开展更大面积的推广，则会显著提高莫桑比克的粮食供给能力。

第六，强化管理，增收节支。示范中心进一步完善各项规章制度，严格工作纪律，规范管理，用制度规范行为，强化安全管理，努力实现中心有看相、有效益、有影响的"三有"工作目标。

第七，继续引导中国农业企业到莫桑比克投资开发，并为它们提供技术咨询等服务。当下，在"一带一路"倡议的引领下，国内有越来越多的农业企业将对外产能合作的目标投向包括莫桑比克在内的非洲大陆。这些后来的农企可以借力发展，在这过程中，示范中心可提供"前车之鉴"或"他山之石"。与此同时，这也会推动农业示范中心的可持续发展，加快当地的农业发展进程。

第八，加强与莫方的互动与合作。莫方看好示范中心的发展前景，现已全面参与到示范中心的各项工作之中。但由于中莫双方文化差异较大，语言交流沟通存在一定障碍，有时难免会出现这样或者那样的误会，这就要求中方主动且耐心细致地加强与莫方的沟通，解惑释疑，求同存异，共同做好示范中心的各项工作。

第九，加强宣传，扩大影响面，树立中国农业援外的良好形象。软环境就是生产力，改善软环境就是提高生产力。示范中心在莫桑比克经营与发展过程中，亦需要良好的舆情环境。示范中心在当地创造的良好社会效益和经济效益，是中企在非洲农业合作中贡献中国方案的典型事例，媒体实事求是的宣传报道有助于中莫双方主动谋局，掌握话语权，从而展示负责任大国在对非合作中的良好形象，增加正能量，产生良好的影响力。

四　思考与启示

由于中非农业在资源、技术上的互补性，中非农业合作潜力巨大。农业技术示范中心作为中非农业交流与合作的平台，担负着十分艰巨的任务。随着"一带一路"建设的开展，中国对非洲农业投资与合作将迎来新机遇，而农业技术示范中心在其中起着摸准情况、探好路子的关键作用。为此，总结已有的农业技术示范中心的经验，可有效促进其他农业示范中心乃至到非洲投资开发的中国农业企业顺利运营，少走弯路，取得实效。

第一，科学选拔人才，要有精干高效的专业人才队伍。海外农业开发人才，要求其不仅精通农业专业知识，更要树立敬业、务实的工作态度与责任心。务实与否直接决定着投资的成败，事实上，国内一些农企在非洲农业投资开发过程中出现的经营不顺利的问题，是中资企业应吸取的教训。当前，中国在非洲投资农业最缺乏的就是专业人才。例如，中莫农业示范中心专家组成员年龄大多在50岁以上，急需年富力强的青年人参与进来。

第二，选准产业，实施产业化经营，全产业链开发。农业是国民经济的基础产业，它具有投资大、周期长、见效慢的特点。因此，在非洲当地进行农业经营开发的企业，不仅要做好充分的市场调查，做好规划，办好示范样板，而且还要充分利用非洲劳动力廉价和土地廉价的优势，引导当地老百姓种养，实行种养加产供销一体化的生产开发。

第三，深入了解非洲文化，尽快掌握当地语言。中国与非洲国家文化差异较大，双方在合作过程中需要冲破跨文化的樊篱。基于历史惯性和文化的民族性，无论是中方人员，还是非洲当地人，往往会不自觉地根据自身文化的个性和价值观念、思维方式去解释或判断对方的行为，干扰跨文化沟通。鉴此，双方有效沟通最为关键，中方人员切忌用中国的思维方式来研判对方。另外，到非洲来工作的人员最好在赴非之前接受短期集训，学习当地语言，正所谓"磨刀不误砍柴工"。这样，中方人员具有一定语言基础后，再在实践中进一步学习，可有效满足双方人员交流与沟通的需要，提高工作效

率。

第四，适度扩大经营规模，步步为营，稳扎稳打。无论是莫桑比克，还是其他非洲国家，当前都迫切需要外资进入农业领域，但机遇总是与风险相伴。中企在非洲投资经营时，需循序渐进，适度扩大生产经营规模。从表4可以看出，湖北禾丰粮油集团有限公司在莫桑比克索法拉省贝拉市的农业投资开发的做法，值得推介。

表4　湖北禾丰粮油集团有限公司拓展莫桑比克市场大事记

2011 年	做出到莫桑比克投资农业种植加工项目的决策
2012 年	3 月，完成联禾非洲农业发展有限公司的海外注册，制定了项目发展规划；10 月，平整中莫农业技术示范中心约 600 亩土地，并在该地块上开展水稻种植试验；与莫桑比克索法拉省政府签订了 1.5 万亩土地的租赁协议
2013 年	10 月，组建 3 万亩非洲农场，主要包括：土地平整，配套水、电、沟、渠、路、围堰等基础设施建设，购置农业种植全程机械化作业所需的配套农机设备；11 月，种植 3000 亩水稻（2015 年 4 月收获 2400 吨水稻）
2014 年	11 月，种植 6000 亩水稻；投资新建口产 50 吨大米加工厂，从国内购买大米加工成套设备，包括去石、脱壳、抛光、色选、白米分级、自动包装等
2015 年	7 ~ 9 月，组织 5 名在农场工作的本土员工到湖北安陆学习种植管理和农机驾驶和维修；11 月，种满 1.5 万亩的水稻
2016 年	1 月，公司与华中农业大学共同组织和举办了为期 10 天的手扶拖拉机操作、大拖拉机操作以及水稻种植技术的培训班，学员均为当地员工

资料来源：根据湖北禾丰粮油集团有限公司网站资料（http：//www. hbhefeng. cn/cyqy/i = 9&comContentId = 9. html，2017 年 11 月 26 日）整理。

第五，加强自我保护，有效规避风险。非洲至今仍是世界上最不稳定的地区之一，除了一些国家因政局不稳而出现社会骚乱与冲突情况以外，一些城市社会治安问题也较为突出，偷抢事件时有发生，企业的自我安保能力建设显得尤为重要。

B.10
葡萄牙可再生能源的开发与利用

王锦程*

摘　要：　本报告介绍了葡萄牙可再生能源的发展目标，对近两年葡萄牙利用可再生能源发电所取得的成就进行了全面的分析。此外，报告还详细介绍了水能、风能、生物能和太阳能等四个主要可再生能源技术的开发与利用，同时该国采取的一系列政策对可再生能源的发展起到了积极的促进作用。

关键词：　葡萄牙　可再生能源　开发与利用

一　葡萄牙可再生能源发展的目标

自20世纪末以来，葡萄牙政府就一直致力于减少能源的进口和能源领域的碳排放，这为可再生能源的发展提供了重要的机遇。可再生能源的开发和利用为葡萄牙经济的可持续发展以及环境保护奠定了坚实的基础，同时对创造就业机会、GDP增长，以及减少温室气体排放发挥了重要作用。自2013年以来，葡萄牙政府先后制订了国家可再生能源行动计划和国家能源效能行动计划，为实现欧盟设定的"20－20－20"目标做出了贡献。这个目标要求到2020年，欧盟全境实现20%的能源消费来自可再生能源，使温室气体排放量比1990年下降20%，通过提高能效使得主要能源消耗下

---

* 王锦程，天津外国语大学国际商学院副教授，现任葡萄牙里斯本大学孔子学院中方院长，研究方向为中小企业创新管理、国际项目融资。

降20%。这也是对欧盟倡导的鼓励使用可再生能源2009/28号指令的积极响应。葡萄牙设定的目标是在最终的能源消费结构中可再生能源的消费达到31%,即采用可再生能源的发电量要达到总发电量的60%,在运输业的能源消耗中占10%,在制热和制冷的能源消费中占34%左右。为此,2015年葡萄牙做出了绿色增长的承诺,在促进经济增长的同时减少使用自然资源,从而实现社会公平和提高人民生活质量。在一些具有战略意义的领域,葡萄牙政府提出了更高的目标。比如,在能源领域,政府提出了要把可再生能源在能源消费中的比例从2020年的31%提高到2030年的40%,这意味着采用可再生能源所产生的发电量要提高至全国总用电量的80%左右。

二 2016~2017年可再生能源发电概述

2016年葡萄牙新增的可再生能源的发电能力为1089兆瓦,其中水电的发电量为785兆瓦,陆上风力发电量为279兆瓦,太阳能发电量为16兆瓦,生物发电量5兆瓦,其余4兆瓦来自沼气发电。最引人瞩目的是2016年竣工投产的葡萄牙最大的水力发电站——Venda Nova Ⅲ抽水蓄能型水电站。该项目包括近9公里的地下隧道工程、1个低于地面超过50米深的发电机室,以及相关的基础设施,设计装机容量为736兆瓦。

截至2016年底,葡萄牙可再生能源的发电能力已达13334兆瓦。由于水利和风能的条件非常有利,葡萄牙可再生能源的发电量大幅增加,达到了33383兆千瓦时,占全国总用电量的62%。这也使得在2016年葡萄牙电力能源行业首次实现了进入21世纪以来年度电力净出口平衡。尽管如此,2016年所取得进展与欧盟2020年可再生能源电力发展的目标还有不小的差距。按照统一口径计算,能源与地质总署的报告认为上年葡萄牙可再生能源的发电量只占全国用电量的54%,而欧盟的目标是达到60%。此外,2016年葡萄牙还对水电国家项目进行了重新评估,取消或推迟了一些影响实现2020年可再生能源发电目标的水电项目。表1是2016年葡萄牙采用不同能源的发电量的统计数据，包括传统能源的热力发电和水力、风力、生物等 7 类可再生能源的发电量，数据显示可再生能源的发电量占总发电量的 57.1%，成为葡萄牙电力能源的重要组成部分。

表 1　2016 年葡萄牙电力能源统计

技术	装机容量(兆瓦)	发电量(兆千瓦时)
热力发电(传统能源)	7908	24730
水力发电	6838	16866
风力发电	5313	12480
生物能源发电	557	2455
太阳能发电	467	816
沼气发电	89	285
生活垃圾发电	89	620(其中 310 为可再生技术)
地热发电	29	171
可再生能源发电总量	13382	33383
总发电量	21290	58423

资料来源：葡萄牙可再生能源协会 2017 年报告。

截至 2017 年 10 月，可再生能源的发电量达到了 19010 千兆瓦时，占葡萄牙总发电量的 41.6%。这一比例与 2016 年形成了很大的差异，2016 年可再生能源的发电量在葡萄牙陆地总发电量中的占比超过了 50%。统计数据显示，2017 年前 10 个月的可再生能源发电量中，风力发电占比最高，达到 21.1%。其次是水电、生物能和太阳能，分别占 13.8%、5.2% 和 1.6%。风能和生物能的发电量与上年同期持平，太阳能发电量略有上升，只有水力发电量下降比较多，主要是因为上半年的降水偏少。

从电力消费来看，2017 年前 6 个月增长较快，比上年同期高出了 2 个百分点。同时，也应该看到 2017 年上半年的电力生产不仅满足了葡萄牙市场，而且还出口了 1724 兆瓦的电力。用电量增加，而可再生能源的发电量在下降，特别是水力发电的减少，造成了 2017 年上半年电价的上涨，达到了 51.27 欧元/千瓦时，与 2016 年同期 29.69 欧元/千瓦时的电价相比，上涨了 72.68%。

三 主要可再生能源的开发

葡萄牙对可再生能源的开发包含多种技术，但是主要的可再生能源涉及水能、风能、生物能和太阳能等四类技术，2016 年这四类可再生能源的发电量占全部可再生能源发电量的 97.7%。图 1 是葡萄牙 2000～2016 年不同能源发电量的示意图，从图中可以看出，水电一直为可再生能源发电量的主要来源之一，从 2004 年开始，风能的开发与利用开始在葡萄牙受到重视，在过去的 10 年里有了长足的发展。生物能与太阳能虽然在可再生能源结构中占的比例较小，但是发展稳定，而且具有较大的发展潜力。总之，这四类可再生能源是葡萄牙可再生能源开发利用的重要组成部分，下面分别对这四类可再生能源的开发利用情况做简要介绍。

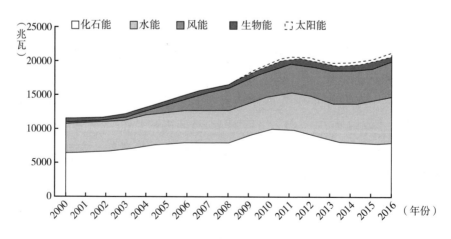

图 1　葡萄牙 2000～2016 年不同能源发电量

资料来源：葡萄牙可再生能源协会 2017 年数据。

（一）风能

葡萄牙濒临大西洋，海岸线长达 1793 公里，风力资源丰富，发展风力电站是葡萄牙利用自然资源、减少对石油严重依赖的有效方法之一。欧盟要求成员国到 2020 年将可再生能源利用的比例提高到能源消耗总量的 20%。为实现这一目标，葡萄牙自 2004 年 6 月开始，陆续投资 5100 万欧元建立 20 个风力电站，总发电量约为 2.4 亿瓦，该项目是葡萄牙实施能源多元化方案的重要组成部分。但由于葡萄牙海岸陡峭，安装风力发电设施困难以及发电机组制造成本较高等因素，风力发电的单位成本较高。但是随着风力发电设备安装总量的增加，加之新技术的应用，近年来风力发电的单位成本大幅降低。

葡萄牙首批风力涡轮机是于 1986 年在波尔图桑托岛上安装的。从那时起，葡萄牙的风力发电量增长迅速，2017 年风力发电占葡萄牙总发电量的 1/4 左右，是世界上风力发电在整个发电总量中占有率最高的国家之一。第一个漂浮平台是 2011 年在葡萄牙北部海岸安装运行的，是世界上第一个没有在海上使用重型设备和组装系统安装的风力涡轮机。在发电 17 兆千瓦时并成功抵御了大西洋的极端天气后，这台风力涡轮机于 2016 年正式退役。在海上风力发电第一阶段成功的基础上，葡萄牙开始启动了海上风力发电项目第二阶段的研发工程，即漂浮式海上风力机。该项目包括设计和建设一个新的漂浮平台，在平台上安装一台 2 兆瓦的维斯塔斯风力涡轮机。这个阶段的目标是在 2018 年安装 3～4 个海上风力涡轮机，总装机容量为 25 兆瓦。

截至 2016 年底，风力发电的总装机容量达到了 5313 兆瓦，共有 257 个风电场，陆地上装有 2722 个风力涡轮机，每个涡轮机的年平均发电时间为 2349 个小时。此外，对可再生能源领域的投资极大地促进了风电工业和服务业的发展，不仅促进了风电设备的出口，而且对风电生产和服务领域的就业也产生了积极的影响。到 2016 年底，风电行业提供了大约 23000 个就业岗位，创造了 4 亿欧元的出口额。

（二）太阳能

葡萄牙拥有丰富的太阳能资源，是国际公认的太阳能开发最具潜力的欧洲国家之一。为充分利用太阳能资源，葡萄牙制定了能源战略规划（ENE 2020），其目标是在 2020 年将太阳能发电的装机容量提高到 150 兆瓦。为此，葡萄牙政府提出在该国中部塞尔帕地区建造世界上最大的太阳能电站计划。根据该计划，这座太阳能电站将占地 250 公顷，设计发电能力为 11.6 兆瓦，将安装 5.2 万组太阳能光伏电池，总投资为 6100 万欧元，建成后至少可解决 13 万人用电的问题。这项计划是葡萄牙开发可持续能源计划的一部分，与化石燃料发电相比，每年可以减少 3 万吨的碳排量。为推广利用太阳能，葡萄牙政府还在居民住宅建设方面出台了相应的措施，如鼓励居民住宅安装使用太阳能发电设备等。目前，葡萄牙拥有世界上第三大太阳能发电厂。该电厂于 2008 年 12 月开始运营，总装机容量达 46 兆瓦，占地 250 公顷，位于葡萄牙南部阿连特茹地区。该地区降水稀少，阳光充足，最为适宜收集太阳能。该项目由西班牙的 Accio na Energia 集团拥有并运营，发电量 93 千兆瓦时。除此之外，葡萄牙境内还有另外 9 个太阳能发电厂，大部分位于阿连特茹地区。

（三）水能

为了提高国家可再生能源的比重，葡萄牙建立了广泛的水力发电设施网络。在这个过程中，葡萄牙国家电力公司（EDP）制定了新建一批水电站的规划。一方面建设全新的水电工程，另一方面通过增建新电站的方式对现有水电工程进行升级，这将更有效地利用已有水电大坝，避免在某些情况下由于水库规模有限而造成发电损失。除此之外，通过建造抽水蓄能电站可以解决用电非高峰时段的电力存储问题，减少碳的排放量，满足更多应急备用水源的要求，扩大储水量，满足防洪和消防的供应需求，比如，阿尔克瓦（Alqueva）水电站的一期和二期工程。另一个抽水蓄能电站是新文达（Venda Nova）三期项目，包括两个抽水涡轮机，总装机容量达 1038 兆瓦。

萨拉蒙德（Salamonde）二期工程也是一个新的扩建项目，这个项目的完工投产可以把撒拉蒙德电站的装机容量提高到250兆瓦。此外，葡萄牙国家电力公司（EDP）还在2015年和2016年竣工投产了两个大型水电站，一个是装机容量达173兆瓦的拜舒萨博（Baixo Sabor）水电站，2015年第一季度上网发电达30千兆瓦时。另一个是装机容量为216兆瓦的福斯图阿（Foz Tua）水电站，已于2016年交付使用。这些项目将使水电装机容量增加2407兆瓦，年均发电量增加4100千兆瓦时。

早在2015年，葡萄牙就开始在北部地区建设3个大坝，其中包括阿尔托塔麦加水电站（Alto Tâmega Complex），这个项目计划2023年竣工投产，届时将会改善葡萄牙北部和西班牙加里西亚省的配电基础设施的连接。

截至目前，葡萄牙国家电力公司拥有该国的74座水电站，总装机容量达4743兆瓦（其中有34座水电站的装机容量大于10兆瓦），在2016年底，EDP已为国家安装了27台新机组，新增装机容量2968兆瓦，为实现国家能源目标而做出了卓越的贡献。

（四）生物能

生物能是葡萄牙第三大可再生能源，从2010年起生物能的开发就有了实质性的提高，到2016年，每年的生物发电量均保持在550~590千兆瓦时的水平，这主要与2006年葡萄牙开始利用森林生物能源发电100千兆瓦时和公众利益项目发电150千兆瓦时的计划有关。

葡萄牙的生物能源主要来自木废料、动物粪便和城市固体垃圾，这些资源可以大规模用于发电。葡萄牙森林资源丰富，可用的森林生物能源每年为220万吨左右，可以发电11.578千兆瓦时。动物的粪便一般是从养猪场、屠宰场、乳制品加工场、家禽饲养场和食品加工厂收集的。牛、猪和鸡等动物的粪便是主要的生物能源的来源，除了作为肥料之外，还用于制热和发电。据测算，葡萄牙每年可回收的动物粪便可达7875.86吨。每年可以用牛粪发电的电量大约为725.4千兆瓦时。用于发电的城市固体垃圾分为三类：腐烂的垃圾、发酵的垃圾和非发酵的垃圾。葡萄牙每年产生的城市固体垃圾

达 3.4 亿万吨，发电量达到 17 千兆瓦时。生物能源发电所采用的技术主要包括焚烧、气化、热解、生物燃烧等。

四 结语

葡萄牙对可再生能源的开发利用取得了长足的发展，这和葡萄牙政府采取的一系列政策是分不开的。为支持本国可再生能源的开发利用，葡萄牙政府在上网电价补贴、电力配额义务、电费结算、可再生燃料运输、可再生燃料供热、可再生能源交易认证以及竞标方面都出台了完善的政策，甚至在相关财税政策上采取了补助、奖励、折扣、优惠贷款，以及减税等措施。这些政策和措施都是为了实现葡萄牙雄心勃勃的 2020 可再生能源的发展目标，通过强有力地在其经济领域推行"去碳化"战略，使葡萄牙成为"绿色发展的国家"。

B.11

创新中葡智库合作机制，
全面深化中葡关系

摘 要： 习近平提出的"一带一路"倡议和构建人类命运共同体理
念，为中国与葡萄牙打造新型全面战略伙伴关系提供了新机
遇。包括政策沟通等"五大相通"，其战略意义在于加深了
解，推动中国与"一带一路"沿线国家在多个领域深化合
作。当前，中国与葡萄牙全面战略伙伴关系进入第二个十年，
中国内地、澳门特区，以及葡萄牙的智库正以更加创新、开
放的思路，通过建立一系列合作网络加强合作研究，为深化
中葡关系建言献策。澳门的"中葡平台"地位必将发挥更大
的战略性作用。

关键词： "一带一路"倡议 创新智库合作 中葡关系

一 创新中国与葡萄牙智库联盟机制的有利时机

2017年11月26~28日，笔者荣幸地应中华总商会策略研究委员会主
任马志毅先生和商务部国际贸易经济合作研究院李钢副院长的盛情邀请，在
澳门特区参加了"首届中国与葡语智库高峰会"。会议期间，智库专家们共

---

* 张敏，首席研究员、博士生导师，中国社会科学院欧洲所科技政策研究室主任，中国社会科
学院西班牙研究中心主任，兼任对外经贸大学葡语国家研究中心副秘书长。

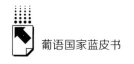
同畅谈未来合作前景，为打造"一带一路"倡议下中国与葡语国家之间新型合作伙伴关系建言献策。

习近平主席提出的"一带一路"倡议和构建人类命运共同体理念，为中国与葡萄牙打造新型全面战略伙伴关系提供了新动能。共建"一带一路"中的政策沟通、设施联通、贸易畅通、资金融通、民心相通这"五大相通"的战略意义，旨在加深"一带一路"沿线国家之间的相互了解，推动中国与这些国家在多个领域的深化合作。当前，中国与葡萄牙全面战略伙伴关系进入第二个十年时期，中国内地、澳门特区，以及葡萄牙的智库正以更加创新、开放的思路，通过建立一系列合作网络，开展联合研究，为深化中葡关系建言献策。澳门"中葡平台"作用必将日益重要。

分论坛之一集中讨论了"全球化促使创新"问题。实践证明，全球化促使资本、技术、人力等各种要素在全球流动起来，推动了世界各国经济、金融、技术、科技、人文、社会等诸多领域的全方位合作，有利于中国构建更为开放的全球发展格局，为创新在各个领域发挥作用奠定了基础。从这个意义上说，"一带一路"倡议与时俱进地顺应了全球化发展趋势，是构成中国新时代对外开放新战略的重要内容。借助"一带一路"倡议，创建中葡新型智库联盟，当前可谓恰逢其时。

（一）不断丰富中国与葡萄牙全面战略伙伴关系内涵，中葡关系战略意义日益凸显

2017 年是中葡两国正式建交 38 周年。几十年来，中葡两国关系发展的主旋律是相互理解和尊重，彼此信任和支持。2005 年中国与葡萄牙关系全面提升，宣布建立全面战略伙伴关系，中葡关系进入新阶段。双方政治互信不断增强，各领域务实合作持续推进。[①] 双边贸易和投资规模逐年扩大，人文交流成效显著，中国与葡萄牙是彼此信任和相互支持的好朋友、好伙伴。

---

① 张敏：《中国与南欧国家：经受危机考验的双边关系》，周弘主编《中欧关系研究报告·2014 盘点战略伙伴关系十年》，社会科学文献出版社，2015。

近年来，中葡高层接触频繁，在重大国际和地区事务中保持密切协调，两国全面战略伙伴关系内涵不断丰富，当前两国关系正处于历史最好时期。中方高度重视发展中欧关系，希望葡萄牙作为欧盟重要成员，继续为推动中欧务实合作和中欧关系发展发挥建设性作用。葡方也希望在加深并拓展中国与欧盟、中国与拉美、中国与非洲第三方合作关系上搭建桥梁。

（二）"一带一路"倡议为中国与葡萄牙开展务实合作提供创新合作共赢平台

2013 年秋，习近平主席在出访中亚和东南亚国家期间，向全世界发出共建"一带一路"的宏伟倡议。四年来，"一带一路"倡议逐渐被国际组织和世界其他国家所认可，建设成果超出预期。2017 年 5 月，"一带一路"国际合作高峰论坛在北京成功举行，"一带一路"倡议吸引了全世界的目光。

为期两天的"一带一路"国际高峰论坛达成多项成果，会上习近平主席宣布，2019 年还将举办第二届"一带一路"国际高峰论坛，这意味着"一带一路"倡议开始建立起长效交流机制。新华社专门发布了《"一带一路"国际合作高峰论坛圆桌峰会联合公报》及《"一带一路"国际合作高峰论坛成果清单》。本次论坛期间共形成了 76 大项 270 多项有代表性的成果，同中国签署"一带一路"相关协议的国家及国际组织总数达到 68 个，中国还将从 2018 年起举办中国国际进口博览会。同时，未来三年，中国将向参与"一带一路"建设的发展中国家和国际组织提供 600 亿元人民币的援助，向南南合作援助基金增资 10 亿美元，向有关国际组织提供 10 亿美元。①

在"一带一路"倡议下，中国与"一带一路"沿线国家之间的项目合作和建设从无到有、由点及面，进度和成果都超出了预期。2017 年 8 月 17 日国家发展和改革委员会的统计数据显示，迄今为止，已经吸引全球 100 多个国家和国际组织共同参与，69 个国家和国际组织与中国签署合作协议。

---

① 《"一带一路"高峰论坛成果清单：76 大项、270 多项具体成果》，观察者网，http：//www. guancha. cn/politics/2017_ 05_ 16_ 408491_ s. shtml，2017 年 11 月 20 日。

包括联合国大会、联合国安理会、联合国亚太经社会、亚太经合组织、亚欧会议、大湄公河次区域合作等的有关决议或文件都纳入或体现了"一带一路"倡议或人类命运共同体理念。中国驻葡萄牙大使蔡润对"一带一路"倡议做过如下评价："经济走廊建设稳步推进，互联互通网络逐步成型，贸易投资大幅增长，重要项目合作稳步实施，取得一批重要早期收获。亚投行、丝路基金的成立为金融合作提供了坚实支撑。中欧班列驰骋在亚欧大陆，联通的是亚欧国家的市场需要，架起的是沿线国家人民的友谊桥梁。可以说，'一带一路'倡议来自中国，但成效正在惠及世界。"①

葡萄牙地理位置独特，具有一定的资源禀赋和产业优势。在蓝色海洋经济、港口贸易、可再生能源、区域电网连通等方面的优势，为葡萄牙在"一带一路"倡议下发挥更为积极的作用，提供了现实可能性。

（三）中葡高层在推动中国与葡萄牙在"一带一路"倡议的合作上，相互认同，共识增多

葡萄牙领导人对中方"一带一路"倡议秉持积极响应态度。2016年10月，葡萄牙总理科斯塔正式访华并出席中国—葡语国家经贸合作论坛第五届部长级会议。会议期间，习近平主席与科斯塔总理会晤时，明确表示中方支持葡萄牙积极参与"一带一路"倡议，鼓励双方加强海洋科研、港口物流建设等"蓝色经济"领域的合作。科斯塔总理对此表示赞同，并表示葡萄牙愿意通过此次访华，推动葡中深化全方位合作，推进"一带一路"框架下的合作，特别是能源、金融、电力、基础设施、农业、制造业、文化、旅游等领域的合作，也愿为推动欧中关系发展积极发挥建设性作用。

曾在澳门工作过21年的葡萄牙外交部国务秘书奥利维拉，2017年5月参加在北京举行的"一带一路"首届国际合作高峰论坛时表示，"葡萄牙一直以来都很关注'一带一路'倡议，希望与中国密切合作，融入'一带一

---

① 《中国驻葡萄牙大使蔡润在"'一带一路'建设与中葡合作"研讨会上的致辞》，http：//pt. china-embassy. org/chn/sghd/t1449426. htm，2017年3月28日。

路'的建设当中"。① 这些官方性的表态，说明葡萄牙愿意积极参与到该倡议以及相关建设中，通过深化双边合作，促进两国人民之间的了解。

二 中国与葡萄牙两国合作潜力巨大

葡萄牙具有独特的地理位置优势，可以同时成为丝绸之路经济带和海上丝绸之路的重要节点。正如上述国务秘书奥利维拉所说，"葡萄牙拥有锡尼什港，目前只是个中转港口，但潜力巨大，在巴拿马运河扩建后有望成为西欧最重要的海港之一，来自中国等国的巨轮可以在这里停泊……另一方面，重庆开通了到马德里的中欧班列，向西再延伸 500 公里就可以抵达锡尼什港，这样，陆上丝路和海上丝路就交会于此了"。②

（一）正在发展中的港口基础设施建设及海洋贸易合作

锡尼什港（Sines）位于伊比利亚半岛西南侧海岸线，西经 8 度 53 分、北纬 37 度 57 分处。港口西临大西洋，北距里斯本 150 公里，正好处于"苏伊士运河—地中海—直布罗陀海峡"东西航线和"大西洋—西欧和北欧"东北航线两条国际海运要道交会处，颇具战略地位。锡尼什港自然条件优越，为天然深水良港，舶床最深达 28 米，终年无须疏浚，最大可停靠 35 万吨级船只。

该港始建于 1973 年，1978 年正式投入运营。建成初期定位于原油、石化产品和天然气进出口，是葡萄牙主要的能源口岸。经过 30 多年的开发建设，该港已发展成以能源为主，集装箱、散杂货为辅，兼有渔业、休闲、船舶维护、物流和工业园区的大型综合性港口，葡萄牙人称其为"欧洲的大西洋门户"。2017 年 11 月 8 日，葡萄牙锡尼什港参与共同推

---

① 《葡萄牙希望加强与中国在一带一路框架下的合作》，http：//world. people. com. cn/n1/2017/0517/c1002 – 29281860. html，2017 年 5 月 17 日。
② 《葡萄牙希望加强与中国在一带一路框架下的合作》，http：//world. people. com. cn/n1/2017/0517/c1002 – 29281860. html，2017 年 5 月 17 日。

进"一带一路"沿线港口物流信息互联共享，构建"一带一路"沿线港口命运共同体。①

（二）葡萄牙可再生能源政策及发展现状居世界领先水平

葡萄牙地处欧洲西南部大西洋沿岸，具有发展太阳能、海上风能的天然优势。开发和利用可再生能源成为葡萄牙政府能源战略的优先目标，政府希望通过提高对可再生能源的开发利用，降低对进口能源的依赖。目前里斯本市郊几个风力发电场正式投入使用。在葡萄牙南阿连特茹地区的塞尔帕镇附近，全世界最大的太阳能发电站于 2007 年建成发电。电站安装 5.2 万块太阳能电池板，发电功率达 11 兆瓦，可满足 8000 户家庭的日常供电需求。② 葡萄牙一直努力提高可再生能源在能源消费中的比重。据《基督教科学箴言报》报道：从 2016 年 5 月 7 日早上到 5 月 11 日下午的 107 个小时里，葡萄牙电力完全由可再生能源供应，主要来自生物能、水能、风能、太阳能和地热。这是葡萄牙第二次向外界展示其可再生能源的供应能力。

国际能源署（IEA）对葡萄牙积极发展可再生能源给予高度评价，这表明葡萄牙正在努力成为可再生能源强国。葡萄牙 30% 的电力来自水能，风能占比 25%，生物燃料及垃圾占比 6.4%，太阳能占比 1.2%。2004～2009 年，该国风能装机容量增长超过 600%。③ 世界观察研究所表示，葡萄牙向清洁能源转型应归功于雄心勃勃的目标。1988 年，上网电价首次引入并得到持续发展，可以保证可再生能源生产商以固定的价格向国家电网出售电力。同时，政府收购了私企控制的电网，通过改装基础设施更好地帮助小型设备如太阳能电池板上网发电。与其他与葡萄牙人口和

---

① 《中国将实现全球 31 个港口国际物流信息互联共享》，https：//www.yidaiyilu.gov.cn/xwzx/gnxw/33749.htm。

② 张敏：《葡萄牙可再生能源政策与能源治理体系》，王成安、张敏和刘金兰主编《葡语国家发展报告（2015～2016）》，社会科学文献出版社，2017，第 142 页。

③ IEA，"Energy Policies of IEA Countries：Portugal 2016 Review，" http：//www.iea.org/publications/freepublications/publication/energy – policies – of – iea – countries – portugal – 2016 – review.html.

地理规模接近的欧盟国家相比，葡萄牙在可再生能源方面取得了令人瞩目的进展。

近些年，为减少石油天然气进口，葡萄牙大力发展可再生能源，成就瞩目，居世界领先地位。2016年葡萄牙大陆可再生能源发电装机能力达13046兆瓦，占全国总装机容量的66.8%；实际发电量310.69亿千瓦时，占全国全年总发电量的55.6%。比例高的主要原因是葡水力资源丰富，风能、太阳能装机和发电能力增长迅速，并网率高。其中，葡萄牙水电的装机容量和发电量占葡可再生能源的一半以上；葡萄牙风电装机能力从2005年的1047兆瓦增长至2016年的5046兆瓦，年均增速近20%，对葡萄牙提升可再生能源发电能力贡献最大。葡太阳能发电2001年从零起步，发展迅速，2016年装机能力达439兆瓦，年均增速居各类可再生能源发电之首。[①]

目前，葡萄牙拥有欧洲第二大风力发电场，位于葡北部Alto Minho地区，装机容量240兆瓦，年发电量可达6亿千瓦时。葡萄牙还拥有世界最大的城市光伏发电项目，位于里斯本地区批发市场，装机容量6兆瓦，包括11座建筑，使用2.8万块太阳能电池板。此外，葡智能电网已进入试运营阶段，电动汽车充电网络粗具规模。

葡萄牙电力公司（EDP）是葡可再生能源的领先企业，是世界第三大风电企业，欧洲最大水电企业。Martifer Solar是葡萄牙最大的光伏企业，目前在全球拥有500个光伏发电项目，总装机容量达560兆瓦。葡萄牙电网与西班牙电网相连，形成伊比利亚半岛统一的电力市场。

综上所述，未来中葡合作建立区域性电网，通过摩洛哥将葡萄牙电网与北非电网相连，从而实现世界电网的互联互通。目前，葡萄牙、中国和摩洛哥的企业都对该项目表现出了兴趣，希望通过这个项目能够加深中葡之间的合作。

---

① 《葡萄牙优势产业》，http://ozs.mofcom.gov.cn/article/zojmgx/c/201707/20170702616524.shtml。

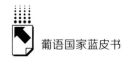
（三）"一带一路"倡议有助于深挖双边合作潜力

葡萄牙未来与中国在交通设施、港口建设、蓝色海洋经济等多领域具有较大的合作空间和发展潜力。目前中国与葡萄牙在"一带一路"倡议下开展了合作尝试，但相比葡萄牙的自身优势，与其他欧洲国家，例如，德国、法国、匈牙利、塞尔维亚、希腊等国家，葡萄牙与中国在"一带一路"倡议下的实质性合作步伐还较弱，合作领域相对有限，合作潜力未能很快显现出来。

多年来，经贸合作一直是中国与葡萄牙关系持续发展的重要标志和合作方向，但中葡经贸投资合作动力仍显不足，双边贸易及投资规模均有待扩大。商务部统计资料显示：2016 年双边贸易额为 55.8 亿美元，同比增长 28.2%，其中我国出口额为 40 亿美元，同比增长 38.3%，进口额为 15.8 亿美元，同比增长 8.2%。① 中国对葡出口商品主要有：电机电气设备、机械器具、玩具、家具、钢铁制品等。进口商品主要有：机械器具、电机电气设备、软木及其制品、纸浆及废纸、矿产品等。2017 年 1~6 月，中国与葡萄牙双边贸易额为 27.35 亿美元，其中我国出口额为 17.96 亿美元，同比下降 7.9%，进口额为 9.39 亿美元，同比增长 42.3%。②

截至 2016 年底，中国对葡实际投资累计金额达 62.88 亿美元。葡累计对华投资共 222 项，实际投资额 1.99 亿美元。目前葡在华投资项目主要有：中交虹桥有限公司、烟台麒麟包装有限公司、山东凯威斯葡萄酒业有限公司、辽阳易发式电气设备有限公司、葡萄牙大西洋银行珠海分行等。近年来，葡大力推进企业私有化进程，对外国企业投资持开放和欢迎态度，中国企业亦积极参与。主要项目包括：中国长江三峡集团收购葡电力公司 21.35% 股权，国家电网公司收购葡电网公司 25% 股权，均成为单一最大股

---

① 《2016 年 1~12 月中国与欧洲国家贸易统计表》，http://ozs.mofcom.gov.cn/article/zojmgx/date/201702/20170202520524.shtml。

② 《2017 年 1~6 月中国与欧洲国家贸易统计表》，http://ozs.mofcom.gov.cn/article/zojmgx/date/201709/20170902637821.shtml。

东；中国石化集团收购葡石油和天然气公司旗下巴西分公司 30% 股份；香港北控水务集团收购法国威立雅水务公司旗下葡萄牙水务公司 100% 股权；复兴集团收购葡储蓄总行附属保险公司 80% 股份、葡电网 3.9% 股份和圣灵集团医疗服务子公司 EES 96% 股份；海通国际控股公司收购葡新银行旗下圣灵投资银行。

葡萄牙的软木产业、葡萄酒产业、橄榄油产业、制鞋产业、模具产业、可再生能源行业、旅游业等方面的合作还有很大的潜力可挖。

葡萄牙政府对参与"一带一路"建设上还缺乏实质性的策略，迄今为止，葡萄牙并未公开发布或出台与中国开展"一带一路"倡议合作的官方文件和政策措施，中国政府对与葡萄牙开展"一带一路"倡议合作上的态度与葡萄牙政府的主动与积极反响之间还存在一定的差距。[①]

由于相距遥远，中葡两国人民之间的了解还有待加强，智库之间的合作研究、共建发展等机制仍在摸索中。当前是加快创新发展机制和实现合作共赢的重要机遇期，应开拓思维、创新发展机制，通过智库之间多元化的合作机制和模式，为"一带一路"倡议下的中葡合作项目提供智力支持，促进政策沟通、民心相通，为其他三通做出贡献。

三 创新中葡智库合作联盟机制的几点看法

未来创新中葡智库合作机制，可以在以下几个方面有所作为，发挥作用。

（一）不断提升澳门在创新中葡智库联盟机制中的桥梁纽带作用

在中国内地、澳门特区和葡萄牙三地之间建立智库合作网络。合作网络应覆盖中国内地、澳门特区和葡萄牙三地的主要大学、研究中心及新型智

---

① Carlos Rodrigues, "Portugal and OBOR: Welcoming, but Lacking a Strategy," Frans-Paul van der Putten, John Seaman, Mikkko Huotari, Alice Ekman, Miguel Otero-Iglesias, *Europe and China's New Silk Roads*, December, 2016, ElCANO.

库，以澳门为中介平台，葡方、中方各有牵头部门作为协调人，对未来智库合作网络开展的一系列高端峰会、政策论坛、专题对话、学术交流、实地调研等活动的组织安排发挥作用。可在适当时候考虑在中国内地、澳门特区和葡萄牙轮流举办"高端智库论坛"，探讨合作新模式，提升中葡智库联盟合作的国际影响力。

（二）依托知名研究机构，建立一批葡语国家研究院和葡语国家研究中心

立足中葡经贸合作论坛，搭建产学研合作联盟，支持中国与葡萄牙未来在蓝色海洋经济、港口设施及运输、共建创新研发中心等项目上进行合作，为政府、企业和研究基地之间的研究课题合作提供资金保障。这些研究成果将为"一带一路"项目的落地生根提供政策支持，为实质性项目的开展提供政策依据和理论指导。

（三）建立中葡两国智库专家委员会和专家库，定期开展各领域政策对话，为民心相通、政策沟通等方面做出贡献

配合高访等一系列中葡高层会晤，举行多种形式的高端论坛，扩大中国与葡萄牙在重大国际事务上的协调能力和话语权，为开拓第三方市场的合作提供智力支持。未来这些智库专家可考虑采用共建或合作研究的方式，在以下几个方面提供深入思考，形成政策建议报告。

第一，探讨在中国与欧盟四大伙伴关系下（和平、增长、改革和发展），葡萄牙如何在推动中国与欧盟全方位合作中发挥积极作用。英国脱欧后，如何利用这一有利时机，扩大葡萄牙首都里斯本在欧盟中的作用，以及扩大葡萄牙在促进中国与南欧次区域合作中的影响力。里斯本完善城市功能和发展环境，替代伦敦成为英国脱欧后欧盟机构的新中心，有助于提升葡萄牙在欧盟的地位。目前部分设在伦敦的欧盟机构，对迁移到里斯本有着一定的兴趣，葡萄牙还可以利用欧盟委员会前主席巴罗佐和现任联合国秘书长、葡萄牙前总理古特雷斯等在欧盟及国际的影响力。此类问题值得尽快加以研究。

第二，从多边角度或全球角度，探讨葡萄牙在推动中国国际影响力方面发挥的桥梁作用，葡萄牙在推动中国与非洲三方合作，葡萄牙在推动中国与拉美国家，特别是与巴西合作上如何发挥更大作用。

第三，葡萄牙作为葡语国家共同体的倡议国和领导者，未来应充分利用智库联盟的合作成果，进一步发挥葡萄牙在推动中国与葡语国家共同体合作上的号召力。

创新中葡智库联盟，必将为"一带一路"倡议下的政策沟通、设施联通、贸易畅通、资金融通、民心相通这五大相通贡献智慧。

B.12
葡萄牙主流媒体对"一带一路"的报道[*]

文卓君[**]

摘　要：　"一带一路"倡议提出后，引起国内外媒体的广泛关注。本
报告旨在通过分析葡萄牙主流媒体对"一带一路"议题的报
道，获取该国对"一带一路"倡议的直接评价和看法，把握
其在涉华问题上的媒体舆情态度和发展变化趋势，研究其对
华政策的现状及未来走向，为提升中国大国形象、打造符合
中国经济发展的战略思路和格局建言献策，为中国企业"走
出去"发展战略的推进提供基于现状分析的参考。

关键词：　"一带一路"倡议　葡萄牙主流媒体　中葡合作

一　研究背景及目的

2013 年 9 月和 10 月，国家主席习近平在出访中亚和东南亚国家期间，
先后提出了共建"丝绸之路经济带"和"21 世纪海上丝绸之路"的重大倡
议，得到了国际社会的广泛关注。此后，在高层引领的强力推动下，"一带
一路"建设全方位、多层次展开，与沿线国家签署了一系列合作框架协议，
沟通磋商进一步加强。同时，在一系列政策措施的支持下，与沿线国家的务

　　* 本报告为国家社科专项项目"国外重点智库'一带一路'舆情监测报告"（项目编号为
17VDL005）的阶段性成果。
　　** 文卓君，对外经济贸易大学外语学院葡语系系主任、讲师。

实合作得以深化,收获了丰硕的早期成果。

伴随着 2017 年 5 月首届"一带一路"国际合作高峰论坛在北京成功举办,国际社会主流媒体对"一带一路"倡议及其下一步实施构想的报道掀起一轮高潮。在此次高峰论坛上,担任葡萄牙代表团团长的葡萄牙国际化事务国务秘书若热·科斯塔·奥利维拉在接受新华社记者专访时表示,葡萄牙愿意积极参与"一带一路"建设,在进一步加强经贸投资领域合作的同时,希望通过旅游加强两国间人文交流。他同时指出,葡萄牙方面希望能够将该国的锡尼什(Sines)港纳入"21 世纪海上丝绸之路"的建设中,并把中欧班列延伸到葡萄牙,即陆上丝绸之路向葡萄牙延伸,这也将是对其本国基础设施建设领域的一大提升。2017 年 10 月 28 日,葡萄牙海洋部长安娜·保拉·维托里诺率领 39 家与港口和海洋经济相关的葡萄牙企业来到中国,展开为期 8 天的访问,并出席包括中国—葡萄牙蓝色合作伙伴和"21 世纪海上丝绸之路"研讨会等一系列高级别活动。她表示,中国的"一带一路"倡议"十分具有远见和国际影响力",位于"21 世纪海上丝绸之路"与北大西洋航线交会点的葡萄牙,非常期望融入"一带一路"建设中。她再次提及锡尼什港口,认为它中转港口的属性能更好地服务于"21 世纪海上丝绸之路"的建设。

作为 8 个葡语国家中唯一的欧洲发达国家,受主权债务危机影响,自 2008 年以来,葡萄牙经济仍处于缓慢恢复时期。如何应对经济危机,寻求自身发展的机遇,是葡萄牙面临的重点与难点。在现有中国—葡语国家经贸合作论坛这一良好机制的基础上,中国与葡语国家间经贸关系得到了全面升级,也和"一带一路"所主张的"共商,共建,共享"理念高度契合。可以说,"一带一路"倡议符合包括葡萄牙在内的葡语国家的自身发展理念,对于葡语国家根据各自国情制定和实施发展战略具有重要意义。

在此背景下,利用语言优势,本报告旨在通过对葡萄牙主流媒体在"一带一路"议题方面的报道进行分析,把握葡萄牙对"一带一路"倡议乃至其他涉华问题的媒体舆情态度和发展变化趋势,研究其对华政策的现状及未来走向,为提升中国大国形象、打造符合中国经济发展的战略思路和格局

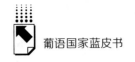

建言献策，为中国企业"走出去"发展战略的推进提供基于现状分析的参考。

二　研究理论及研究对象

大众传媒对社会现实的报道影响着人们对于社会现实的构想，而媒体通过选择新闻事实形成媒介议题，使某些事实从无数客观事实中凸显出来，从而参与社会现实的建构，影响人们对现实问题重要性的认识。一个国家的媒体，尤其是主流媒体对他国的关注度和曝光度直接反映出该国对他国的重视程度，也在一定程度上体现出他国在国际社会的影响力和话语权。

本研究中，我们选取葡萄牙受众面最广、最具代表性的几家媒体机构，包括官方通讯社、国营电视台、发行量最大的传统纸媒及其对应网站在2013年9月至2017年11月期间，围绕"一带一路"主题的书面报道为研究样本，以"一带一路"倡议、"新丝绸之路经济带"、"21世纪海上丝绸之路"等为核心关键词在新闻标题及内容中进行检索，对获得的相关报道进行定性分析。选取的这些主流媒体包括：葡萄牙国家通讯社卢萨社（Lusa）、葡萄牙广播电视台（RTP）、《快报》（*Expresso*）、《公报》（*Público*）、《新闻日报》（*Diário de Notícias*）和《晨邮报》（*Correio da Manhã*）。

三　报道内容及分析

从报道数量来看，"一带一路"倡议提出的初期，上述媒体对此相关报道非常有限，且大部分都是新闻事件简述或来源于路透社、法新社等大型知名新闻社的转载，或者是对历史上"丝绸之路"的介绍，评述性质的文章很少。笔者认为主要原因有以下两点：一方面，从地理位置上看，葡萄牙并不属于"一带一路"沿线国家，既不在"新丝绸之路经济带"也不在"海上丝绸之路"范围内，它们认为"一带一路"的建设发展并不会对其产生直接重大的影响；另一方面，葡萄牙更关心的是如何利用中国—葡语国家经贸合作论坛等现有机制，大力发展与华关系。因此，在很长一段时期内，葡萄牙主流媒体对此议题的关注度不高且没有及时跟进最新消息。尽管报道的数量和篇幅有限，但多数媒体对中国提出的"一带一路"倡议持较为积极的评价，认为"将促进地区经济发展"，特别是"交通、贸易、投资领域的合作"，同时"能够增强区域组织间的协调合作"。不过也有一些新闻报道存在过度解读的倾向。一篇报道认为中国政府提出发展"新丝绸之路经济带""21世纪海上丝绸之路"这一理念，联合并紧密与各亚洲乃至欧洲国家的关系，对于美国在欧亚大陆，尤其是在亚洲地区的势力是一种制衡。还有声音提出，面对越来越严峻的宗教极端势力、暴恐势力和民族分裂势力在新疆地区的渗透，中国政府希望借助"一带一路"的构想，充分利用上海合作组织平台，进一步强化与中亚五国以及俄罗斯的关系，共同打击恐怖主义。更为极端的解读认为，中国想要通过实施此"战略构想"，"加强西部边境地区的安全，例如与印度的边界争端，同时打击新疆、西藏的分裂势力，减轻美国利用这些弱点胁迫中国的筹码"，甚至出现了"联合俄罗斯，共同对抗美国对亚洲乃至欧洲的影响"的论调。

通过分析，我们发现，对"一带一路"报道数量的增长始于2015年上半年。当年的3月31日，葡萄牙正式申请以意向成员身份加入亚投行，并于4月15日得到了批准。作为"一带一路"的突出项目成果之一，亚投行重点支持基础设施建设，这与葡萄牙现阶段对陈旧基础设施进行改造升级和扩建的兴趣与需求不谋而合，因此也得到了葡萄牙方面的积极关注、响应和参与。在对亚投行的一系列报道中，中国提出的促进亚洲地区但不局限于本区域内互联互通建设和经济一体化进程的倡议，得到了葡萄牙主流媒体的认可。而伴随着亚投行57个意向创始国在京签署协议，亚投行宣告正式成立并于2016年1月16日举行开业仪式，顺利开启相关业务并处于正常轨道高效运行，葡萄牙主流媒体的目光开始更多地聚焦于"一带一路"总体框架上。尤其是随着国内对"一带一路"外宣力度的加大，中国国际广播电台、人民网葡语版、新华网葡语版以及《今日中国》杂志葡语版等媒介大密度的报道令包括葡萄牙在内的广大葡语国家重新审视起这一由中国提出并全力

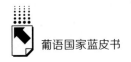

推进的倡议。在这一过程中，葡萄牙主流媒体对此态度较前一阶段更为缓和，对中国发挥大国作用、促进地区经济共同发展的评价比较客观和正面。基于中国政府务实有效地推进"一带一路"建设并取得初步成果的事实，之前上升到政治层面的偏见、疑虑和担忧逐渐减弱或消散，在"联合俄罗斯牵制美国在亚洲影响力"等问题上采取了相对保守的态度，不再做过多有针对性、指向性的评价。

2017 年 5 月，"一带一路"国际合作高峰论坛召开期间，葡萄牙各主要媒体基本上都对此进行了持续跟踪报道，对"一带一路"倡议的背景、习近平主席在论坛开幕式上的主旨发言、论坛取得的成果等进行了较为详细的连续报道，并且不乏大篇幅的评论性文章。在京参会的葡萄牙代表团于多个公开场合赞赏"一带一路"倡议，认为其"不仅可以惠及许多国家和地区的人民，而且能够推动全球经济发展，还是维护世界和平稳定的重要因素"。与此同时，身在国内的葡萄牙总理安东尼奥·科斯塔也代表政府发声，希望中国政府考虑将葡萄牙纳入"21 世纪海上丝绸之路"的规划范围，将锡尼什港作为"新丝绸之路"的"交会点"，成为中方进入欧洲的门户，同时还提议将"铁路丝绸之路"即中欧班列，在现有基础上进一步由西班牙马德里向西延伸至锡尼什港，彻底打通中欧陆上通道。半年后，葡萄牙海洋部长访华期间，葡萄牙主流媒体同样给予了充分重视，对其在华行程安排进行了多天的跟踪报道，多次提及"一带一路"倡议，尤其是"海上丝绸之路"方面的合作。葡萄牙海洋部在官方公告中表示："'一带一路'是当前中国政府主要的外交政策，海洋部长希望葡萄牙能够抓住中国发起的'新海上丝绸之路'的历史机遇，研究在'新海上丝绸之路'的框架内，如何建立葡萄牙与中国之间的港口和商业合作。"在此阶段，可以明显发现葡萄牙主流媒体对中国"一带一路"倡议关注度的提升和态度趋向积极正面转变。这一方面凸显了葡萄牙积极走出债务危机泥潭，寻求各方契机、大力发展本国经济的决心和为此迈出的坚实步伐；另一方面也说明了"一带一路"倡议正获得葡萄牙方面越来越多的认可和欢迎：从我国对"一带一路"倡议进行大力的外宣报道发展为葡萄牙主流媒体主动持续的新闻报道和评论，并进一步升级为由政府层面引导的主动接洽与合作。

　　通过葡萄牙主流媒体对中国"一带一路"相关议题在上述三个阶段报道的对比分析，我们不难看出其态度上有明显积极向好的变化趋势：经历了由不了解、缺乏兴趣深入了解甚至片面的臆断发展为较为客观地看待和报道"一带一路"、逐渐产生兴趣并寻求合作契机，再到全面翔实地介绍"一带一路"倡议，通过政府高层发声，积极主动地创造机会，不断接近并期望融入其中。特别是2017年5月，对"一带一路"国际合作高峰论坛的持续关注，以及对锡尼什港融入"新丝绸之路"的报道，掀起了"一带一路"报道的高潮，甚至引发了"一带一路"研究的小浪潮。越来越多的葡萄牙学者和研究人员转向了以"一带一路"倡议为代表的中国对外政策领域的研究，其中，博士毕业于比利时鲁汶天主教大学（Catholic University of Louvain）政治学专业，目前正在葡萄牙米尼奥大学从事博士后研究的葡萄牙籍青年学者保罗·杜阿尔特就是其中的杰出代表。经过几年时间的积累，他于2017年10月在里斯本正式出版了 *A Faixa e Rota chinesa：a convergência entre Terra e Mar*（《中国的一带一路：陆地与海洋的交会》）一书，这也是葡萄牙国内第一本聚焦于中国"一带一路"倡议的专著。此外，他还多次接受葡萄牙和中国澳门特区媒体的采访，参加中国内地葡语界举办的学术论坛和研讨会，阐释观点，为我们了解葡萄牙学术界对"一带一路"倡议的态度和看法提供了新途径、新思路。在书中，保罗突出强调了中亚各国在当前中国对外政策中的重要地位，认为中国当前采取的"新型对外政策"表现出中国在地区秩序界定方面的"前瞻性态度"，"一带一路"是中国优先考虑和推行的对外政策。他指出了中国目前面临的能源安全问题，并且大篇幅讨论了铁路网络的重要性，以及阿塞拜疆、叙利亚、土耳其和阿富汗等国在"陆上丝绸之路"中对中国的重要性。他也提出了打通马德里—里斯本这一中欧铁路延长线，将葡萄牙作为中国连接美洲的窗口，这与葡萄牙本国政府层面的提议保持一致。此外，他认为中国以"一带一路"倡议为基础，还有着更为长远的规划，即中国学者提出的通过铁路连接中国和北美（途经西伯利亚、阿拉斯加），同样通过修建铁路贯通南美洲东西（巴西一秘鲁），如此一来也连接了太平洋和大西洋。可以发现，尽管仍处于新兴领域的研究初期，保罗·杜阿尔特博士这本专著的问世，不仅是葡萄牙学界对"一带一路"议题进行探索的明证，更反映出葡萄牙对此话题的关注程度日益提高。相信伴随着这本书的问世，越来越多的葡萄牙民众将有机会进一步接触和了解中国的"一带一路"倡议。

四　结语

欧债危机爆发后，葡萄牙经济陷入困境，但这两年在旅游业蓬勃发展的助推下，经济出现好转的苗头。尤其是 2017 年上半年，葡萄牙经济呈现了十年来最优异的表现，引起了全国范围内的大讨论，多家主流媒体都对其背后原因进行了深入剖析，除了内在动因外，许多报道也谈到了外部条件的变化所带来的利好因素。"中国的发展，中国赴葡游客井喷式的增长，来自中国的投资，是葡萄牙经济复苏不可忽视的因素。""尤其是'21 世纪海上丝绸之路'倡议提出后，对世界经济有非常好的影响。"对当前的中葡两国来说，除了固有的贸易、投资、人文等形式的合作交流，双方在海上运输、港口管理与服务、物流园区运营等方面都在拓展合作领域，达成合作共识。葡萄牙拥有良好的技术基础和创新理念，凭借其各大港口的区位优势，同时借助在葡语国家中的核心地位，能够更加快速、有效地进入南美市场甚至其他各大非洲葡语国家。对葡萄牙政府来说，引入中国企业的投资与合作，来帮助葡萄牙实现基础设施升级、拓展港口业务、增强运输能力和物流管理效率等非常重要，也体现了双方的优势互补。可以说，中国"一带一路"倡议的提出，特别是伴随着近两年一系列政策的落实和项目的顺利开展，为从欧债危机中缓慢走出的葡萄牙提供了新的合作机遇和新的希望。从葡萄牙主流媒体的报道中我们也能看出它们对这一机遇的渴望和珍视。当今世界，反全球化呼声不时发出，中国的"一带一路"倡议很可能会遭到他国的质疑甚至故意抹黑。作为对华态度一直较为缓和的葡萄牙，其主流媒体对"一带一路"相关议题的报道也经历了一系列态度变化。在观察到这一变化趋势并分析出其中动因的基础上，我们应该更为谨慎并充分地思考葡萄牙针对"一带一路"倡议提出的合作思路和建议，为两国的合作发展，乃至中国和葡语国家的合作发展开辟新道路。

特 别 报 告

Special Reports

B.13

发挥中葡桥梁作用，促进
澳门特区经济适度多元发展

章海源*

摘　要：　澳门回归祖国以来，经济保持持续稳定发展，但近年来，澳门经济过于依赖博彩业的局限性逐步显现，中央政府和澳门特区政府大力推进澳门经济适度多元发展，取得积极成效。中葡论坛的成功举办，进一步丰富了澳门经济适度多元发展的内涵。新形势下，澳门应积极配合国家重大规划和战略要求，深化和丰富"一国两制"的内涵，以中葡论坛为契机，加快推进经济适度多元发展，开拓新的发展空间。

关键词：　澳门特区　经济适度多元　中葡论坛　区域合作

* 章海源，商务部国际贸易经济合作研究院外贸所副主任、副研究员。

1999 年澳门回归以来，中国中央政府大力支持澳门特别行政区经济健康多元发展，澳门特区经济、社会和谐稳定，民生明显改善。习近平主席在庆祝澳门回归祖国十五周年大会上表示"要继续统筹谋划，积极推动澳门走经济适度多元可持续发展道路"。澳门特区政府在历年的施政报告中，均坚持了"固本培元、稳健发展"与"协调发展、和谐共进"等理念和原则，确立了"以博彩旅游业为龙头，以服务业为主体，各行业协调发展，使经济结构适度多元化"的经济转型和产业调整目标。近年来，澳门经济适度多元调整取得了一定的成效，但总体上看，澳门经济多元化发展还面临诸多问题和挑战。

自 2003 年中国—葡语国家经贸合作论坛（澳门）（简称"中葡论坛"）成立以来，澳门充分发挥自身联系中国内地与葡语国家的独特优势，积极建设中国与葡语国家商贸合作服务平台。国家把澳门定位为中葡商贸平台，目的之一，就是解决澳门产业结构过于单一的风险问题，实现经济适度多元化发展战略目标。

一 澳门特区经济适度多元取得积极进展

（一）经济适度多元政策环境逐步形成

澳门特区的经济结构是博彩业收益占本地生产总值约 80%，其他产业多依赖于博彩业。防止经济对博彩业过度依赖，避免产业结构失衡导致经济风险，是保持澳门特区长期繁荣稳定的必然要求。中央政府出台了内地与港澳《关于建立更紧密经贸关系的安排》（CEPA）、内地游客赴港澳自由行等一系列政策措施，祖国内地与澳门特区的合作交流不断深化，为澳门经济适度多元发展提供了有力支持。澳门社会高度认同经济适度多元发展目标，特区政府设立了工商业发展和文化产业发展等基金，并借助商务旅游奖励资助计划、"活力澳门推广周"等活动，支持和引导多元产业发展。具体来看，澳门特区政府主要出台了以下措施。

一是成立相关产业发展促进机构。设立"会展业发展委员会"和"会展产业促进厅",通过商务旅游奖励资助计划等活动支持本地会展业发展;设立"文化产业委员会"和"文化产业促进厅",通过文化基金、文化产业基金等支持政策促进本地文化产业发展等。

二是将扶助中小企业发展列为长远施政方针。近年来推出多项税收减免政策,设立工商业发展基金,推出《中小企业援助计划》《企业融资贷款利息补贴》《青年创业援助计划》等专项计划,为中小企业发展提供更多的支持和帮助。

三是积极推动与内地的合作。据不完全统计,澳门与 14 个中央部委和 24 个省市签署了 140 项协议,涉及经贸、金融、旅游、科技等领域。其中在粤澳合作方面,澳门特区分别与珠海横琴、广州南沙、中山翠亨、江门大广海湾等地签署了 10 项合作协议,确立了 60 多个合作意向,合作区域产业园面积合计 70 平方公里。

(二)非博彩行业不断发展壮大

20 世纪 80 年代以后,澳门经济中形成的四个支柱产业①分别是博彩业、建筑地产业、金融保险业和加工制造业。澳门回归以来,随着博彩业的迅速膨胀,与之相关的商贸服务业(批发、零售、酒店、餐饮)取代加工制造业成为澳门新的支柱产业。除传统的四大支柱产业外,澳门特区新兴产业也呈现良好的发展势头。近五年来,澳门会展活动每年都超过 1000 场次,目前会展场地面积已超过 17 万平方米,30 多家酒店可以提供设施完备的会展场地。"澳门国际贸易投资展览会""澳门国际环保合作发展论坛及展览"等已经逐渐发展成为有一定知名度的年度展览项目。会展业的兴旺也直接带动了物流、交通、广告、酒店等下游产业的增长。文创活动日益丰富多彩,一年一度展示澳门多元文化色彩的拉丁巡游、多种音乐比赛、服装展、异国文化节以及技术含量与艺术含量堪称亚洲之首的水舞间表演等都比较成功。

---

① 所谓"支柱产业",是指占 GDP 比重 5% 以上。

（三）市场主体的推动力量不断增强

多年来，特区政府推出多项税收减免政策，以及《中小企业援助计划》《中小企业信用保证计划》等专项计划，为中小企业发展提供更多支持和服务。驻澳中资企业成为带动澳门产业多元发展的中坚力量，在澳门非博彩主要行业中占据主导或重要地位，形成了一批有实力、叫得响的品牌企业梯队。

二　中葡论坛积极促进澳门特区经济适度多元

作为世界上唯一同时将中文和葡文作为官方语言的地区，澳门拥有大量中葡双语专业人才，同时对葡语系国家风俗习惯、思维方式、制度框架等各方面有更多理解，这些因素奠定了澳门成为中葡经贸合作重要平台的坚实基础。

2003 年中葡论坛成立以来，澳门充分发挥自身联系中国内地与葡语国家的独特优势，积极建设中国与葡语国家商贸合作服务平台。不仅为促进中国与葡语国家的经贸合作做出了积极贡献，同时也提升了自身的国际影响力，获得了更大的发展空间，为经济适度多元发展积累了条件。

（一）澳门桥梁作用凸显，中葡交流不断加深

在"一带一路"合作倡议的引领和中国中央政府的高度重视和大力支持下，澳门特区作为中国与葡语国家合作的重要纽带和中葡论坛的永久举办地，凭借"一国两制"的制度和语言文化的独特魅力，充分发挥重要的商贸合作服务平台作用，推动中国同葡语国家经贸合作不断深化，合作水平不断提高。在中葡论坛的推动下，澳门自身与葡语国家间的经贸与政治关系也得到加强。澳门与多数葡语国家签署了金融合作备忘录，澳门的企业已活跃在所有葡语国家，内地企业也可以通过澳门经由葡语国家进入欧盟、南美、非洲市场。同时，根据澳门与内地所签订的 CEPA，其他国家和地区的企业可以通过澳门，或与澳门企业一起进入中国内地市场。一些葡语国家企业正

是看中了这一优惠条件，来澳门投资办厂，并借助 CEPA 的优惠政策进入中国内地市场，获得丰厚回报。

（二）澳门发挥独特优势，促进经济多元发展

中葡论坛设立以来，澳门特区的竞争优势得以进一步巩固和提升，经贸平台作用得以有效发挥，有利于转变澳门旅游博彩业占主导地位的经济格局，从而推动澳门朝着以旅游业等服务业为主体、各行业协调发展的方向迈进，也为将来逐步把澳门建设成为世界旅游休闲中心及商贸服务中心打下良好的基础。在中葡论坛部长级会议上，澳门特区政府牵头推动在各葡语国家轮流举办中国—葡语国家企业经贸合作洽谈会，并自 2005 年至今成功举办了 12 届，累计超过 4000 名的各国经贸官员、商协会代表和企业家参与，促成了大量的商业配对，促进了澳门经济以中国—葡语国家合作为特色，向基础设施、金融、地产、食品、农业、旅游、能源、贸易等诸多领域发展的趋势，同时也强化了澳门联系中国与葡语国家的独特优势。

随着中葡论坛合作领域的不断拓展和传统领域、新兴领域合作的发展和深入，澳门的独特作用必将不断地凸显，优势还将进一步放大。李克强总理提出推动澳门建设成为中国与葡语国家金融服务平台、商贸合作服务的综合体，在澳门设立中国与葡语国家企业家联合会、双语人才培训基地、文化交流中心、青年创业交流中心等一系列举措，为中国和论坛葡语国家在澳门开展贸易、投资、会展、文化、培训、教育等多个领域的合作提供更多的实体性支持，将澳门真正进一步打造成中国与葡语国家合作的纽带和坚实的桥梁。

三　澳门特区经济适度多元发展方向

（一）进一步破解博彩业"一业独大"问题

澳门经济适度多元发展，关键点在于规范和破解博彩业自身发展障碍的同时，努力减少对其他行业的挤出效应。2002 年澳门赌权开放后，博彩业

的规模和效益不断攀升，带动经济快速发展，也为特区政府财政提供了有力支撑。但是博彩业一业独大挤压了其他产业发展所需的资源和空间。博彩业收入占了澳门 GDP 的 80% 左右，就业人数占澳门总就业人口的 15%，税收占特区政府财政收入的 80% 以上。一方面，澳门特区的人均生产总值已经位居亚洲前列；另一方面，仍有约 60% 的居民属于中低收入阶层。

（二）全面提升旅游业综合竞争力

全面提升澳门旅游业发展的"世界属性"和全产业链发展。从澳门入境旅客的国别/地区情况来看，中国内地以及香港和台湾地区旅客占比超过 90%，其中内地占比超过 60%，凸显出澳门旅游业发展对内地客源有较强依赖性，而"世界属性"并不突出。客源市场单一与澳门构建"世界旅游休闲中心"的目标还有一定的距离。澳门特区博彩企业的非博彩经营积极性还不够高，纯旅游业收入占比较小。澳门现有的非博彩业收入主要集中在酒店客房、消费餐饮和供豪赌客购买奢侈品方面，在文化创意和多元特色品牌上还不够突出。

（三）突破行业发展瓶颈及难点

澳门特区虽然有大三巴等历史文化遗产之类的旅游景点，但景点数量偏少，因此游客在澳门逗留的时间平均只有 0.9 天。同时，澳门基础旅游设施有待进一步改善，澳门机场远洋国际航线还比较少。城市容量和交通已趋饱和。另外，通关本身已经成为一项耗时费力的事情。

四　发挥中葡桥梁作用，推动澳门特区经济适度多元可持续发展

澳门特区政府已经提出经济适度多元发展的战略思路，并着力发展中医药、会展、文创及信息科技等新兴产业。经济适度多元是一个动态概念和逐步实现的过程，内涵也在不断丰富完善。事实证明，中葡论坛在澳门成功举办，澳门社会各界积极参与中葡论坛的建设，获得感不断增强。澳门经济适度多元可持续发展出现了新的增长点，发展空间更加广阔。

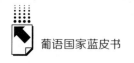
（一）紧扣国家发展战略，更好发挥中葡桥梁作用

高度重视国家级规划纲要中关于把澳门建设成为中葡经贸合作平台的战略定位，积极配合国家落实好"澳门平台作用"相关工作的部署；同时继续把平台建设作为重点，提出如何进一步发挥平台作用的一些具体实施工作方案。积极以"一国两制"原则统筹兼顾澳门未来发展规划，在参与落实国家整体发展战略的前提下，全面和具体评估自身在国家发展战略中的功能定位和发展路径。将澳门未来的战略定位与国家战略紧密结合，与国家同步发展，为澳门建设世界旅游休闲中心开拓更大空间和更多机遇。重点契合国家"一带一路"建设及建设高标准自贸区战略，加强与"一带一路"沿线国家特别是葡语国家的合作，充分发挥澳门特区经贸合作平台的作用。借助横琴开发，充分利用中国—葡语国家经贸合作论坛（澳门）平台，发挥澳门作为中国葡语国家商贸交流桥头堡的作用，共建中国葡语国家经贸服务平台，努力推动澳门特区、中国内地及葡语国家的企业，在贸易、运输、投资、农业与渔业合作、资源开发、基础设施建设及卫生和通信等领域共同开展多种形式的合作，促进双边经贸的发展。

（二）发挥自身优势，重点推进相关产业发展

产业多元化需要遵循产业结构调整的规律，立足澳门现有产业基础、要素条件，通过发挥比较优势、制度优势和后发优势，增强产业结构调整和社会结构转型的内生动力并在当前博彩业这个龙头和支撑的前提下，尽可能带动边际产业发展。

积极推进传统产业升级。商贸服务业的产业范围广，与博彩旅游业密切相关，与澳门建设世界旅游休闲中心、中葡商贸合作服务平台的目标相一致，仍有较大发展潜力，可以继续保持支柱产业地位。金融保险业属于资本密集型产业，占地少、附加值高，具有高成长性，符合微型经济体发展需要，可以作为重要支柱产业升级发展。

大力培育新兴产业。休闲旅游业是澳门建设世界旅游休闲中心的主要产

业，可以延长博彩业产业链，依托每年近 3000 万客源，借助区域合作，最后可能发展成为支柱产业。会展业与澳门博彩旅游业关联度高，随着澳门会展设施的改善、服务质量和水平的提高，特别是港珠澳大桥建成后，借助香港国际机场与外部联系日益改善，与周边地区、葡语国家会展合作的加强，澳门大型会议和专业型会展规模会逐渐壮大，有望成为支柱产业。文化创意产业顺应了世界新兴产业发展潮流，有利于发挥澳门的文化历史资源优势，也有望成为支柱产业。

（三）强化人才培养工作，加大宣传力度

制订加快双语人才培养工作的计划，加快双语人才的培养和培训工作。具体来讲，澳门各大专院校加大了对葡语教学与科研的投入力度，不断扩大葡语专业在澳门和内地的招生人数。同时，不断从内地和国际上引进更多懂得葡语国家法律、金融和企业管理等方面的高级人才赴澳工作。

宣传方面，在内地和葡语国家之间加大宣传力度，特别是要让内地和葡语国家从事企业管理的政府官员、银行家、企业家认识和了解澳门的平台作用，宣传澳门的服务功能。一方面，组织中国内地、澳门、香港和台湾地区的企业家积极拓展葡语国家市场，了解葡语国家的营商环境、法律法规、资源优势、风土人情、生活习惯等；另一方面，把葡语国家的企业家请到内地、澳门来宣传营商环境、法律法规、政策资源优势、风土人情和生活习惯等。只有这样，才能使中国和葡语国家之间增进了解，实现优势互补，创造双赢。

（四）进一步加强区域合作，构建新型产业链

目前，内地与澳门特区的交流合作特别是粤澳合作提高到新的高度，要以创新体制为重点，以落实和完善 CEPA 政策为抓手，促进两地人流、物流、资金流、信息流等生产要素的双向流动。要以增强企业竞争力为重点，着力为澳门特区中小企业"走出去"创造条件，争取与横琴的合作平台取得阶段性建设成果，重点进行关于产业多元等方面的区域协调和区域规划，拓展澳门发展空间。

B.14
澳门特区的"一平台,三中心"
建设现状、问题及展望

叶桂平*

摘　要： 近年来,中国与葡语国家之间的贸易往来日趋频繁,内地省份对葡语国家投资贸易深感兴趣,并有意通过澳门的中国与葡语国家商贸合作服务平台功能与葡语国家进行交流对接。其中包括支持及配合澳门特区政府建设"葡语国家食品集散中心"、"中葡经贸合作会展中心"以及"中葡中小企业商贸服务中心"。本报告尝试结合澳门特区的"一平台,三中心"建设现状、问题及展望进行深入分析及梳理。

关键词： 中葡平台　葡语国家食品集散中心　中葡经贸合作会展中心中葡中小企业商贸服务中心

　　结合自身的优势,澳门特区政府于 2002 年创造性地提出了要积极将澳门打造为"中国与葡语国家经贸合作服务平台"。2003 年中国—葡语国家经贸合作论坛(澳门)在澳门设立,并举行了第一届部长级会议,由此确立了澳门在中国—葡语国家经贸合作中的平台地位。2013 年 11 月,中国—葡语国家经贸合作论坛(澳门)第四届部长级会议明确支持澳门建设"三中

---

* 叶桂平,澳门城市大学助理校长,葡语国家研究院院长、教授,澳门国际法及国际关系学会理事长,中国拉美学会理事,澳门亚太拉美交流促进会常务理事,主要研究方向为中国与葡语国家关系问题。

心"，即"葡语国家食品集散中心"、"中葡经贸合作会展中心"和"中葡中小企业商贸服务中心"，"三中心"也成为澳门构建"中国与葡语国家经贸合作服务平台"最主要的抓手。

过去四年来，中国与葡语国家商贸合作服务平台的内涵不断丰富，并与"一带一路"建设有机结合，特别是把握住"中葡合作发展基金"总部迁至澳门的机遇，努力开展"三中心"的建设工作，采用在线及线下结合的方式，持续强化澳门商贸服务平台的功能，促进内地、葡语国家、澳门企业深化合作。

一 "三中心"在线平台全天候提供服务

"中国—葡语国家经贸合作及人才信息网"是建设"三个中心"的重要措施。该信息网已经于2015年4月1日开通，设有中葡双语人才及专业服务数据库、葡语国家食品数据库、中国及葡语国家会展信息、葡语国家相关的经贸信息及当地营商法规信息等。配合"信息网"的开通，澳门特区政府开展了系列宣传工作，包括：澳门贸易投资促进局举办及参与了澳门及海内外活动，宣传推广"信息网"；澳门贸易投资促进局走访本澳多所大专院校、商协会等，推广"信息网"以招揽更多中葡双语人才于"信息网"登记。截至2017年8月，"信息网"累计收到15826个注册账号，其中注册供应商及代理商共1434个，葡语国家食品库累计发布了14165件产品资料，并注册了284个中葡双语人才及1946家专业服务供应商资料。累计点击387184次，共48182人曾到访"信息网"。此外，为了促进中葡投资项目合作，截至2017年8月，"信息网"累计发布345项葡语国家投资项目资料，涉及安哥拉、巴西、佛得角、几内亚比绍、莫桑比克、葡萄牙等国家。① 总体而言，"信息网"可克服中国与葡语国家之间的时差，为这些地区的企业

---

① 澳门特区政府经济财政司：《经济财政领域2018年财政年度施政方针》，2017，第94~95页。

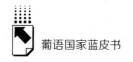

家、贸易商、厂商、中葡双语人才等提供全天候的信息交流平台。

最近，澳门特区政府更加大力度优化"中国—葡语国家经贸合作及人才信息网"的网页模块及功能。目前，已开通会展活动网上报名服务，并已完成网页手机版优化工作，极大地便利了中国内地、澳门和葡语国家的企业家，使他们更容易获得所需的信息和服务资料。同时，还推出"中葡商贸导航"服务，协助企业处理在开展中葡业务初期的实务问题。[①]

二 "三中心"线下平台提供实物体验及贴身服务

在"三中心"线下建设方面，围绕"葡语国家食品集散中心"的建设，澳门贸易投资促进局多次组织澳门企业参与葡语国家展会，以及协助组织葡语国家有关食品的产、销、贸企业到内地参展。另外，由澳门特区政府筹建的葡语国家食品展示厅，已于2016年上半年投入运作，作为葡语国家食品之专题商品展示厅及"商汇馆"之用，展出葡语国家的饮食类别的产品及农产品，展示厅葡语国家食品供货商及买家的招募工作也正在持续进行之中。自开幕日至2017年8月，"葡语国家食品展示中心"展出商品超过1000件，参与展示商品的企业共有116家，累计参观人数超过13000人次。此外，澳门贸易投资促进局广州和福州联络处还分别设置葡语国家食品展示中心。澳门多家酒店及饮食场所亦设有展示点，2017年更于澳门龙环葡韵设立"葡语国家食品特展"。同时，该局还先后在珠海、江门、中山、广州、深圳、杭州及成都等内地城市举办"葡语国家产品推介及商机对接会"及展销活动，并于2017年3月在澳门成功举办"葡语国家商机系列—非食品类进出口贸易经验分享"推介会。[②]

为建设"中葡经贸合作会展中心"，澳门特区政府结合会展及中国与葡语国家商贸合作服务平台元素，努力争取更多葡语国家来澳举办会展活动，

① 梁维特：《在立法会引介2018年度经济财政施政方针》，澳门特区政府经济财政司，2017，第6页。
② 澳门特区政府：《二〇一八年财政年度施政报告》，2017，第171页。

丰富有关葡语国家的展示内容。例如，"澳门广州缤纷产品展"设置葡语国家产品一条街，推广葡语国家食品及其他产品，举办"澳门—葡语国家—广州经贸洽谈交流会"；"第八届国际基础设施投资与建设高峰论坛"期间举行"中国—葡语国家产能和金融合作研讨会"等活动，进行中国与葡语国家多个合作项目签约仪式；在"活力澳门推广周"深圳及泉州站，以及其他参展参会活动上展示葡语国家食品，组织中葡论坛与会的葡语国家政府代表、企业家及中葡论坛葡语国家研修班学员随团参加，并举办与葡语国家相关的经贸对接活动。澳门特区政府2017年首次举办"央企支持澳门中葡平台建设高峰会"，24家中央企业共120多名代表来澳出席会议，会议促进了央企与葡语国家及本澳企业的交流合作。同时，"第22届澳门国际贸易投资展览会"（MIF）邀请安哥拉作为合作伙伴，设主题馆及举办对接论坛等，以及"2017葡语国家产品及服务展"首次独立成展，与第22届MIF同期同场举行。

在推进"中葡中小企业商贸服务中心"建设方面，澳门特区政府在已有澳门贸易投资促进局中小企业服务中心的基础上，先后举办系列葡语国家专题活动，向澳门及内地企业介绍8个葡语国家的投资环境及商机，透过中葡论坛（澳门）培训中心举办葡语国家中小企业发展研修班。此外，综合考虑葡语国家市场情况和商机等因素，澳门特区政府正筹划在葡萄牙和巴西设立经贸服务点，推动澳门成为中国与葡语国家企业的商业纠纷仲裁地点，进一步为澳门企业服务，把重点放在面向内地中小企，提供法律、会计等咨询服务，以配合澳门作为中国与葡语国家商贸合作服务平台的角色，协助中国与葡语国家企业对接和交流。

除此以外，在深化澳门、内地及葡语国家双向经贸投资及会展合作方面，2017年，澳门贸易投资促进局还组织"泛珠9＋2省区代表巴西及葡萄牙商务洽谈团"访问巴西和葡萄牙，就环境保护和流域管理进行调研和交流，拜访了亚马孙河管理中心巴西利亚总部等；组织由澳门及福建等代表组成的企业家代表团赴佛得角参加"中国与葡语国家企业经贸合作洽谈会—普拉亚—2017"，并与中国国际贸易促进委员会赴葡萄牙举办"中国—葡萄牙—组织澳门特别行政区企业商机论坛",组织澳门企业家出席在波尔图举办的"中国和葡语及西语国家商业论坛"和"中国和葡语及西语国家博览会"(FIN2017),组织澳门及内地政府及金融机构代表团到葡萄牙交流考察。此外,澳门贸易投资促进局还邀请及协助葡语国家企业参与内地举办的经贸活动,其中,5月组织相关人员赴合肥参加"第十届中国中部投资贸易博览会",其间与安徽省商务厅合办中葡商贸合作"三中心"及"中国—葡语国家经贸合作及人才信息网"推介会。中葡论坛培训中心继续举办多个葡语国家研修班,组织学员赴内地省市考察,并与本澳青年企业家交流。同时,2017年首次举行"央企支持澳门中葡平台建设高峰会"活动,会上签署多份涉及安哥拉、佛得角、莫桑比克、葡萄牙等葡语国家、央企及本澳企业在金融、电力、铁路等多个领域的合作协议,会议为央企与澳门共同开拓葡语国家市场搭建了新平台。①

三 推进与葡语国家开展产能、中医药及金融合作

为落实中葡论坛第五届部长级会议期间各方签署的《中葡论坛关于推进产能合作的谅解备忘录》,推动中国与葡语国家产能合作,配合中央支持"国际基础设施投资与建设高峰论坛"将澳门打造成"一带一路"建设的重要平台,2017年第八届"国际基础设施投资与建设高峰论坛"继续在澳门举办,并逐渐成为品牌会展活动,吸引63个国家和地区的1700多名业界精英与会,参加"一带一路"相关主题活动。其间,发布的《"一带一路"国家基础设施发展指数(2017)》和《"一带一路"国家基础设施发展指数报告(2017)》,是国际上首个以"一带一路"国际基础设施发展前景为目标的指数,并安排于每届论坛定期发布。本届"国际基础设施投资与建设高峰论坛"安排多项与葡语国家相关的交流活动,包括"中葡合作发展基金总部"揭牌仪式、"中国—葡语国家产能和金融合作研讨会"等,会上签署

---

① 澳门特区政府经济财政司:《经济财政领域2018年财政年度施政方针》,2017,第95页。

多个涉及中国与葡语国家的合作项目，充分把澳门中葡商贸合作服务平台与会展优势结合起来，为内地及澳门企业与"一带一路"沿线国家以及与葡语国家开展国际产能投融资合作创设重要平台。

为促进中医药产品和文化的国际推广和贸易，粤澳中医药科技产业园区继续以葡语国家为切入点，深化中医药在莫桑比克的传播和应用，启动筹建莫桑比克中医药海外中心。启动欧盟产品注册平台，逐步建立以葡萄牙为基地、面向欧盟的市场网络，同时探讨与东盟国家的联系合作。同时，澳门特区政府还于2017年6月在佛得角与中国贸促会及葡语国家贸促机构代表召开会议，就成立"中国与葡语国家企业家联合会"的具体跟进工作进行深入交流。

过去一年，特区政府和中葡论坛常设秘书处还通过会议及考察交流活动加强行业对接，举办"中葡论坛（澳门）常设秘书处产能合作工作组会议"，在内地及葡语国家举行以产业及金融合作为主题的研讨会及考察活动。2017年1～8月，围绕中葡合作发展基金。以及中国与葡语国家贸易往来、市场环境、投资、商标注册、知识产权等内容举办了多场讲座及分享会，促进内地、澳门与葡语国家企业开展交流和对接，借助澳门平台推动中国内地与葡语国家加深省市间的合作和联系。2017年1～9月，论坛常设秘书处率葡语国家代表到内地多个省市加强联系、推介葡语国家，同时亦带领内地企业家赴多个葡语国家，推动产能合作等。2017年10月举办"中国与葡语国家省市长圆桌会"，以"一带一路"倡议进一步推动中国与论坛葡语国家经贸合作。[①]

四 对强化"一平台，三中心"建设的基本建议

（一）建议广东、澳门和珠海加大区域间的协调

早前，珠海横琴曾宣布启动打造中葡商品展示展销中心和跨境电子商务

---

① 澳门特区政府经济财政司：《经济财政领域2018年财政年度施政方针》，2017，第96～97页。

平台，与巴西、葡萄牙及安哥拉建立自贸平台，主营农产品和大宗商品贸易，这与澳门在线平台与线下平台的做法如出一辙。紧邻的两个地区同时构建展销中心及电子平台，而且珠海横琴更打着与澳门合作的旗号，这势必让用户及客户感到困惑，也容易形成"一损俱损"的局面。参考上海自贸区的经验，珠海横琴所谓的"展销中心"最终只会变成"进口商品直销中心"，其中食品将占很大的比例。目前内地对食品的监管较松，如出现贩卖劣质商品的事件，必将牵连影响澳门"葡语国家食品集散中心"的形象。因此，笔者建议，珠海横琴不宜单独建设中葡商品展示展销中心和跨境电子商务平台，如要设立，也应该由澳门投资发展股份有限公司入股并成为大股东，完全按照与澳门互补的思路来建设，并依照澳门的标准对商品质量进行监管。

（二）建议对"三中心"设定可量化的监测指标

一直以来，"中葡平台"由于涉及面太广，难以对指标进行量化处理，以衡量其进展、效益及效率。相对而言，"三中心"的目标相当明确和具体，所以澳门特区政府应该研究制定一套指标对"三中心"的运作进行跟踪，这样才能判断建设是否已完成、运作是否良好、有否取得进展等，也才能定下不断完善的方向。

（三）建议持续及时更新在线平台的内容

事实上，在线平台最重要也最难的是保证内容的时效性，所以网站内容应当要经常保持更新，否则，一旦用户发现"信息网"有较多内容已经过时，就不会再有兴趣使用"信息网"。

因此，具体来说，"信息网"既要定期将用户感兴趣的（应可在注册时供其选择）、有关"三中心"的信息发给注册用户，让他们感觉"信息网"不但存在且能及时为他们提供有价值的信息；也要定期提醒用户更新数据，以作更好的信息推送，而对于有较长时间（如半年）没有登入或更新数据的用户，可提醒他们登入，否则要删除该用户发布的内容，激发在线平台的活跃度。

（四）建议打造跨境电子商务平台

前阶段，阿里巴巴已与珠海保税区在杭州签订合作协议并宣布共建电商平台，阿里旗下网站"1688.com"全球货源平台也正式上线，包括西班牙、葡萄牙等在内的多个西语、葡语国家入驻该平台。反观澳门，当下的"信息网"只发挥了信息交换平台的作用，过于简单，创造的价值非常有限。只有将"信息网"发展为真正的电子商务平台，深挖信息的价值，才能使在线平台发挥更大的作用。

在此大背景下，建议澳门特区政府要借助内地"互联网＋"发展的热潮，加强粤澳跨境电子商务合作，结合内地互联网应用成熟的优势，互相合作，依靠横琴或通过某种形式令跨境电商有国际认可的支付平台，以方便促进贸易。

另外，澳门特区政府还可利用澳门平台优势，支持澳门企业于跨境电商城市设立试点，如南沙，建基地发展在线线下销售，设立以葡语国家产品为卖点的O2O澳葡馆体验店。企业还可以连锁加盟方式在全国范围开店，拓展市场。①

（五）建议完善中葡双语人才在线登记系统

当前，信息网提供的中葡双语人才信息虽较多，行业分类也较齐全，但是登记的人才存在信息不完整、登记时行业分类不清晰等问题，而且纵观已登记的人才，大多数不同时具备英、葡、中（普通话和粤语）三种或四种语言技能，且葡语语言能力普遍一般，不能满足经贸商谈等的需要。亟待完善中葡双语人才系统的登记系统，引导登记者选择其擅长的行业区域，优化搜索引擎，增加如语言的多选选择、能力等级的选择等。

"信息网"中的"中葡双语人才"这一数据库与人才发展委员会的"人才资料登记"有重叠，"中葡双语人才"中的澳门居民需要重复登记及更

---

① 《商界：跨境电商切入商贸平台》，《澳门日报》2015年11月27日。

新，造成诸多不便。最好的做法是将"中葡双语人才"与"人才数据登记"两个数据库打通，注重信息互联、互通及共享。

（六）建议强化会展活动在"三中心"建设中的作用

现阶段，澳门会展的数目、规模、层次和本地业界团队等不断提升和成长，多个大型会展场地相继落成。另外，澳门特区政府还成立了"会展业发展委员会"，并在经济局下设会展业及产业发展厅等。

"三中心"线下需凭借会展中心与中小企业方面加强服务，以及通过会展活动资源开展工作，促成企业和业务投资者的合作。但目前，除贸促局组织澳门企业参与葡语国家展会外，澳门方面的会展并未做好邀请并组织葡语国家企业参与澳门展会这一工作。

如葡语国家中多为发展中国家，汽车在中葡双边贸易中极具市场前景。如今国内汽车开发以及生产技术不断提高，环保节能车型不断增多，国产汽车物美价廉的特点十分适合发展中国家的发展需求。目前，国内汽车市场已接近饱和，完全可以借助在澳门举办的澳门车展这一平台，邀请葡语国家与此相关的企业或专业人士前来参与展会，促进中葡汽车经贸合作。

五 结语

未来，我们建议澳门特区政府加快发展特色金融，打造"中葡金融服务平台"，服务"中国与葡语国家商贸合作服务平台"及"一带一路"建设。应当按照《澳门特别行政区五年发展规划（2016～2020年）》中"研究拓展特色金融，促进金融业服务多元化"的发展方向，积极落实中央的支持措施，加快推进及完善配套政策，重点支持融资租赁、财富管理及葡语国家人民币清算等业务发展，着力打造"中葡金融服务平台"，在维护金融安全稳定的同时，促进澳门金融业的持续发展，提升金融产业对特区经济适度多元的贡献，助力国家发展，并为本澳的专业人士、青年人才等提供更多中高端职位，创造就业发展机遇。

在融资租赁业务方面，透过跨部门合作，建议澳门特区政府继续推进《融资租赁公司法律制度》和《融资租赁之税务鼓励》法律的修改，落实包括公司成立、牌照审批、人员引进等配套措施，在法制和政策层面为业务经营者提供更大的鼓励和发展空间，推动澳门的金融机构拓展融资租赁业务，同时吸引更多优质融资租赁企业落户澳门，鼓励其为内地产能和大型机械设备输出等提供融资租赁服务。

在财富管理业务方面，针对业务的发展需要，开展完善相关金融法制及强化金融基础设施的研究，包括研究引入信托法，同时鼓励金融业积极发展财富管理业务，推动澳门的金融机构开发及引进更多金融投资理财产品，特别是以人民币计价的金融产品，从而丰富澳门财富管理的内涵。着力推动"葡语国家人民币清算中心"的建设，拓展澳门及内地与葡语国家之间包括清算服务在内的人民币业务往来，推动葡语国家企业及机构使用人民币金融业务，配合推动人民币国际化。结合海内外推广活动，加强对澳门特色金融业务优势的宣传，包括透过跨部门合作前往"粤港澳大湾区城市群"等内地城市推介融资租赁、葡语国家人民币清算业务，以及中葡合作发展基金等，促进大湾区城市的优势产业与葡语国家市场进行对接，并吸引当地企业落户澳门，拓展葡语国家市场。此外，鼓励澳门金融机构为大湾区、葡语国家和"一带一路"沿线国家和地区提供特色金融服务。同时，继续与商务部、银行业监督管理委员会等国家部委紧密联系合作，争取更大的支持，以推动特色金融业发展。

建议澳门特区政府相关经贸部门用好用足支持政策，夯实澳门"中国与葡语国家商贸合作服务平台"建设，促进其与"一带一路"有机结合。事实上，打造"中葡商贸合作服务平台"是国家"十三五"规划中对澳门明确提出的目标定位之一，2018 年将继续积极配合特区的"中国与葡语国家商贸合作服务平台发展委员会"，在过去多年的工作基础上，深化落实中葡论坛第五届部长级会议提出的新举措等国家支持政策，善用澳门的独特优势，巩固"中葡商贸合作服务平台"及其延伸的"三中心"的建设，并实现其与"一带一路"建设的有机结合，促进内地省区（特别是"粤港澳大

湾区城市群")与葡语国家的双向经贸合作,在夯实"中葡商贸合作服务平台"建设的同时,增强澳门本地的经济活力。同时,为进一步充实澳门的平台建设,建议澳门特区政府相关经贸部门加大力度支持包括央企等内地优质企业来澳发展,配合企业的需要,主动在内地提供"送服务上门",重点争取其落户澳门或把面向葡语国家的业务和资金清算等通过澳门进行,利用澳门这个平台进一步开拓葡语国家市场。

特别是为了协助葡语国家的产品进一步拓展内地市场,推动"葡语国家食品集散中心"的建设,建议澳门特区政府相关经贸部门继续积极推动葡语国家产品走进"粤港澳大湾区城市群"等内地市场,承接2018年在多个内地大湾区城市(珠海、中山、江门、广州及深圳)和香港举办的"葡语国家产品推介及商机对接会",并继续组织葡语国家产品代理商和生产商在佛山、肇庆、惠州、东莞等大湾区城市举行对接会,同时将葡语国家食品在内地展示点的网络延伸至深圳、肇庆。此外,为进一步促进通关便利化,继续推进葡语国家食品进口内地的口岸试点,建议澳门特区政府相关经贸部门与内地部门中设立更便利的通关、检验检疫流程,并加强向企业推广,以及进一步丰富"中国—葡语国家经贸合作及人才信息网"的功能,优化设于本地及内地的葡语国家食品展示中心的网络及内容。

B.15
"一带一路"倡议下澳门特区
中葡平台的新发展

叶桂林*

摘　要：　自"一带一路"倡议提出以来，得到了包括葡语国家在内的大部分国家的积极响应，由此也为澳门中葡平台赋予了新的机遇。本报告扼要回顾了"一带一路"倡议的内容，整理了葡语国家对该倡议的态度，归纳了澳门参与"一带一路"倡议的优势及定位，介绍了当前澳门在中葡平台建设中加入"一带一路"元素的方式，并指出在这一过程中时既要注意坚持自身的优势，重视培育相关的中介企业，也要大力建设电子平台。

关键词：　"一带一路"　澳门特区　葡语国家　中葡平台

　　2013 年习近平主席向全世界发出"一带一路"倡议，这一伟大倡议"和平合作、开放包容、互学互鉴、互利共赢"的属性以及"政策沟通、设施联通、贸易畅通、资金融通、民心相通"的合作重点，使其广受世界各国的欢迎，已经不断从理念化为行动，从愿景变为现实，取得累累硕果。

　　葡萄牙、巴西、安哥拉、东帝汶、佛得角、几内亚比绍、莫桑比克及圣多美和普林西比这些葡语国家社会经济处于不同的发展阶段，发展级差较

---

　　*　叶桂林，中国社会科学院研究生院经济学博士，研究方向为澳门经济。

大，仍有巨大的发展潜力。除东帝汶外，这些葡语国家虽非传统意义上的"一带一路"沿线国家，但鉴于"一带一路"的开放性，它们可以参与到这个倡议中。葡语国家对于"一带一路"倡议抱持积极的态度，都希望通过参与其中，更好地实现自身发展战略。

澳门作为中国—葡语国家经贸合作论坛（以下简称"中葡论坛"）的所在地，定位为中国与葡语国家商贸合作服务平台（以下简称"中葡平台"），"一带一路"倡议为澳门中葡平台的建设赋予了新的机遇。特区政府也主动拥抱这一发展趋势，积极探讨自身如何参与到"一带一路"建设中。

一 中国"一带一路"倡议与葡语国家的态度

（一）"一带一路"倡议

在当前全球经济缓慢复苏的大背景下，加强区域合作是推动世界经济发展的重要动力，并且已经成为一种趋势。2013 年 9 月 7 日，中国国家主席习近平在哈萨克斯坦纳扎尔巴耶夫大学发表了题为《弘扬人民友谊 共创美好未来》的重要演讲，首次提出共建"丝绸之路经济带"的倡议；同年10 月，习近平主席在印度尼西亚国会发表题为《携手建设中国——东盟命运共同体》的重要演讲，首次提出共同建设"21 世纪海上丝绸之路"的倡议。

国家发改委、外交部、商务部于 2015 年 3 月联合发表《推动共建丝绸之路经济带和 21 世纪海上丝绸之路的愿景与行动》（以下简称"《愿景与行动》"），明确"一带一路"的合作重点就是"政策沟通"、"设施联通"、"贸易畅通"、"资金融通"和"民心相通"，明确"一带一路"是一个全球性的平台，不设地缘范围限制，不设国家名单，各国和国际、地区组织均可参与，表明了"一带一路"的开放性、包容性和中央政府的新型国际关系理念，也为重塑全球治理提供了崭新的模式。"一带一路"贯穿亚欧非大陆，旨在打造新欧亚大陆桥、中蒙俄、中国—中亚—西亚、中国—中南半岛、中巴、孟中印缅等六大经济合作走廊。

为推动"一带一路"建设,中国倡议筹建亚洲基础设施投资银行(以下简称"亚投行")和设立丝路基金。亚投行于 2016 年 1 月开业,是一个向亚洲各国家和地区政府提供资金以支持其基础设施建设的区域多边开发机构,旨在促进亚洲区域内的互联互通建设和经济一体化进程,加强中国及其他亚洲国家和地区的合作,总部设在中国北京,法定资本为 1000 亿元美元,截至 2017 年 5 月,共有 77 个正式成员。丝路基金于 2014 年 12 月设立,规模为 400 亿美元,2017 年进一步新增资金 1000 亿元人民币,为"一带一路"沿线国家基础设施、资源开发、产业合作和金融合作等与互联互通有关的项目提供投融资支持。丝路基金主要通过股权形式参与重要项目,亚投行更多采用债权模式,两者同时还衍生出更多资金募集方式,为"一带一路"项目建设揽到更多资金。

2017 年 5 月,中国在北京举办了"'一带一路'国际合作高峰论坛",29 国元首及 100 多个国家的代表参加。通过这次论坛,总结了"一带一路"倡议提出以来的成功经验,分析了其中存在的问题,进一步规划多方共同建设的蓝图,在政策沟通、设施联通、贸易畅通、资金融通、民心相通这五大类别中共取得 270 多项具体成果。

"一带一路"建设旨在顺应世界多极化、经济全球化、文化多样化、社会信息化的潮流,秉持开放的区域合作精神,维护全球自由贸易体系和开放型世界经济。自习近平主席提出"一带一路"倡议以来,全球 100 多个国家和国际组织积极支持和参与。"一带一路"建设已经逐渐从理念转化为现实,从愿景转化为现实,成为一条迈向和平、繁荣、开放、创新、文明的道路,为世界发展带来新的机遇。

(二)葡语国家对"一带一路"倡议的态度

"一带一路"倡议受到了包括葡语国家在内的国际社会的高度重视,多个葡语国家对该倡议做出了积极的响应。

葡萄牙是亚投行的创始成员。葡萄牙总统德索萨(Marcelo Rebelo de

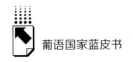

Sousa)于 2016 年 5 月受访时表示，葡萄牙赞同中国"一带一路"倡议，并愿与中国扩大在交通设施、港口建设等多领域的紧密合作；① 葡萄牙总理科斯塔（António Luís Santos da Costa）在出席中葡论坛第五届部长级会议时也表示葡萄牙愿意成为"21 世纪海上丝绸之路"的一分子，充分利用葡萄牙在欧洲和大西洋间的战略地理位置，特别是利用好锡尼什深水港口和未来锡尼什—马德里铁路的延伸线。②

2016 年 5 月，莫桑比克在中莫联合声明中表示"决心加强'21 世纪海上丝绸之路'倡议与各自发展战略和政策的协同与对接，共同推进两国近海水产养殖、海洋渔业捕捞、海洋运输、港口和临港工业区建设、海洋科研等互利合作"。③

中国外交部长王毅 2017 年 5 月访问佛得角，分别会见了总统丰塞（Jorge Carlos de Almeida Fonseca）等领导人。佛得角领导人提出支持并参与"一带一路"倡议，进一步深化双方合作，将佛得角打造成为中国的战略合作伙伴，成为中国在非洲最好的朋友，愿意以圣文森特岛经济特区建设为契机积极融入"一带一路"建设。④

2015 年 3 月，巴西政府宣布加入亚投行。2017 年 5 月来华出席"一带一路"国际合作高峰论坛的巴西总统府战略事务特别代表胡赛因·卡罗特（Hussein Kalout）表示，"一带一路"倡议有助于将中巴关系提升至新台阶。⑤

---

① 《"一带一路"点亮中国和葡语国家合作》，国务院新闻办公室网站，http://www. scio. gov. cn/ztk/wh/slxy/31199/Document/1493308/1493308. htm，2016 年 10 月 10 日。
② 《"一带一路"建设将是葡中两国新的交汇点》，新华网，http://news. xinhuanet. com/silkroad/2016 – 10/12/c_ 1119705011. htm，2016 年 10 月 12 日。
③ 《中华人民共和国和莫桑比克共和国关于建立全面战略合作伙伴关系的联合声明》，人民网，http://politics. people. com. cn/n1/2016/0518/c1001 – 28361417. html，2016 年 5 月 18 日。
④ 《王毅外长访问佛得角，佛方希望积极融入"一带一路"倡议》，商务部网站，http://www. mofcom. gov. cn/article/i/jyjl/k/201705/20170502579105. shtml，2017 年 5 月 22 日。
⑤ 《"一带一路"倡议有助于将中巴关系提升至新台阶》，CRI 国际在线，http://news. cri. cn/20170516/49209120 – 373c – d6a7 – f7ef – 8f81748e7627. html，2017 年 5 月 16 日。

2017 年 7 月 14 日，安哥拉副总统维森特（Manuel Domingos Vicente）在罗安达会见正在安哥拉访问的中国国务委员兼国防部长常万全时表示，高度赞赏习近平主席提出的"一带一路"倡议，愿在此框架下加强与中方的战略对接，实现共同发展，造福两国人民。①

2017 年 5 月，东帝汶时任规划与战略投资部长夏纳纳率领代表团来华参加"一带一路"国际合作高峰论坛。其间，两国政府签署了"一带一路"合作谅解备忘录，标志着两国合作迈上了新的历史台阶，对东帝汶经济社会发展具有重要意义。②

"一带一路"不仅可以促进这些葡语国家与中国的贸易发展，而且为推动其与"一带一路"沿线国家的交流，带来了新的贸易机会。葡语国家制定的对外发展战略中，相当部分的内容与"一带一路"是吻合的，例如：东帝汶提出的战略是连接亚洲、澳大利亚和南太平洋岛国；佛得角计划连接欧洲和非洲大陆，打造成为商品集散地和服务中心；葡萄牙政府致力于将锡尼什港作为中国合作伙伴进入欧洲的"门户"；等等。③

二 澳门特区参与"一带一路"倡议的优势及其定位

澳门经过四百余年的发展，成为中西文化融和共存的独特城市。澳门特区有着对外联系广泛的优势，与"一带一路"倡议中的"五通"内容高度契合。《愿景与行动》中提到，推进"一带一路"建设，中国将充分发挥国内各地区比较优势，实行更加积极主动的开放战略。其中，与澳门特区相关的内容主要有："充分发挥深圳前海、广州南沙、珠海横琴、福建平潭等开

---

① 《安哥拉副总统会见常万全》，中国政府网，http：//www.gov.cn/guowuyuan/2017 – 07/14/content_ 5210325. htm，2017 年 7 月 14 日。
② 《驻东帝汶大使刘洪洋就"一带一路"倡议以及中国与东帝汶互利务实合作在东主流媒体发表署名文章》，外交部网站，http：//www.mfa.gov.cn/web/dszlsjt _ 673036/t1490501. shtml，2017 年 9 月 6 日。
③ 《"一带一路"点亮中国和葡语国家合作》，国务院新闻办公室网站，http：//www.scio.gov.cn/ztk/wh/slxy/31199/Document/1493308/1493308. htm，2016 年 10 月 10 日。

放合作区的作用，深化与港澳台合作，打造粤港澳大湾区"；"发挥海外侨胞以及香港、澳门特别行政区独特优势作用，积极参与和助力'一带一路'建设"。可见澳门特区在"一带一路"建设中具有特殊的地位。国家高度重视澳门在"一带一路"建设中的独特作用，希望澳门抓住机遇，善用在区位、环境、产业、人文等方面的独特优势，融入国家战略，进一步提升国际竞争力。

（一）澳门特区参与"一带一路"倡议的优势

澳门特区具备以下三方面的优势，使得它具备参与到"一带一路"建设中的条件。

一是"一国两制"的优势。按照《澳门特别行政区基本法》的规定，澳门特区拥有高度自治权，包括：独立行政权、立法权、司法权及终审权，可自行制定有关行政、经济、民事、刑事等方面的法律；可以"中国澳门"的名义单独同世界各国、各地区以及有关国际组织保持和发展关系，签订和履行协议，并参加国际商务、文化及体育活动。由此，澳门特区在国际上拥有特殊的地位，澳门参加各类国际组织和国际公约与全球接轨，并参与国际事务，同时继续在经济、贸易、金融、航空、航运、文化、教育、环保、卫生等方面拓展对外关系。

二是葡语优势。澳门特区与葡语国家有着长期的紧密关系，澳门特区具有优势推动中国与葡语国家之间的"民心相通"。澳门特区的行政架构和法律体系源自葡萄牙，与其他葡语国家的行政和法律相近。葡语是澳门特区两种官方语言之一，葡文学校、报纸、杂志、电台、电视等一应俱全，葡语在澳门特区的使用比较普及。一些澳门特区居民曾长期在葡语国家生活，他们对内地与葡语国家的风俗及文化相当了解。澳门特区的企业家对中国和葡语国家的市场比较熟悉。因此，澳门特区与葡语国家有着紧密的历史渊源，在我国与葡语国家开展商贸活动的过程中，澳门特区有着得天独厚的优势。

三是归侨和侨眷的优势。澳门自古以来就是"海上丝绸之路"的重要节点，拥有大批既与内地联系紧密，又与"一带一路"沿线国家和地区历史渊源深厚，同葡语系国家具有传统广泛联系的归侨、侨眷。在澳门特区基本法中，"侨"被作为一个界别列入。归侨作为特殊的社会群体，是整个澳门特区社会重要的组成部分。澳门特区拥有来自60多个国家的归侨侨眷，其数量超过本地总人口的1/10。澳门特区归侨拥有巨大的人才、资本优势及商业网络，从事行业多元，而且多集中在"海上丝绸之路"沿线国家地区，是特区的宝贵财富，其人数之多、影响之广、团体之大，为澳门独有。澳门特区在为世界华商与中国内地以及葡语国家之间穿针引线、牵线搭桥方面可发挥积极的作用，探索更为广阔的合作空间。

（二）澳门特区参与"一带一路"建设的定位

自"一带一路"倡议提出以来，澳门特区政府积极响应，认真做好工作安排和战略部署。

2016年9月特区政府公布了首份五年发展规划，其中提出"积极参与国家'一带一路'建设"，将参与"一带一路"建设确定为发展战略。主要内容包括：①组织世界华商、海外宗亲、同乡活动，推广"一带一路"的合作发展理念；②邀请更多"一带一路"沿线国家及地区的企业和经贸机构来澳门参展参会；③每年组织企业家代表团走访"一带一路"沿线国家及地区，携手内地及香港共同开拓"21世纪海上丝绸之路"沿线国家及地区，尤其是葡语国家和东南亚国家市场；④促进"一个平台"与"一带一路"有机结合。

"一带一路"也于2016年11月首次被写入特区政府施政报告。施政报告提出，"着力用好中央支持澳门参与'一带一路'建设的一系列措施，主要包括：围绕金融服务，拓宽合作领域；发挥专业优势，输出高端服务；发挥区位优势，推动经贸交流；聚焦人文交流，促进民心相通；深化区域合作，发挥协同效应等"。

为更好推动有关"一带一路"建设的工作，特区政府于2017年3月7日设立"一带一路"建设工作委员会，由行政长官担任主席。该委员会负责统筹澳门特区参与助力国家"一带一路"建设的短、中、长期的总体设

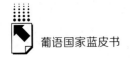
计，并推动展开相关的研究，以制定有关政策；制订年度工作方案及监督落实；就拟开展的活动制定方针及做出指引。

行政长官崔世安多次强调，澳门将充分利用好语言、文化、归侨侨眷等资源优势，参与"一带一路"的顶层设计，将"一带一路"建设与澳门特区的"五年规划"、"一中心，一平台"建设、中央惠澳政策、粤港澳大湾区等工作有机结合，着力抓住中央支持澳门参与"一带一路"建设的一系列措施，主要包括：围绕金融服务，拓宽合作领域；发挥专业优势，输出高端服务；发挥区位优势，推动经贸交流；聚焦人文交流，促进民心相通；深化区域合作，发挥协同效应；等等。政府将积极把握新的机遇，务实推进各项工作，促进经济适度多元，增强综合竞争力，推动澳门面向世界发展、融入国家发展、提升自身发展。①

（三）中葡平台是澳门特区参与"一带一路"倡议的契合点

在中央政府的全力支持下，2003 年中国—葡语国家经贸合作论坛（澳门）（以下简称"中葡论坛"）第一届部长级会议于澳门举行，中葡论坛自此落户澳门特区，至 2016 年共举行了五届中葡论坛。另外，中葡论坛常设秘书处也设在澳门特区。经过十多年的发展，中葡论坛在促进中葡经贸合作方面发挥了积极的作用，极大地推动了中国与葡语国家在贸易、投资以及人力资源等方面的交流与合作，近年来中葡论坛更将合作领域进一步拓展至文化、基础设施与工程、医疗与公共卫生、民航、科技、农业与渔业、广播电视以及青年等领域，开展多元化合作，取得了良好效果。澳门作为中葡平台的作用越来越得到论坛各方的认同和肯定。

《愿景与行动》在合作机制中提出了"积极利用现有双多变合作机制，推动'一带一路'建设，促进区域合作蓬勃发展"。中葡论坛作为一个比较成熟的多边合作机制，更能够在加强相关国家沟通方面发挥作用，让更多国家和地区参与"一带一路"建设，这也是澳门参与"一带一路"建设的最佳切入点。2016

---

① 《澳门特别行政区 2017 年财政年度施政报告》，2016 年 11 月。

年10月举行的中葡论坛第五届部长级会议中首次引入了"一带一路"的倡议和
理念,在《经贸合作行动纲领》中提出"注意到中国'一带一路'合作倡议对
推动中国与论坛葡语国家经贸合作具有积极意义,同意继续就经贸政策,特别
是在投资及产能合作等领域加强对话,以促进共同发展和繁荣"。李克强总理在
开幕式致辞中明确表示将全力支持澳门发挥好"一带一路"支点作用,进一步
突显了澳门作为中葡商贸合作服务平台在"一带一路"建设中的独特作用。

在特区政府发布的五年发展规划中,对如何将"一个平台"与"一带
一路"结合起来提出了方向:"澳门作为'一个平台',争取在推进'一带
一路'建设中形成叠加效应……在开展中葡论坛框架下的一系列工作过程
中,重点加入'一带一路'元素,促进'一带一路'沿线国家及地区与葡
语国家的基建合作,致力推动企业多边合作,开拓更广阔的市场,加强培养
中葡双语专业人才,为建设'一带一路'提供更多样化的专业服务,进一
步突显澳门作为'一个平台'的重要角色。透过举办'中国—葡语国家文
化周',充分发挥澳门多元文化的优势,进一步突显澳门特色的中葡平台,
促进文化交流,营造国际良好合作环境,孕育产业和商机,助力达致'一
带一路'所倡议的'民心相通',促进'一带一路'沿线国家及地区的相互
沟通、相互理解、相互认同。"①

三 "一带一路"倡议为澳门特区在中葡
平台建设带来巨大发展空间

特区政府不断创新模式,一年多来持续在中葡平台建设中加入"一带
一路"的元素,并从三方面开展工作以结合"一带一路"建设:② 一是发挥
澳门与葡语国家的传统联系优势,透过积极深化与内地,尤其是泛珠、广东、
福建、江苏等区域合作,持续推进中葡平台的建设,为内地企业开拓"一带

---

① 《澳门特别行政区五年发展规划(2016~2020年)》,2016年9月。
② 《澳府将参与"一带一路"建设放在重要位置按方向及目标开展三方面工作》,《华侨报》
2017年2月12日,第13版。

一路"沿线国家/地区包括葡语国家市场提供相关专业服务。二是致力加强"国际基础设施投资与建设高峰论坛"、"澳门国际环保合作发展论坛及展览"及"澳门国际贸易投资展览会"等会展活动中的"一带一路"元素,在中葡论坛框架下协助与会国积极参与"一带一路"建设,深化跨国互联互通,同时为大湾区与"一带一路"沿线国家、葡语国家及欧盟等提供更多对接机会。三是继续向葡语国家、"一带一路"沿线国家推介粤港澳大湾区的投资环境,组织葡语国家企业与内地及"一带一路"沿线国家企业的经贸交流活动,推动"一带一路"参与国家或地区企业间的紧密联系和合作等。

(一)澳门国际贸易投资展览会

第二十二届澳门国际贸易投资展览会(MIF)于 2017 年 10 月 19～21 日在澳门威尼斯人举行。这次展览会将中葡平台、大湾区、"一带一路"等概念融合在一起,同场举行葡语国家产品及服务展(澳门);邀请安哥拉及广东省分别成为"伙伴国"与"伙伴省",举办"安哥拉—广东省—澳门贸易投资论坛";与"一带一路"沿线国家——柬埔寨共同举办有关柬埔寨投资及旅游的推介会。此外,还举行"江苏—澳门·葡语国家基础设施建设圆桌会议"、"第三届中国—葡语国家青年企业家论坛"和"第十四届世界华商高峰会"等。展会继续为中小企业提供合作、交流、推广及发展的平台,推动企业"走出去""引进来",拓展商机。①

(二)国际基础设施投资与建设高峰论坛

2017 年 6 月 1～2 日,第八届国际基础设施投资与建设高峰论坛在澳门举行。论坛促进了内地与澳门企业和"一带一路"沿线国家以及葡语国家的企业之间的合作商机。此次论坛举办了 14 场主题论坛及平行论坛,组织了 220 多场商务会谈,安排签署了 24 份商务合同、框架协议和谅解备忘录,

---

① 《连接国家快车 MIF 助企业拓发展空间》,第二十二届澳门国际贸易投资展览会网页,http://www.mif.com.mo/mif2017/,2017 年 9 月 21 日。

当中有 7 个合作协议项目涉及中国与葡语国家间的合作，充分体现了澳门作为中葡平台的作用。论坛召开期间还发布了《"一带一路"国家基础设施发展指数（2017）》和《指数报告（2017）》。这是国际基建投资领域的第一个综合发展指数，"一带一路"基础设施合作从此有了"晴雨表"。①

（三）澳门国际环保合作发展论坛及展览

2017 年 3 月 30 日至 4 月 1 日，"2017 澳门国际环保合作发展论坛及展览"在澳门举行。该活动自 2008 年创办以来，一直致力于配合国家尤其是泛珠三角省区与国际社会在环保观念的推动、环保事业和产业的发展等方面的交流与合作，规模日渐壮大。这次论坛为第十届，迄今为止共举行了 60 多场专业论坛，促成合作项目 240 多个，渐受业内人士的欢迎和肯定。论坛充分发挥国际绿色平台的作用，使许多机构和企业借此与泛珠三角省区、欧盟、葡语国家，以及"一带一路"沿线国家的部门和企业建立了紧密联系并达成多项绿色合作。②

（四）在各地举行的"活力澳门推广周"

2017 年 6 月 23 日开始举办的"活力澳门推广周·泉州站"在福建省泉州市举行。此次活动包含专题展示、产品展销、经贸推介、行业对接、特色表演等多种形式，举办"'共生同发展'泉澳'一带一路'合作论坛"。澳门及葡语国家的 100 多家企业参加了本次展会。展馆设立了澳门馆、中小企业馆、综合旅游休闲馆、澳门时尚馆等多个展区，全方位展示了澳门经济发展、文化创意、旅游休闲等方面的情况。③

"活力澳门推广周·深圳站"于 2017 年 4 月 14~16 日在深圳举行。这

---

① 《澳门基建论坛收获 128.7 亿美元大单 "'一带一路'国家基础设施发展指数"新鲜出炉》，21 经济网，http：//www. 21jingji. com/2017/6 – 3/xOMDEzNjFfMTQxMDcxOA. htm，2017 年 6 月 3 日。

② 《"2017 澳门国际环保合作发展论坛及展览"隆重举行》，湖南省环境服务业公共信息平台，http：//www. cnesip. com/Common/Detail. aspx？Id =9146，2017 年 5 月 8 日。

③ 《"活力澳门推广周·泉州站"开幕》，东南网，http：//qz. fjsen. com/2017 –06/24/content_19708266. htm，2017 年 6 月 24 日。

187

次展会包括主题展览、产品展销、招商推介、行业对接等。并组织开展深圳—澳门青创企业对接洽谈会、深圳—澳门—葡语国家企业合作座谈会、深澳旅游推介洽谈会、深澳商贸洽谈会、深澳服装品牌商及设计师交流洽谈会等系列活动。①

四 对"一带一路"倡议下澳门特区中葡平台的建议

（一）深刻认识自身的优势

"一带一路"倡议具有前瞻性，是澳门发展的机遇，特区政府当须积极配合推进。然而澳门地域狭小、产业结构特殊、人才有限，特区政府必须充分认识到澳门的主要优势在于中葡平台，在于与葡语国家的语言相通、人员互动频繁、法律相近、相互了解较多等方面。除了对东南亚国家有"侨"这个优势外，澳门要开拓其他"一带一路"国家并不具有的明显优势，所以要时刻保持清醒，一定要坚持聚焦在葡语国家，始终致力于推动中国与葡语国家的贸易、投资、产能、基建、渔业及人员培训等多方面的合作。目前，澳门建设中葡平台已经取得成就，澳门特区要真正成为中葡平台在各方面都仍有提高的空间，特区政府需要投入更多人、财、物和时间进一步深化中葡平台的建设，建构核心优势，推动其发挥更充分的作用，然后再在这个基础上以现有葡语国家为节点，拓展它们所在的非洲、拉丁美洲及欧洲的"一带一路"沿线国家。

（二）重视培育相关的中介企业

按照目前学术界对平台经济的研究，平台主要是连接两个或更多的特定群体，为他们提供互动机制，满足所有群体的需求，并从中创造价值。平台

---

① 《"活力澳门推广周·广东深圳站"隆重开幕》，中国经济导报网，http://ceh.com.cn/cjpd/2017/04/1030531.shtml，2017年4月14日。

的服务链条一般包括促进相互认识、配对或撮合、成交（对于中葡平台来说，最后的"成交"就是双方合作成功实现），在此基础上打造一个完善的、成长潜能强大的"生态圈"。

一直以来，特区政府建设中葡平台都是以举办论坛、会议、访问、培训等方式来实现，即前述链条中的"促进相互认识"这部分。当有企业通过前述活动了解了某国市场，并想进军该国市场时，特区政府缺少后续的机制和相应的企业推动合作落地，无法满足有关群体的需求，由此也让各方参与者难以发现中葡平台对他们营商的作用，从而降低了更多群体加入的积极性，这是无法形成网络效应这一平台成功的关键因素。由此可见，目前的中葡平台中，后面两个步骤的欠缺使得中葡平台并不完整，效果未能彰显。无论澳门所建设的平台是面向葡语国家还是"一带一路"沿线国家，如果这个平台无法形成一条完整的服务链条，可以预见其最终的效果将是非常有限的。

平台的核心在于围绕平台而生，能够推动合作落地的中介企业。中介企业的专业素质及服务水平，是澳门作为中葡平台的核心竞争力。只有通过澳门中葡平台成功实现合作或成交的例子逐步增加，才能吸引更多中国和葡语国家的群体加入平台，由此也可为各中介企业带来新的业务，带动各种类型中介企业加入，也才会使得更多中国和葡语国家的商业界成员慕名而来，从而形成良性循环。

中介企业数量和素质已经成为中葡平台进一步发展的关键。建议特区政府对澳门注册并涉及中葡经贸的服务企业予以政策倾斜。大力引进并推动国际性会计师事务所、审计事务所、财务咨询机构、公证机构和经济贸易仲裁机构等社会中介组织开展中国与葡语国家商贸咨询服务；通过创业扶持计划，鼓励澳门本地掌握中葡双语、熟悉葡语国家情况的青年创立咨询服务公司；对在澳注册成立、为中葡经贸合作提供专业服务机构，如法律、会计、咨询、保险、会展、设计、航运、投资、仲裁等企业，出台专项扶持政策，争取形成葡语中介服务业集聚。

（三）大力建设电子平台

目前，澳门特区的中葡平台是以中葡论坛为核心，中葡中小企业商贸服务中心、葡语国家食品集散中心、中葡经贸合作会展中心这"三中心"为支柱，并且每年举办定期或不定期的展览、论坛、访问、培训等具体的活动。但是，在当前信息时代的潮流下，电子平台是促使交易或合作能够最快落地的方法，不过特区政府对建设网上电子中葡平台的投入不够。虽然特区政府已经设立了"中国—葡语国家经贸合作及人才信息网"（以下简称"信息网"），但是信息网仍只发挥信息交换平台的作用，过于简单，创造的价值非常有限。

特区政府加大力度建设电子中葡平台可以有两个思路：一个是将信息网发展为真正的电子商务平台，深挖信息的价值，使在线平台发挥更大的作用；另一个是与现有的电子商务平台合作。目前阿里巴巴已经设有葡萄牙语版本，有一定的用户基础，相对来说，阿里巴巴已经是国际知名的电子商务平台，与阿里巴巴合作比自己设立电子商务平台效益要高。因此，特区政府可与阿里巴巴探讨互惠互利的合作方式，例如：在阿里巴巴葡萄牙语版本中加入关于澳门中葡平台的简介、相关活动信息等宣传中葡平台的内容；与阿里巴巴在澳门举办面向葡语国家的网商大会、供应商大会及微商大会等，将澳门特区作为内地和葡语国家网商对接的地点，由此也可以使葡语国家食品集散中心的功能得到更大的发挥。

国别报告

Reports on Certain Countries

B.16
安哥拉共和国

贾 丁*

摘　要：　2017 年，安哥拉举行大选，安哥拉人民解放运动继续执政，若昂·洛伦索接替多斯桑托斯成为安哥拉总统，安哥拉民众希望新总统能够为安哥拉带来积极的变化。国际原油市场有所回暖，但安哥拉仍处于经济危机之中，经济改革势在必行，这也是新总统能否顺利执政的关键。非洲大湖地区和南部非洲地区的多个国家局势动荡，为妥善解决这些危机，安哥拉积极承担国际道义，履行地区大国义务。中安关系发展势头良好，政治互信不断加强，各领域务实合作稳步推进。

关键词：　安哥拉　大选　经济改革　中安关系

＊　贾丁，中国国际问题研究院项目官员、研究实习员。

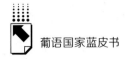

2016～2017 年，安哥拉在国际经济和国内政治两方面均迎来重要变化。国际经济方面，国际原油市场实现温和复苏，原油期货价格在 2016 年 2 月触底反弹，由 26.05 美元/桶的最低价不断回升，同年 9 月开始未再回落到 40 美元/桶以下，2017 年 11 月一度达到近几年最高的 59.03 美元/桶，2017 年 1～11 月的平均价格也超过了 50 美元/桶，虽然 30 美元左右的涨幅并不能解决安哥拉的财政赤字问题，但已大大缓解了安哥拉经济继续恶化的趋势。国内政治方面，多斯桑托斯于 2017 年 2 月宣布将结束 38 年的执政生涯，不会在当年 8 月的大选中寻求连任，若昂·洛伦索（João Lourenço）将成为执政党安哥拉人民解放运动（MPLA，简称安人运）的总统候选人。洛伦索曾长期在安人运从事党务和议会工作，2014 年开始担任国防部长，2016 年 8 月起担任安人运副主席，同年 12 月成为安人运总统候选人，由于安哥拉各反对党无法对安人运构成真正的挑战，洛伦索当选新总统几乎没有任何悬念。

一　政治领域：新人上位，期待变革

2017 年 9 月 6 日，安哥拉全国选举委员会公布了 8 月 23 日举行的国民议会选举结果。执政党安人运获得了 61.07% 的选票，拿下了安哥拉国民议会 220 个席位中的 150 个，继续保持安国民议会第一大党的地位。主要反对党争取安哥拉彻底独立全国联盟（UNITA）和安哥拉广泛救助同盟（CASA-CE）分别获得 51 个和 16 个席位。

按照安哥拉宪法，在议会选举中获得最多票数的政党所推举的候选人将成为安哥拉总统。安人运候选人洛伦索成功当选安哥拉第三任总统，博尔尼托·达·索萨（Bornito de Sousa）当选为副总统。

在 2012 年的大选中，安人运的得票率达到了 71.84%，并取得了 175 个议会席位。支持率的下降和议席数的减少反映了民众对安人运这几年施政的不满与失望，民众希望新总统和新政府能够为安哥拉带来积极的变革。

（一）新总统将面临重重困难和考验

洛伦索于 2017 年 9 月 26 日在罗安达宣誓就任安哥拉第三任总统，任期 5 年。洛伦索在竞选中提出的施政纲领包括促进就业，增加供给，减少进口和外债，致力解决温饱问题；改善居住条件，提高水电供应，提高城市化水平；简政放权，加强监督，深化改革，打击腐败；完善基础设施建设，改善交通状况，实现贸易畅通；提高教育普及率，改善医疗条件，保障弱势群体；寻求产能合作，提高工业化水平，实现经济多元化目标。[①]

洛伦索施政纲领的具体内容基本在多斯桑托斯执政时期都提出过，但也基本都停留在纸面上。严峻的经济形势并没有给洛伦索留下多少施展身手的空间：石油收入的大量减少使安政府严重缺乏资金用于基础设施投资；同国际货币基金组织的贷款援助谈判每年都会进行，但总在最后时刻被叫停；国际信用评级公司数次调低安哥拉主权信用评级，也使得国际私人投资者望而却步。

（二）权力能否平稳过渡还有待观察

尽管已卸任总统，但多斯桑托斯仍继续担任执政党安人运的主席，他还于 2015 年和 2016 年分别任命他的儿子菲洛梅诺·多斯桑托斯和女儿伊莎贝尔·多斯桑托斯担任安哥拉主权基金的董事会主席和安哥拉国家石油公司（Sonangol，简称安国油）的董事长。安哥拉主权基金管理的资产超过 50 亿美元，安国油则几乎垄断着安哥拉的石油业，这意味着多斯桑托斯家族控制了安哥拉的经济命脉。在这样的政治安排下，多斯桑托斯保留了足够的权力，这可能是洛伦索施政和改革的潜在障碍和阻力，甚至可能激发新老总统的矛盾和敌对。

2017 年 11 月，洛伦索免除了伊莎贝尔·多斯桑托斯在安国油的董事长职务，同时遭到免职的还有多名董事会成员。之后，洛伦索任命负责石油事务的国务秘书卡洛斯·萨图尼诺接替伊莎贝尔的职位。萨图尼诺曾在安国油担任高管，在伊莎贝

[①] 《安哥拉新当选总统若昂·洛伦索》，新华网，http：//news. xinhuanet. com/world/2017 - 09/07/c_ 1121625620. htm，2017 年 10 月 8 日。

尔担任董事长后遭到开除。多斯桑托斯家族并没有对此做出过多的公开回应，但老总统多斯桑托斯在安军队、警察和情报部门仍具有难以挑战的影响力，因此在"安哥拉是否彻底实现了权力和平交接"的问题上下结论还为时尚早。

二　经济领域：痼疾难消，缓慢前行

在上台后首次发表的正式讲话中，洛伦索率先承认了官方尚未正式公布的数据：2016 年安哥拉国民生产总值的实际增长率几乎为零，即 0.1%。2013～2016 年，安哥拉税收收入累计下降 40%，石油部门收入减少 70%，同一时期的国家总支出下降 29%，受到主要影响的公共部门投资下降 55%，这造成安哥拉连续数年的财政赤字，净国际储备从 2013 年至 2017 年第二季度累计缩水 46.4%。[1]

洛伦索强调，国际市场原油价格的低迷及由此导致的外汇储备的流失，造成了安哥拉目前严峻的经济和金融形势。在这种情况下，为了实现国家宏观经济的平衡和稳定，必须刺激经济转型、推动经济多元化，以结束对石油业的严重依赖。[2]洛伦索还在当选总统后接受的首次媒体采访中表示，为吸引外国投资者到安哥拉投资，安政府将致力于改善营商环境，同时清理"无力转亏为盈、对国库形成沉重负担的国有企业"以推动私有化进程。洛伦索的经济政策与多斯桑托斯执政时期的如出一辙，但政策一直难以有效实施，问题也一直难以解决。

（一）石油部门延伸产业链

安哥拉是非洲第二大产油国，2017 年上半年日均产油 177.3 桶，但是安哥拉的成品油几乎完全依赖进口。目前，安哥拉只有一座 1958 年建成的罗安达炼

---

① "João Lourenço promete mudar quase tudo no estado da nação angolana," plataformamacau, http://www.plataformamacau.com/lusofonia/joao-lourenco-promete-mudar-quase-tudo-no-estado-da-nacao-angolana/，2017 年 9 月 30 日。

② "João Lourenço promete mudar quase tudo no estado da nação angolana," plataformamacau, http://www.plataformamacau.com/lusofonia/joao-lourenco-promete-mudar-quase-tudo-no-estado-da-nacao-angolana/，2017 年 9 月 30 日。

油厂，日产量不到 5 万桶，仅能满足安哥拉 20% 的燃料需求。安哥拉还有两家在建的炼油厂，分别是 2012 年开始建设的预计日产量 20 万桶的洛比托（Lobito）炼油厂和 2015 年开始建设的预计日产量 11 万桶的索约（Soyo）炼油厂。①

这两家炼油厂建成投产后不仅可以实现安哥拉成品油的自给自足，还可以出口到邻国赚取外汇，但 2016 年 8 月，安国油因自身债务问题暂停并冻结了洛比托炼油厂的建设，目前还没有恢复的迹象。② 洛伦索在萨图尼诺担任安国油董事长的就职典礼上再次表示，安哥拉必须发展自己的炼油工业，减少对进口油品的依赖，为此安哥拉对国家投资者和私人投资者都将保持开放的态度。③ 在萨图尼诺的领导下，安国油也计划建造新的大型炼油厂，并希望在 2018 年 3 月前选出投资合作伙伴。④

（二）农业部门加强国际合作

农业是安哥拉经济多元化的关键，目前安哥拉的农业产值仅占国内生产总值的 12%，相对其发展潜力而言，尚属低水平阶段，仍有很大的发展空间。安哥拉拥有 3500 万公顷的可耕土地，其中有 500 万公顷用于农业种植。由于农业机械化程度极低，绝大多数耕地至今仍然依靠人力和畜力耕作，只有 10 万公顷的土地实现了机械化生产。⑤ 虽然近年来化肥的普及促进了农业生产率的提高，

---

① "Angolana Sonangol mantém interesse na construção da refinaria do Lobito," macauhub, https://macauhub. com. mo/pt/2017/07/07/pt－angolana－sonangol－mantem－interesse－na－construcao－da－refinaria－do－lobito/，2017 年 11 月 30 日。

② "Sonangol suspende obras da Refinaria do Lobito, em Angola," macauhub, https://macauhub. com. mo/pt/2016/08/22/sonangol－suspends－works－at－the－lobito－refinery－in－angola/，2017 年 10 月 30 日。

③ "Angola deve refinar os combustíveis que consome, afirma Presidente da República," macauhub, https://macauhub. com. mo/pt/2017/11/17/pt－angola－deve－refinar－os－combustiveis－que－consome－afirma－presidente－da－republica/，2017 年 11 月 30 日。

④ "Sonangol selecciona parceiro para nova refinaria em Angola até Março," macauhub, https://macauhub. com. mo/pt/2017/11/27/pt－sonangol－selecciona－parceiro－para－nova－refinaria－em－angola－ate－marco/，2017 年 12 月 1 日。

⑤ "Actividade agrícola em Angola tem um nível muito baixo de mecanização," macauhub, https://macauhub. com. mo/pt/2017/05/12/actividade－agricola－em－angola－tem－um－nivel－muito－baixo－de－mecanizacao/，2017 年 11 月 30 日。

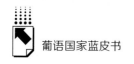

但安哥拉的粮食生产至今仍无法自给自足，2016～2017农业年度的谷物粮食自给率仅为70%，联合国粮食及农业组织的数据也显示，2014～2016年，安哥拉平均每年有350万人营养不良，占到了总人口的14%左右。①

2015年以来的经济危机直接影响了安哥拉的财政预算，政府对于农业部门的投入有限，农业生产的机械化进程大大放缓。此外，从2015年开始，由于持续的少雨高温天气，南部非洲遭遇了30年来最为严重的旱灾，农作物大幅度减产，安哥拉南部三省库内内（Cunene）、威拉（Huila）和宽多库邦戈（Cuando Cubango）受灾情况严重，受灾人口超过100万。2017年，安哥拉先后同世界银行、中国和欧盟等签署农业方面的合作协议，旨在增强安哥拉的抗灾能力、自给能力，以保证粮食安全。

三 外交领域：积极斡旋，承担道义

安哥拉是本地区大国，虽然近几年陷入经济危机，但是政治局势比较稳定，新总统洛伦索和老总统多斯桑托斯都积极参与国际和地区事务，并为解决刚果（金）和津巴布韦危机贡献了重要力量。

（一）承担国际道义，履行大国义务

2016年8月，安哥拉的邻国刚果（金）开赛地区爆发武装冲突，约有130万人流离失所，其中约3万人逃往安哥拉。安哥拉当局开放边界，允许难民进入安北隆达省的丹多地区，并派军队将难民从边界护送到与联合国难民署等机构共同建立的难民接待中心以进行安置。②

2017年6月和9月，莱索托首相夫人和国防军司令先后遇刺身亡，莱索托

---

① 相关数据请参见联合国粮食及农业组织网站，http：//www. fao. org/faostat/zh/#country/7。
② "DR Congo: UN agency appeals for support as 'steady stream' of refugees crosses into Angola," UN Academic Impact, https：//academicimpact. un. org/content/dr－congo－un－agency－appeals－support－%E2%80%98steady－stream%E2%80%99－refugees－crosses－angola，2017年10月11日。

国内局势发生微妙变化，首相托马斯·塔巴内请求南部非洲发展共同体（SADC，简称南共体）派兵干预。为维护地区稳定与和平，安哥拉派出 160 名军事人员，同其他南共体成员国的军事人员共同组成维和部队，进驻莱索托。①

（二）积极斡旋邻国危机

刚果（金）总统卡比拉的法定任期应于 2016 年 12 月结束，但本定于 2016 年下半年举行的刚果（金）大选未能如期举行，刚果（金）当局数次推迟大选日期，引发反对派强烈不满，刚果（金）国内爆发大规模的抗议游行和流血冲突。安哥拉在非洲大湖地区国际会议组织（CIRGL）框架内积极斡旋，推动刚果（金）当局同反对派开展和平对话、签署政治协议，同时监督刚果（金）国内的选民登记等活动，并督促刚果（金）当局根据协议规定如期举行大选。

2017 年 11 月，南共体成员津巴布韦爆发有军队介入的政治危机，引起国际社会广泛关注。安哥拉迅速同南非等国协调立场，并作为东道国召开"南共体政治、防务和安全合作首脑会议"，讨论津巴布韦问题。会议重申"南共体反对一切不符合宪法的政权更迭，一个稳定与和平的南共体符合所有成员国的利益"，并呼吁各方保持克制和冷静。之后，洛伦索还同南非总统祖马就津巴布韦如何在"后穆加贝时代"保持政局稳定进行磋商，并愿意在南共体框架内向津巴布韦过渡政府提供支持和帮助。

（三）改善和发展同本地区国家的关系

2017 年 11 月，洛伦索首次对南非进行国事访问，他表示这次访问是有意识的选择，为了安南两国人民的福祉，两国必须加强双边及南共体框架下的合作，这不仅有助于两国和本地区的发展，也将为整个非洲大陆提供良好的示范。双方一共签署五项协议，包括《关于成立混合委员会的谅解备忘

---

① "Angolans leave for Lesotho peace mission," ANGOP, http://www.angop.ao/angola/en_us/noticias/politica/2017/10/48/Angolans – leave – for – Lesotho – peace – mission，9229126a – 1b07 – 4a76 – 8c6f – 6d0a03d45538.html，2017 年 12 月 2 日。

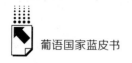
录》《环境保护议定书》《互免持普通护照人员签证协议》《警务合作谅解备忘录》《海关事务的行政互助协议》。[①]

2017 年 12 月，安哥拉同莫桑比克与南非签署的互免签证协定正式生效，根据协定，双方公民持有效护照在对方国家入境、出境或过境都可免办签证，免签停留期限是 30 天。签证互免不仅可以加强安哥拉同莫桑比克与南非的关系，还有助于促进人员交流，巩固双方在投资、贸易、旅游、文化、教育等领域的合作。[②]

四 中安关系：务实合作，南南典范

中安两国都面临经济发展模式转型升级和经济结构调整的重大任务，双方在电力、铁路、农业、能矿、制造业、基础设施等领域的合作潜力巨大。中国企业利用在基础设施建设和管理方面的优势和经验，积极参与安哥拉铁路、公路、电网等基础设施项目，同时向安哥拉企业提供技术转让和人员培训，并努力转变经营模式，逐步向本地化经营转型。此外，中国还积极拓展同安哥拉在农业、金融等民生领域的合作，使安哥拉普通民众切切实实感受到中安合作带来的福利。

（一）基础设施建设方面的合作

2017 年 7 月，安哥拉国家铁路局、本格拉铁路局和中铁二十局三方代表在安哥拉边境城市卢奥共同签署移交协议，中国企业自进入 21 世纪以来海外一次性建成的最长的铁路——本格拉铁路全线交付运营。本格拉铁路西起大西洋港口城市洛比托，向东途经本格拉、万博、奎托、卢埃纳等重要城市，直抵与刚果民主共和国接壤的边境城市卢奥，项目总投资约 18.3 亿美元。作为安哥拉有

---

① "South Africa's choice is 'conscious option'-president," ANGOP, http：//www. angop. ao/ angola/en_ us/noticias/politica/2017/10/47/South – Africa – choice – conscious – option – president, cea05379 – b18a – 48c2 – bed2 – 6ac2c2ea1b20. html, 2017 年 12 月 2 日。

② "Visa exemption agreement comes into force," ANGOP, http：//www. angop. ao/angola/en_ us/ noticias/politica/2017/11/48/Visa – exemption – agreement – comes – into – force, 05efec5e – d002 – 47c3 – 8256 – ec7b167806f4. html, 2017 年 12 月 2 日。

史以来修建的线路最长、速度最快、规模最大的现代化铁路项目，本格拉铁路于 2007 年开工建设，2014 年 8 月 13 日全线完工，2015 年 2 月 14 日通车试运营。从设计到施工，本格拉铁路全部采用了中国铁路建设标准。钢轨、水泥等建筑材料，以及大部分通信和机械设备等都全部从中国采购，铁路投入运营后的机车、车辆等也由中国企业提供。铁路建设 10 年间，共带动进出口贸易额 30 多亿美元，有近 10 万当地劳务工参加铁路建设，其中 1 万多名工人顺利通过技能考核鉴定，成长为电焊、机械操作、通信电务等不同专业的技工。[1]

2017 年 8 月，由中国企业葛洲坝集团承建的安哥拉卡库洛卡巴萨水电站在安北宽扎省栋多市正式开工。该项目合同总金额达到 45.32 亿美元，项目规划装机容量 217.2 万千瓦，是目前中资企业在非洲承建的最大水电站。该项目计划在 80 个月内建成，将为当地提供近万个就业岗位，建成后将满足安哥拉 50% 以上的供电需求，同时，葛洲坝集团还将负责电站四年的运行和维护，并为安哥拉培训一批专业的电站运营管理和技术人才。[2]

（二）民生方面的合作

2016 年 9 月，中国援助安哥拉的万博职业技术培训中心项目完成立项考察，项目建成后每年将为安哥拉培养 1000 名专业技术人才，促进青年就业。12 月，中国援助安哥拉的农业技术示范中心项目在罗安达正式开工，该项目系中非合作论坛第四届部长级会议确定的"新八项举措"项目之一，也是中安在农业领域的第一个合作项目，项目建成后将有助于提高安哥拉在农业领域的技术水平和粮食生产自给自足的能力。[3]

2017 年 6 月 6 日，中国银行罗安达分行正式开始对外营业，中国银行成为第一家在安哥拉设立经营性机构的亚洲商业银行。目前，在安的中资企

---

① 《中企承建安哥拉本格拉铁路全线移交》，中国经济网，http://www.ce.cn/xwzx/gnsz/gdxw/201708/01/t20170801_24688071.shtml，2017 年 9 月 12 日。
② 《中国企业在安哥拉承建的非洲最大水电站开工》，新华网，http://news.xinhuanet.com/world/2017-08/04/c_1121434456.htm，2017 年 11 月 28 日。
③ 《中国驻安哥拉大使崔爱民在中国——安哥拉投资论坛开幕式上的讲话》，中非合作论坛网站，http://www.focac.org/chn/zxxx/t1414370.htm，2017 年 11 月 1 日。

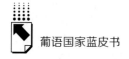

业超过百家，中国又是安哥拉第一大贸易伙伴和石油进口国，中国银行罗安达分行的成立不仅为在安华企华侨带来了便利，也为中安两国在金融领域的务实合作提供了新的机遇。①

2017年10月，执行"和谐使命—2017"任务的中国海军和平方舟医院船首次抵达安哥拉，并开展了为期8天的友好访问及人道主义医疗服务。访问期间，和平方舟派出多支医疗分队赴罗安达总医院、安武装力量总医院等开展联合诊疗、学术交流和病例讨论，累计完成诊疗6543人次，B超、心电图等辅助检查3768人次，手术14例。此外，和平方舟还派出健康服务与文化联谊分队赴安哥拉内图大学孔子学院、罗安达小学等开展上门送诊服务，并举办了富有中国传统文化和民族特色的甲板招待会。②

---

① 《安哥拉中国银行罗安达分行正式开业》，中国银行网站，http：//www. boc. cn/aboutboc/ab8/201706/t20170607_ 9560498. html，2017年11月28日。
② 《中国海军和平方舟医院船结束访问安哥拉》，新华网，http：//news. xinhuanet. com/mil/2017－10/27/c_ 129727637. htm，2017年11月1日。

B.17
巴西联邦共和国

周志伟*

摘　要：　2017 年，巴西政治、经济形势依然保持复杂的局面。受腐败丑闻的冲击，特梅尔的执政基础出现了比较明显的萎缩，民意支持率持续走低，与此同时，巴西传统政党之间的斗争趋于白热化。经济虽然呈现明显的复苏迹象，但是由于受到政治危机的影响，加之政局的不确定性，巴西经济恢复存在较大的"脆弱性"。与此同时，经济低迷给巴西的就业造成巨大压力，进而使得贫困问题重新成为巴西社会的核心关切议题，社会治安呈现恶化的趋势。巴西外交在 2017 年表现平淡，推进地区经济整合、强化与亚太的经贸纽带成为巴西当局对外政策的重要思路。

关键词：　巴西　腐败　经济复苏　社会形势

经历 2016 年总统弹劾及连续两年经济大幅滑坡之后，巴西政治经济形势在 2017 年依然维持较为混乱的局面。一方面，尽管特梅尔总统先后两次化解了众议院针对联邦总检察长罗德里戈·雅诺特提出的起诉而启动的全会表决，但是从两次表决结果来看，特梅尔的执政基础还是出现了比较明显的

---

* 周志伟，中国社会科学院拉丁美洲研究所研究员，巴西研究中心执行主任，曾先后在巴西圣保罗大学国际关系研究所、里约热内卢天主教大学金砖政策研究中心、Fluminense 联邦大学战略研究所担任访问学者，主要研究方向为巴西综合研究、巴西国际战略、拉美地区一体化和中拉关系。

萎缩；另一方面，由于临近 2018 年大选，巴西传统政党之间的斗争趋于白热化，政党之间由此出现了新的力量组合形式。在经济方面，2017 年巴西出现了较为明显的复苏迹象，GDP 止跌回升，尽管如此，受制于政局欠稳、特梅尔政府的过渡性特质，巴西经济的恢复依然存在比较大的"脆弱性"，经济增长的"可持续性"尚不明朗。从社会形势来看，经济低迷给巴西的就业造成巨大压力，进而使得贫困问题重新成为巴西社会的核心关切议题，社会治安呈现恶化的趋势，与此同时，政治危机也催生了社会运动的发展。巴西外交在 2017 年表现平淡，强化与亚太的经贸纽带成为巴西当局对外政策的重要思路。

一　政治形势

2017 年，巴西政治生态处在 2016 年总统弹劾后的重建阶段，各个政治力量之间的博弈呈现白热化的趋势，加之特梅尔总统连续遭到联邦检方的起诉及临近 2018 年大选这些因素，巴西政局总体较为混乱。此外，围绕上述因素，巴西主要政党及党际关系出现了明显的分化和重组的迹象，这也决定了 2018 年大选面临诸多的不确定性。总体来看，2017 年巴西政治形势具有以下主要特点。

第一，特梅尔总统连过"两关"，联邦政府基本控制政治局面。2017 年，巴西联邦总检察长罗德里戈·雅诺特（Rodrigo Janot）① 先后两次发起对现总统米歇尔·特梅尔（Michel Temer）的指控，这也是影响巴西 2017 年政局动向最重要的因素。2017 年 6 月 26 日，雅诺特正式向最高法院起诉总统特梅尔受贿，特梅尔成为巴西历史上首位在任期间因腐败被起诉的总统。根据巴西相关法律，当诉讼对象是现任总统时，必须在众议院投票表决，获得 513 名众议员中 2/3 投票赞成后，案件才能交由最高法院法官讨论

---

① 2013 年 9 月 17 日由前总统罗塞夫提名并出任联邦总检察长，2017 年 9 月 18 日卸任总检察长，由特梅尔总统提名的拉奎尔·道奇（Raquel Dodge）接任该职。

是否开庭审理。2017 年 8 月 2 日，巴西众议院就特梅尔受贿起诉案进行全会表决，263 人投票反对将特梅尔受贿案提交至最高法院审理，227 人投票赞成，其余则为弃权或缺席，由于未达到所需的 342 个席位（含弃权和缺席议员），该起诉案最终被否决。2017 年 9 月 14 日，雅诺特再次以"妨碍司法"和"有组织犯罪"起诉特梅尔总统。10 月 25 日，众议院针对雅诺特提出的第二个起诉提案进行表决，513 名众议员中有 486 人参加了投票，其中 233 人支持将案件提交联邦最高法院，251 人反对，2 人弃权，由于支持票数未达 2/3，此案同样被否决，不能提交到联邦最高法院审理。尽管特梅尔总统连续两次顺利通过众议院的表决，但是从两次表决结果来看，特梅尔的支持票数持续下降，相较反对特梅尔的议员数量优势明显缩小。特别是执政联盟最大盟党社会民主党（PSDB）内部针对"是否保留在执政联盟"存在明显的立场分野，该党半数众议员投票支持将案件移交联邦最高法院。而在特梅尔总统所属的民主运动党（PMDB）内部，在第二次众议院全会表决中，有 6 位议员明确表示反对特梅尔总统。从上述两次众议院表决情况来看，特梅尔的执政基础出现了松动和萎缩的局面。综合考虑执政联盟内部的分化、在野党的攻势等多种因素，特梅尔政府面临着内外双重压力。

第二，特梅尔民意支持率持续走低，市场和民众对当局改革的认知存在较大差异。自正式执政以来，特梅尔的民意支持率基本呈持续下行的趋势。根据巴西民调机构 Ibope/CNI 在 2017 年 9 月的调查，特梅尔政府的支持率跌至 3%，创下了该民调机构自 1986 年启动总统民调评估体系以来的最低值，[①] 相反，对特梅尔政府的不认可率则从 2016 年 6 月的 39% 增加到 77%，基本翻了一番（见图 1）。另外，从该机构针对"总统信任度"的调查结果来看，基本也与特梅尔政府的民众支持率走势非常吻合。信任总统的占比从 2016 年 6 月的 27% 降至 2017 年 9 月的 6%，而特梅尔总统的民众不信任率则从 66% 增至 92%。另外，在与罗塞夫执政时期相比较的

---

① 1989 年 6 月、7 月，时任巴西总统的若泽·萨尔内（José Sarney）的支持率为 7%。

调查中，特梅尔的执政业绩也不被民众认可。只有 8% 的受调民众认为"特梅尔执政优于罗塞夫"，认为"特梅尔执政甚至不及罗塞夫"的占比则达到了 59%，而持"两者执政相当"立场的比率为 31%。从民调对联邦当局各项政务的评议来看，税收、利率、医疗、就业、公共安全是最受百姓非议的议题，超过 85% 的受调民众都不认可特梅尔政府的作为。[①] 综合 Ibope/CNI 从各个侧面开展的民调结果来看，2017 年上半年是特梅尔政府支持率下降最明显的阶段，这与特梅尔内阁要员接连涉腐及其本人受检方指控等因素存在重要关联，但也与特梅尔总统强推财政、劳工、养老金等多项改革的做法不无关系。尽管上述改革议案普遍受到市场的欢迎，且在议会表决中也具备比较广泛的支持率，但是民众对这些改革总体持排斥态度，反映出了在政经局势欠稳的局面下，民众担心改革将带来更大的不确定性，这也造成了市场和民众对改革认知的明显差异。随着大选的临近，部分谋求连任的议员有可能因为民众对改革的不满情绪而改变对特梅尔政府的支持立场，这势必将增加特梅尔总统推行改革的挑战。

图 1　特梅尔政府民意支持率变化

资料来源：Pesquisa CNI – Ibope, *Avaliação do Governo Federal*, Setembro de 2017。

---

① Pesquisa CNI – Ibope, *Avaliação do Governo Federal*, Setembro de 2017.

第三，政党力量博弈"白热化"，2018 年大选面临诸多变数。自 2016 年前总统罗塞夫遭弹劾至今，巴西政治力量格局一直处在重新洗牌阶段，传统大党之间的博弈趋于"白热化"，而这种党派博弈可能将一直延续到 2018 年 10 月的总统选举，通过民选总统的结果寻找新的政治平衡。从逻辑上讲，在劳工党元气大伤的情况下，2018 年是社会民主党（PSDB）重新崛起的最佳机会。在这种局面下，社会民主党面临着两大核心任务：其一是由谁出任该党总统候选人；其二为是否需要尽快与支持率持续走低的特梅尔政府进行"切割"。这两个问题一方面造成了该党内部的派系之争；另一方面社会民主党在执政联盟中"去留不定"的态度引起了其他盟党的不满，进而向特梅尔总统施压以争取在内阁中获得更大的权力空间。在野党方面，罗塞夫被弹劾后，以劳工党（PT）为主的巴西左派一直未停止对特梅尔政府的攻击。自特梅尔代行总统职位以来，这些党派在议会中针对特梅尔政府提出的各项改革提案均采取全面抵制的做法。"封口费"丑闻①曝光后，特梅尔遭遇几大在野党更猛烈的攻势，后者先后提出了 9 份弹劾特梅尔的动议，加上之前的 5 份弹劾动议，在野党对特梅尔政府的攻势达到了阶段性的顶峰。针对 2018 年大选，在经历了罗塞夫弹劾案和反腐"洗车行动"后，劳工党面临领袖缺失的现实难题，卢拉再次成为党内扭转困局的不二人选，并且也成为 2018 年总统选举呼声最高的候选人，支持率远超其他潜在候选人。2017 年 7 月 12 日，巴西联邦法官塞尔吉奥·莫罗宣布，卢拉因贪腐和洗钱罪一审被判处 9 年 6 个月的有期徒刑。尽管卢拉是否定罪需要二审法官团的判决，且二审判决未设定时间点，但是这一事件使得 2018 年大选的不确定性陡然上升。第一个不确定性在于卢拉涉腐问题的二审判决结果及判决时间，若二审判决卢拉无罪，卢拉将顺利参选且具有赢得大选的较大胜算；若二审在总统候选人登记前维持一审判决，卢拉将丧失参选资格，大选结果将存在多

---

① 2017 年 5 月 17 日，巴西肉类生产加工企业 JBS 集团负责人若埃斯利·巴蒂斯塔向司法机构检举时，供认特梅尔要求该企业向已入狱的前众议长库尼亚支付"封口费"。

种可能，因为从目前民调来看，在卢拉不参选的情况下，支持率居前两位的并非传统大党的候选人，而分别是民粹主义代表贾伊尔·波索那罗（Jair Bolsonaro）和环保主义者玛丽娜·席尔瓦（Marina Silva）（见图2）；若二审判决维持一审判决，且判决时间晚于总统候选人登记或大选结束后，巴西政治环境有可能出现混乱的局面。总体来看，当前的政党力量博弈都围绕2018年大选，而卢拉的定罪问题则是左右2018年大选选情最重要的前提要素。

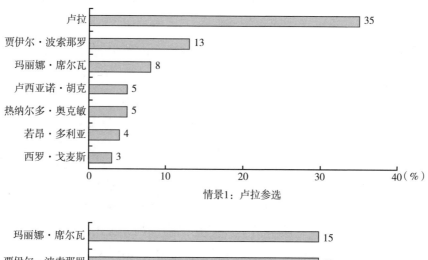

情景1：卢拉参选

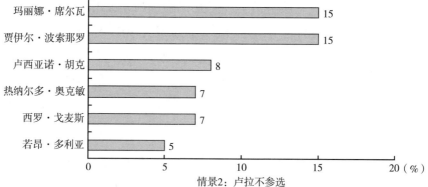

情景2：卢拉不参选

图2 2018年总统选举两种情景的民调结果

资料来源：Ibope Inteligência, Possíveis Cenários Eleitorais Para a Disputa Presidencial de 2018, OUT/2017。

二 经济形势

2017 年，巴西经济呈现明显的趋稳复苏迹象。根据巴西地理统计局（IBGE）公布的数据，2017 年第一季度，巴西 GDP 实现了环比 1.0% 的增长，扭转了连续 8 个季度环比负增长的趋势。其中，农牧业更是实现了环比 11.5% 的增长，其他宏观经济数据较 2016 年第四季度都实现了较大的改观。第二季度，GDP 延续了复苏的态势，环比增长 0.2%，增长主要得益于家庭消费的增长和出口的持续改善，受此影响，服务业出现了较首个季度更明显的复苏，环比增幅达到了 0.6%（见表 1）。尽管第二季度较首个季度的涨势有所减缓，但是连续两个季度的增长还是表明巴西经济呈缓慢复苏的迹象。支持这种经济恢复的有利因素如下：第一，消费者信心和商业信心指数已经触底反弹；第二，通胀率显著下降留给巴西央行继续实施宽松货币政策更多的空间；第三，财政余额和经常账户余额虽有赤字但正在缓慢改善；第四，贸易条件触底反弹，虽然远低于最高值，但是仍保持在历史相对高位，对国内增长和货币升值形成一定支撑；第五，包括社会保障制度、劳工制度等在内的改革计划正在推进，容易形成长期利好预期。

表 1 巴西主要宏观经济数据环比情况

单位：%

项目	2016 年			2017 年	
	第二季度	第三季度	第四季度	第一季度	第二季度
GDP（市场价格）	−0.4	−0.6	−0.5	1.0	0.2
农牧业	−0.2	0.7	2.1	11.5	0
工业	0.5	−1.4	−0.9	0.7	−0.5
服务业	−0.7	−0.5	−0.7	0.2	0.6
家庭消费	−1.3	−0.3	−0.3	0	1.4
政府消费	0.2	−0.6	−0.2	−0.7	−0.9
固定资本形成	0.4	−2.8	−1.3	−0.9	−0.7
出口	−0.5	−2.3	−1.0	5.2	0.5
进口	8.3	−3.6	3.3	0.6	−3.5

资料来源：巴西地理统计局（IBGE）。

据巴西央行预测，2017 年度 GDP 有望实现 0.7% 的增长率，2018 年的经济增速有可能达到 2.2%。但是，IMF 的预测并不乐观，2017 年和 2018 年的 GDP 增长率预测分别是 0.2% 和 1.7%，均低于巴西中央银行的预测值。尽管如此，IMF 已经修正了其先前两次的预测，均提高了巴西经济增速的预期值。此举释放了一个信号，即巴西经济中长期向好。[①] 此外，OECD 对巴西 2018 年的经济增长率预测也相对保守，只有 1.6%，与 IMF 持平。

从实体经济来看，2017 年前两个季度，农业部门的表现最为抢眼，2017 年第一季度环比增长 11.5%，第二季度与前一个季度基本持平。据巴西地理统计局预测，2017 年巴西农产品总产量有望达到 2.42 亿吨，较 2016 年增长 30.3%。大豆、玉米和大米三种农作物的产量总和约为 2.26 亿吨，约占农业总产量的 93.7%，其中，大豆占比约为 47.5%，玉米约为 41.1%，大米为 5.1%，三种农作物产量较上一年度分别增长 19.6%、54.7% 和 16.2%。[②] 2016 年第一季度以来，巴西工业总体呈现复苏的态势。2017 年 5 ~ 7 月，工业产量较前三个月增长 1.8%，在 23 个工业行业中，14 个行业实现了增长。其中，资本货物行业增幅达到了 6.6%，耐用消费品行业增长 2.5%。工业信心指数虽然总体呈改善的趋势，但是受到特梅尔总统遭检方指控等不确定性因素的影响，工业信心指数较预期有所回落，6 ~ 8 月的工业信心指数比 3 ~ 5 月下降了 0.6%。工业库存指数则呈现上升的趋势，6 ~ 8 月较 3 ~ 5 月上升了 6.1%。从全年来看，由于受民用建筑业和水、电、气行业不景气的影响，2017 年工业较上年度有可能下降 0.6%。服务业的改善迹象较为明显，受相关工业领域复苏的刺激，涉及技术和管理的服务部门表现较为抢眼，该行业在 5 ~ 7 月较 2 ~ 4 月上升了 2.7%。根据巴西官方的预测，服务业在 2017 年有望实现 0.1% 的小幅增长。[③]

通货膨胀压力有了较大的释放，根据巴西央行公布的数据，截止到 2017 年 9 月 15 日之前的 12 个月间，通货膨胀率回落至 3.08%，预计 2017

① IMF, *World Economic Outlook*, April 2017, p. 2.

② IBGE, Em setembro, IBGE prevê safra de grão 30, 3% superior a 2016, 10 de outubro de 2017.

③ Banco Central do Brasil, *Relatório de Inflação*, Setembro 2017.

年全年通货膨胀率维持在 3.08% 的水平，2018 年有可能回升至 4.12%，2019 年和 2020 年分别为 4.25% 和 4.00%。随着通货膨胀持续下行，巴西央行货币政策委员会（Copom）在 2017 年 10 月 25 日将基准利率下调至 7.50%，这也是自 2016 年 10 月以来连续第 9 次降息，7.5% 的基准利率是自 2013 年 4 月的 7.25% 之后几年的最低水平。巴西央行焦点报告（Boletim Focus）预测 12 月央行将继续降息 0.5 个百分点，使基准利率降至 7.0%，并维持该利率至 2018 年底。汇率方面，市场预期 2017 年底雷亚尔的汇率将保持在 3.20，2018 年有可能小幅攀升至 3.30，2019 年和 2020 年汇率将分别为 3.45 和 3.49。

财政方面，2017 年 9 月，公共部门①初级财政赤字约为 212.59 亿雷亚尔，前 9 个月，公共部门初级财政赤字累计约为 821.1 亿雷亚尔，占 GDP 的比重约为 1.69%，较 2016 年同期 1.84% 的占比有一定程度的改善。其中，2017 年 1~9 月，联邦政府初级财政赤字累计为 1008.75 亿雷亚尔的盈余（占 GDP 的 2.08%），地方政府（州和市）实现初级财政盈余 176.19 亿美元（约合 GDP 的 0.36%），国有企业也实现了 11.46 亿雷亚尔的盈余（约占 GDP 的 0.02%）。如按截至 2017 年 9 月之前的 12 个月来算，公共部门初级财政赤字为 1523.99 亿雷亚尔，占 GDP 的比重为 2.35%。根据巴西政府的预算，2017 年公共部门初级财政赤字约为 1631 亿雷亚尔，其中联邦政府的初级财政赤字约为 1590 亿雷亚尔。公共债务方面，根据巴西央行的数据显示，净公共债务占 GDP 的比重从 2013 年的 30.5% 升至 2016 年的 46.2%，2017 年 10 月升至 51.5%。同时，政府总债务占 GDP 比重从 2013 年的 51.5% 升至 2016 年的 69.9%，2017 年 10 月达到了 74.4%，创下了自 2002 年以来的最高值（见图 3）。② 根据国际评级机构惠誉的估算，政府债务占 GDP 的比重到 2017 年底将上升至 76%，到 2018 年有可能攀升至 80%，远远高出 BB 级国家约 45% 的水平。为了缩小财政赤字，特梅尔

---

① 含联邦、州、市三级政府，以及除巴西石油公司和巴西电力公司之外的国有企业。

② Lorenna Rodrigues e Fabrício de Castro, Projeção da dívida líquida para outubro é de 51, 5% do PIB, diz BC, *EXAME*, 30 de outubro de 2017.

总统积极推动的一项重要成果——为财政支出增长设限法案获得通过。其核心内容是,在今后20年里联邦政府每年财政支出的增长幅度最高不得超过上一年的通货膨胀率,这将有利于降低公共债务。根据巴西中央银行的预测数据,2020年之前,巴西公共部门净债务和政府总债务占GDP的比重均将持续扩大。其中,公共部门净债务将在2020年达到56.2%的峰值,比2016年提高10个百分点。政府总债务占GDP的比重则预计在2019年达到77.9%,比2016年提高8个百分点。

图3 巴西公共债务占GDP比重

资料来源: Banco Central do Brasil。

外贸方面,据巴西外贸秘书处统计,2017年1~9月,巴西货物进出口总额为2759.3亿美元,比2016年同期增长13.8%。其中,出口1646.0亿美元,同比增长18.1%,出口增幅最大的分别是原油(88.5%)、钢铁半制成品(51.4%)和燃料油(101.0%)。进口1113.3亿美元,同比增长7.9%,进口增长最为明显的为燃料和润滑油(35.3%)、中间产品(11.4%)和消费品(5.7%),资本货进口同比则出现了18.6%的下跌。2017年1~9月,巴西累计实现贸易顺差532.8亿美元,创下了自1989年以来的最高贸易顺差额,同比增长47.3%。从贸易伙伴来看,中国依然为巴西第一大贸易伙伴、第一大出口市场和第一大进口来源国。2017年1~10月,中巴双边货物进出口额为639.5亿美元,增长28%,约占同期巴西外贸总额的 20.7%。其中，巴西对中国出口共计 413.5 亿美元，同比增长 34.6%；从中国进口共计约 226.1 亿美元，同比增长 17.4%；巴西在中巴双边贸易中共实现 187.5 亿美元的顺差，较 2016 年同期（114.5 亿美元）增长 63.8%，占巴西同期外贸总顺差的比重约为 32.1%。此外，美国、阿根廷、荷兰、日本分别为巴西第 2~5 大贸易伙伴，双边贸易额分别为 429.5 亿美元、223.4 亿美元、94.7 亿美元和 74.8 亿美元，占巴西同期外贸总额的比重分别为 13.9%、7.2%、3.1% 和 2.4%。[①] 从国际收支来看，根据巴西央行的统计，2017 年 1~7 月，经常项目赤字为 27 美元，较 2016 年同期 124 亿美元赤字有很大幅度的回落。资本项目方面，2017 年 1~7 月，资本项目实现 85 亿美元的盈余，较 2016 年同期 36 亿美元的赤字有了明显改善。2018 年，巴西央行的预测为，经常项目赤字为 300 亿美元，资本项目赤字为 442 亿美元。[②]

三 社会形势

受政治、经济双重危机的影响，巴西社会形势呈现复杂化的趋势。就业、治安、贫困问题日益凸显，失业率不断攀升，社会治安有所恶化，"返贫"现象呈加剧趋势，社会抗议运动成为常态现象。

随着经济的复苏，巴西就业情况出现了一定程度的缓解，尤其是工业成为带动巴西就业的重要实体经济部门。根据巴西地理统计局公布的《全国住户连续抽样调查报告》（PNAD Contínua），2017 年第三季度，巴西就业人口为 9130 万，比第二季度增加 110 万，失业人数共计 1300 万，减少 52.4 万，失业率约为 12.4%，创 2017 年以来最低水平，2017 年第一季度和第二季度分别高达 13.7% 和 13%，失业人口分别达到 1420 万和 1350 万。尽管如此，仍然比 2016 年同期 11.8% 的失业率增加了 0.6 个百分点。就业者月

---

① 巴西工业、外贸和服务部，http://www.mdic.gov.br/balanca/mes/2017/BCP056A.xlsx。
② Banco Central do Brasil，*Relatório de Inflação*，Setembro 2017，p.32.

均工资约为 2115 雷亚尔（按当前汇率约合 646 美元），与第二季度的 2108 雷亚尔（约合 644 美元）基本持平，较 2016 年同期的 2065 雷亚尔（约合 631 美元）高出 2.1%。从实体经济就业情况来看，2017 年第三季度，建筑业就业人口同比减少 3.8%，农业就业人口减少 4.4%，相反，工业较 2016 年同期增加了 24.5 万个就业岗位，增幅约为 2.4%，与工业相关度较大的服务行业（信息、通信、金融、房地产、技术和管理服务等）新增就业岗位 48.8 万个，较 2016 年同期增加 5.1%（见表 2）。从各个地区的比较来看，东北部是全国失业率最高的地区，平均失业率为 14.8%，其中，伯南布哥州（Pernambuco）的失业率高达 17.9%，居全国首位。失业率最低的地区为南部，平均失业率为 7.9%，该地区的圣卡塔琳娜州（Santa Catarina）失业率约为 6.7%，为全国最低水平。从失业人群的种族来看，黑人或棕色人种占到了 2017 年第三季度总失业人口的 63.7%，黑人或棕色人种的失业率为 14.6%，而白人的失业率为 9.9%。①

表 2　巴西失业率及就业人口平均工资

单位：%，雷亚尔

项目	2017 年第三季度	2017 年第二季度	2016 年第三季度
失业率	12.4	13.0	11.8
月均工资	2115	2108	2065
增减幅度	—	0.3	2.4

资料来源：IBGE，PNAD Contínua，Setembro de 2017。

　　由于最近两年的经济大幅滑坡，巴西的贫困问题有所加剧，出现了较为明显的"返贫"现象，同时也中止了过去十年来巴西贫困问题持续改善的趋势。根据世界银行的研究报告，2017 年，巴西贫困人口数量有可能增加 250 万～360 万，贫困率将增至 9.8%～10.3%，赤贫人口数量则有可能从 2015 年的 680 万增加到 2017 年的 850 万～940 万，赤贫率则从 3.4% 增至

---

① IBGE，PNAD Contínua，Setembro de 2017.

4.2%~4.6%。① 根据瓦加斯基金会社会政策研究中心（FGV Social）的核算，巴西贫困率在 2015 年和 2016 年出现连续攀升的趋势，贫困人口数量在这两年增加了 590 万，贫困人口总量从 2014 年底的 1600 万攀升至 2016 年的 2200 万，贫困率则从 2014 年的 8.4% 增至 2015 年的 10%，2016 年则升至 11.2%。②

2017 年 1 月 1 日，巴西北部亚马孙州府玛瑙斯市的阿尼西奥·若宾（Anísio Jobim）监狱发生囚犯暴动，共造成 56 人死亡。1 月 6 日，巴西北部罗赖马州博阿维斯塔市（Boa Vista）的蒙特克里斯托（Monte Cristo）监狱内发生帮派冲突，造成 33 名囚犯死亡。1 月 15 日，在北里奥格兰德州一所监狱发生暴动，共造成 26 人死亡。2017 年 2 月，巴西圣埃斯皮里图州（Espírito Santo）发生长达 21 天的大规模军警罢工活动，整个州的治安陷入瘫痪状态，城市骚乱共导致 199 人死亡，数百家店铺遭盗窃哄抢，经济损失超过 3 亿雷亚尔。2017 年前 5 个月，里约热内卢已有超过 50 辆公交车被贫民窟毒贩烧毁，造成经济损失超过 2200 万雷亚尔。由于治安恶化，巴西国防部在 7 月 21 日宣布向里约派出武装部队支援力量，2017 年 7 月 23 日，一名军警在巡逻时遭枪击死亡，这也是该州 2017 年第 91 名被袭身亡的军警。根据巴西应用经济研究所（IPEA）公布的《2017 年巴西暴力图册》（Atlas da Violência 2017）的统计，巴西每年有近 6 万人死于凶杀案件，日均多达 161 人，其中一半以上是青壮年，黑人约占 71%。根据这项研究的统计，2005~2015 年，巴西共有 31.8 万名 15~29 岁的青壮年遭到谋杀，每年造成的经济损失约占国内生产总值的 1.5%。从地区差异来看，圣保罗州、里约热内卢州的暴力案件发生率呈下降趋势，其中，圣保罗州的凶杀死亡人数在 2005~2015 年减少 44.3%，里约热内卢州的降幅为 36.4%。相反，经济较为落后的东北部、北部地区则呈快速上升趋势，其中北里奥格兰德州增长

① https：//g1. globo. com/economia/noticia/brasil - tera - ate - 36 - milhoes - de - novos - pobres - em - 2017 - diz - bird. ghtml.

② Mônica Izaguirre, Pobreza cresce no Brasil pelo Segundo ano consecutive, *Corrreio Braziliense*, 25 de Junho de 2017.

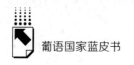

232%，2005 年，该州的凶杀率为 0.0135%，2015 年增加到 0.0449%。另外，凶杀率增长较为明显的州还有塞尔希培州（134.7%）、马拉尼昂州（130.5%）、塞阿拉州（122.8%）。①

2017 年，民众游行和社会抗议运动依然时有发生，尽管与 2016 年相比总体趋于缓和，但是针对特梅尔政府推动的多项改革方案，社会抗议运动贯穿 2017 年全年。4 月 28 日，巴西爆发了 20 多年来全国首次大罢工，矛头针对特梅尔政府在议会推动的劳工改革和社会保障改革。此次罢工由各类工会动员组织，也得到了劳工党、巴西社会党、巴西共产党、民主劳工党等党派以及无地农民运动（MST）、全国学生联合会（UNE）、巴西全国天主教主教联盟（CNBB）等社会组织的支持，罢工运动席卷超过 150 个城市，罢工组织方声称有 4000 万人参与。特梅尔总统"封口费"丑闻曝光后，巴西多地爆发了民众游行，要求特梅尔总统下台，呼吁尽快开展"直接选举"。另外 2017 年 7 月，前总统卢拉一审被判有罪后，巴西多地发生了规模不等的声援活动，支持卢拉参加 2018 年选举。

四　外交形势

受政局不稳的影响，外交事务在特梅尔政府议程中处在较为边缘的位置。2017 年，特梅尔总统出访 6 次，先后到访葡萄牙、俄罗斯、挪威、德国、阿根廷、中国和美国等 7 个国家。从出访目的来看，体现出明显的"峰会外交"特点，比如，访问德国、阿根廷、中国和美国均为出席在当地召开的相关首脑峰会，这也从另一侧面反映出巴西当局在外交领域缺乏主动性。从上述几次出访来看，经贸合作是当前巴西的外交优先目标。

2017 年，应对特朗普新政对拉美地区的冲击和委内瑞拉危机是巴西当前地区政策的核心议题。特朗普上台后提出的"修建边境隔离墙""美国制造业回归"等主张使本已回暖的美拉关系面临变数，针对这种局面，巴西

---

① Ipea e FBSP, Atlas da Violência 2017, Junho de 2017.

强化了与地区邻国之间的联系，旨在通过地区经济的整合平抑美国的保护主义倾向。针对特朗普提出的"修建美墨边境隔离墙"动议，巴西政府声援墨西哥，巴西外交部于 2017 年 1 月 27 日公开表示"担忧美国修建隔离墙的做法"。2017 年 2 月 7 日，特梅尔总统在与来访的阿根廷总统马克里着重商讨强化双边战略合作，加强南共市与太平洋联盟（由智利、哥伦比亚、墨西哥、秘鲁）之间的整合，尤其是与墨西哥之间的合作。2017 年 7 月 21 日，在出访阿根廷参加南方共同市场（以下简称南共市）首脑峰会期间，特梅尔总统再次强调继续深化内部经济一体化，加强与太平洋联盟保持积极对话，推进拉美经济融合进程。除此之外，本次会议的联合公报提出，争取在 2017 年底前完成与欧盟的四轮区域协作谈判，与挪威、瑞士等欧盟四国重启自由贸易谈判，推动与加拿大自贸协定谈判的试探性对话，建立同亚太地区新的对话渠道。在委内瑞拉危机问题上，巴西政府一直坚持强硬的立场。2017 年 4 月，特梅尔总统公开表示，委内瑞拉危机只能通过选举解决，并警告称如果马杜罗政府不允许举行选举，委内瑞拉将面临失去南共市成员国资格的可能性。8 月初，委内瑞拉制宪会议成立后，巴西政府再次抨击马杜罗政府的做法，并与拉美多数国家一道拒绝承认制宪会议的合法性。

2017 年，亚太地区是巴西外交关注的另一重点。特梅尔总统利用厦门金砖首脑峰会对中国进行了国事访问，此外，巴西外长阿洛伊西奥·努内斯（Aloysio Nunes）于 9 月 5~12 日先后访问了马来西亚、新加坡、越南等东南亚三国，强化与亚太市场的经贸联系和融入亚太价值链成为巴西当局亚太政策的核心目标。特梅尔总统的"中国行"成果显著，两国签署了多项合作协议，内容涉及电力、航空、农业、金融、钢铁、新能源汽车等多个领域。另外，特梅尔还签署了一项中资企业在巴西设立 10 亿美金的农业投资基金的框架协议。在巴西经济持续低迷且国际资本流动性不足的情况下，中国的市场需求和投资成为巴西尽快摆脱经济困境的重要外部渠道。在出访东南亚地区期间，巴西外长也强调需要将巴西的外交边疆拓展到经济活力较强的东南亚地区，开拓巴西在东南亚地区的经贸潜力。2016 年，巴西与东盟之间的贸易总额为 166.2 亿美元，2017 年 1~8 月，巴西对东盟的出口约为

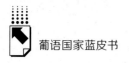

74.27 亿美元，从东盟进口约 47.67 亿美元，东盟十国约占巴西同期对外出口的 5.09%。另外值得注意的是，在访问新加坡期间，巴西外长与巴西驻新加坡、菲律宾、泰国、东帝汶、缅甸和印度尼西亚等国大使召开联席会议；6 月访问中国时，巴西外长同样召开了与巴西驻中国、印度、日本和新加坡等四国大使的联席会议；8 月 25 日，巴西副外长塞尔吉奥·弗兰萨·达内斯（Sérgio França Danese）在巴西利亚宴请东盟七个国家（新加坡、菲律宾、印度尼西亚、马来西亚、缅甸、泰国和越南）驻巴西的外交使团长官，其意旨在强化巴西与东盟之间的联系，重启南共市与东盟之间的部长级会议，探讨开展贸易谈判的可能性。总体来看，巴西与亚洲国家之间的政府高层互动体现出了巴西强化对亚洲政策的强烈意愿。

B.18
佛得角共和国

王　琳*

摘　要： 本报告拟对 2016 年佛得角经济社会发展进行阐述和分析。
2016 年，佛得角经济保持稳定增长，佛得角国内生产总值
（GDP）16.36 亿美元，同比增长 3.6%。佛得角服务业和服
务贸易发展迅速，旅游业实现快速增长，为佛得角国内生产
总值直接贡献了 17 个百分点；航空和海洋运输业获得持续发
展，民航、港口吞吐量平稳增长。佛得角国家稳定，政治和
司法框架牢固，2016 年佛得角总统、议会和地方选举顺利，
权力平稳交接。2016 年也是中国与佛得角建交 40 周年，中国
与佛得角多种形式合作发展迅速，双边关系进一步得到提升。
佛得角支持中葡论坛开展的各项活动，席尔瓦总理出席于 2016
年 10 月在澳门特区举行的中葡论坛第五届部长级会议。

关键词： 佛得角　经济发展　社会发展　中佛关系

一　旅游业实现快速增长

2016 年，佛得角国内生产总值（GDP）达 16.36 亿美元，同比增长
3.6%，通货膨胀率从 2015 年的 0.5% 上升至 1.4%，公共债务从 2015 年的
127.8% 上升至 128.6%。2016 年，佛得角政府通过降低公共财政支出、
增加征税能力和重组国有企业等方式，使政府财政预算赤字率从 4.6% 下

---

*　王琳，对外经济贸易大学法学院硕士研究生。

降至3.5%。① 截至2016年底，外汇储备（不含黄金）为5.51亿美元。

佛得角80%以上的日常生活用品及全部机械设备和建筑材料、燃料等均依靠进口。主要出口产品为船用燃料、服装、鞋类、金枪鱼罐头、冻鱼、龙虾、食盐、火山灰等。每年均有巨额贸易逆差。2014～2016年，佛得角总贸易额平均占当年国内生产总值（GDP）的53.6%。2016年，佛得角商品进出口贸易额达7.26亿美元，其中，进口额为6.66亿美元，较上年增长10%，出口额为0.6亿美元，较上年减少10.3%。

佛得角主要的进口国是葡萄牙，占总进口额的46.5%，西班牙占11.3%。与2015年相比，主要的进口商品大米（同比下降25.5%）、燃料（同比下降23.9%）和牛奶（同比下降6.7%）都出现了比较明显的下降，而车辆（同比上升36.2%）和纺织材料（同比上升28.6%）则比上年有所上升。西班牙作为佛得角最大的出口目的地国，占2016年佛得角商品出口额的72.5%，其次是葡萄牙，占19.2%。出口的商品主要是海产品和罐头，占出口总额的43%，鱼类、甲壳类和软体类产品占38.2%。②

2016年，佛得角服务贸易进出口额达9.14亿美元，其中，服务贸易进口额为3.41亿美元，较上年增长11%，服务贸易出口额为5.73亿美元，较去年增长15%。商业服务贸易主要包括运输、旅游、其他商业服务、与商品相关的服务（见表1）。③

表1　2016年佛得角商业服务贸易进出口情况

单位：%

项目	运输	旅游	其他商业服务	与商品相关的服务
进口额	25.7	19.8	46.3	8.2
出口额	18.2	64.2	15.6	2.0

---

① 中国商务部官网，http：//www.mofcom.gov.cn/article/i/jyjl/k/201703/20170302536620.shtml。
② 中国驻佛得角大使馆经济商务参赞处网站，http：//cv.mofcom.gov.cn/article/jmxw/201702/20170202509268.shtml。
③ 世界贸易组织网站数据，http：//stat.wto.org/CountryProfiles/CV_e.htm。

2016 年，佛得角民航、港口运输量平稳增长。据佛得角国家统计局（INE）数据，2016 年佛得角全国机场起降架达到 30209 次，同比增长 9.1%。全行业完成旅客运输 210 万人次，同比增长 10.1%。港口船舶流量 7534 艘次，同比增长 7.4%。全国港口完成货物吞吐量 208 万吨，同比增长 5.9%。全国港口完成旅客吞吐量 90 万人次，同比增长 8.2%。[①]

2016 年佛得角旅游业实现快速增长。全年酒店设施接待人数达 64.4 万，比 2015 年上升 7.5 万。过夜游客人数超过 410 万，比 2015 年增加 38 万。[②] 2016 年旅游业直接对于佛得角 GDP 的贡献为 17.2%。2016 年，佛得角旅游业直接给本国提供 3.5 万个工作岗位，包括餐饮业、酒店业、旅游中介、航空业、旅客运输等，占总就业率的 15%。游客消费所推动的出口额占总出口额的 66.4%。与旅游业相关的投资高达 141 亿美元，占总投资额的 25.9%。[③] 2016 年 5 月 11 日，世界银行为帮助佛得角提高旅游竞争力，推动旅游业发展，为其批准 500 万美元的贷款计划。世界银行驻佛负责人路易斯·科尔多表示，佛得角旅游业的发展潜力巨大，旅游领域是世界银行与佛政府战略合作的优先领域之一。萨尔岛是最受游客欢迎的岛屿，该岛访客数量占来佛旅游总人数的 45.6%，其次是博阿维斯塔岛（31.6%）和圣地亚哥岛（11.2%）。

2017 年佛得角财政预算于 1 月 1 日开始实施，该预算于 2016 年 12 月 7 日经佛国民议会审议通过，12 月 30 日在佛政府公报上公布。预算总额为 560 亿埃斯库多（约合 5.1 亿欧元），财政赤字预计同比增长 3%。佛总理席尔瓦预计 2017 年佛财政收入约为 500 亿埃斯库多（约合 4.5 亿欧元），国内生产总值预计增长 5.5%，政府财政将社会安全、司法和发展经济列为重点支持领域。

二 社会发展稳定

佛得角国家稳定，政治和司法框架牢固。截至 2016 年底，佛得角人口

---

① 中国商务部网站，http://www.mofcom.gov.cn/article/i/jshz/rlzykf/201704/20170402553258.shtml。
② 中国驻佛得角大使馆经济商务参赞处网站。
③ World Travel& Tourism Council，https://www.wttc.org。

为 59.96 万，人口增长率为 1.19%。其中城镇人口为 35.71 万，农村人口为 18.24 万。[1]

佛得角国内 50% 的劳动人口从事服务业。旅游、运输、商务、公共服务和房地产业成为经济增长和就业的主要来源。旅游业的发展也推动了国内基础建设的发展。2016 年，佛得角政府着重实现供水、供电、卫生、港口和信息技术等基础设施发展规划。在 2016 年全球信息及通信技术（ICT）发展指数排名中，佛得角位居西非地区首位，在非洲排名第四，世界排名从 2015 年的第 99 位上升至 2016 年的第 97 位，韩国居世界首位，中国列第 81 位。[2]

三 2016年举行总统、议会和地方选举

2016 年，佛得角主要围绕议会、地方和总统三大选举展开。2016 年 3 月 20 日举行的议会选举中，反对党争取民主运动（简称"民运"）击败了执政长达 15 年的非洲独立党，在议会 72 个席位中获得 40 个席位，非洲独立党获得 29 个席位，另外三个席位由佛得角民主独立联盟获得。议长若热·佩德罗·毛里西奥·多斯桑托斯来自民运。本届议会任期至 2021 年。2016 年佛得角国内一系列选举进程总体平稳，参选党派竞争有序，独立党平静接受选举结果，政权实现平稳过渡，政局继续保持稳定。

民运主席、普拉亚市市长乌利塞斯·科雷亚·席尔瓦于 4 月 22 日就任总理。席尔瓦发表就职演讲时称，"佛得角新政府将以促进经济发展、改善社会治安、推动区域化进程为施政优先方向。为促进经济发展，佛政府一方面要改善国内营商环境，另一方面要通过经济外交为国家发展引入外部活力，为此，佛政府将继续加强与中国等重要发展伙伴的合作关系"。

在 2016 年 10 月 2 日举行的总统选举中，现任总统若尔热·卡洛斯·丰

---

① 世界银行网站数据，新浪财经，http://finance.sina.com.cn/worldmac/nation_ CV.shtml。

② 中华人民共和国商务部网站，http://www.mofcom.gov.cn/article/i/jyjl/k/201704/20170402563440.shtml。

塞卡以 73.8% 的高得票率，击败了另外两位独立候选人格拉萨（22.6%）和蒙泰罗（3.4%）连任总统，任期至 2021 年。现佛得角政府主要成员有：总理若泽·乌利塞斯·科雷亚·席尔瓦（José Ulisses Correia e Silva），财政与公共管理部长奥拉沃·科雷亚（Olavo Correia），经济与就业部长若泽·贡萨尔维斯（José Gonçalves），内政部长保罗·罗沙（Paulo Rocha），外交与侨民部长兼国防部长路易斯·菲利佩·塔瓦雷斯（Luís Felipe Tavares），部长会议、议会事务兼体育部长费尔南多·埃利西奥·弗莱雷（Fernando Elísio Freire），司法与劳工部长雅妮内·莱利斯（Janine Lelis），教育、家庭与社会融合部长兼高等教育与科技部长玛丽特扎·罗萨巴尔（Maritza Rosabal），文化与创意产业部长兼社会传媒部长阿布拉昂·维森特（Abraão Vicente），卫生与社会保障部长阿林多·多罗萨里奥（Arlindo do Rosário），农业与环境部长吉尔贝托·席尔瓦（Gilberto Silva），基础设施、土地规划与住房部长尤妮斯·席尔瓦（Eunice Silva）等。①

四　中佛建交40周年

2016 年是中国与佛得角建交 40 周年，中佛双方都为此举行了形式多样、内容丰富的系列庆祝活动。佛得角虽然是距离中国遥远的地理上葡语非洲国家，但 40 年来的历史证明，中佛双边合作关系在许多领域已经展开，两国合作正在不断深化。

2016 年，佛得角与中国商品进出口额为 4942.35 万美元，同比增加 9.88%，其中进口额为 8.27 万美元，较上年增长 259.57%。出口额为 4934.08 万美元，较上年增长 9.75%。

2016 年 1 月，中国与佛得角签署了《中华人民共和国政府和佛得角共和国政府关于提供无偿援助的经济技术合作协定》，决定援建佛得角大学新

---

① 中国驻佛得角大使馆经济商务参赞处，http://cv.mofcom.gov.cn/article/ddgk/201704/20170402553259.shtml。

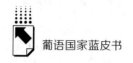

校区项目，这将对佛得角高等教育事业的发展发挥重要作用。中国私人企业也积极投资佛得角，澳门励骏创建公司投资的佛得角最大外资项目——旅游综合体项目于 2016 年 1 月正式动土，预计 3 年内竣工。

2016 年 3 月 11 日，中国与佛得角签署《中国援佛得角议会堂维修项目对外实施协议》。佛得角议会堂是中佛建交后中国援佛首个成套项目，1982 年 12 月 31 日正式开工，1985 年 6 月 29 日建成并移交佛方使用。议会堂建成 30 年来，在佛政治、文化生活中始终发挥着不可替代的重要作用。根据此次签署的协议，中方将对议会堂进行大修，项目由北京建工集团实施，工期 2 年。3 月 30 日，华为公司佛得角办事处与佛得角最大电信运营商 CVTelcom 在首都普拉亚签署为期四年的电信网络搬迁项目合同。根据合同，华为将采用网络功能虚拟化、云计算等业界前沿技术与 CVMovel 联手建设佛得角第一张 4G（LTE）网络，并将在未来 4 年重新建设圣文森特等四个岛屿的无线网络。

2016 年 4 月，佛得角总统丰塞卡在总统府宴请中国驻佛大使杜小丛，庆祝中国政府援建佛总统府扩建工程顺利完工。2016 年 5 月 10 日，中国驻佛得角大使杜小丛拜会佛得角新任国民议会议长桑托斯，祝贺佛得角成功举行议会选举，并表明中国愿与佛得角政府继续发展传统友谊，把两国合作关系提升到新的高度。

2016 年 7 月，佛得角共和国前总统皮雷斯应中国人民对外友好协会邀请访华。同月，佛得角经济部长贡萨尔维斯赴中国出席中非合作论坛约翰内斯堡峰会成果落实协调人会议。2016 年 10 月，席尔瓦总理应中国政府邀请，赴中国澳门出席中国与葡语国家经贸合作论坛第五届部长级会议开幕式，并与中国总理李克强举行双边会见，就今后几年中佛双边关系发展规划达成了重要共识。

2016 年 10 月 28 日，中国驻佛得角大使杜小丛与佛得角卫生部多罗萨里奥部长分别代表两国政府签署《中华人民共和国国家卫生和计划生育委员会与佛得角共和国卫生和社会保障部关于开展妇幼健康工程项目的协议》。该协议是中非合作论坛约翰内斯堡峰会上中方提出的中非公共卫生合作计划的落实举措。该项目旨在通过向佛派遣由中方临床专家组成的短期医疗队、赠送诊疗设备和药品耗材，以及探讨中佛两国妇幼领域人力资源等方面的合作，为佛得角民众提供更高水平、更有针对性专科医疗服务，推动佛妇幼卫生建设，促进提高当地妇幼卫生水平。

2016 年 11 月 25 日，中国驻佛得角大使杜小丛和佛得角外交部长塔瓦雷斯在佛首都普拉亚分别代表两国政府签署了关于佛得角紧急粮食援助的交接证书。该批粮食于 11 月 18 日抵佛，为 24.9 万袋大米，共计 1245 吨，将由佛方社会学校活动基金会等 31 家机构组织分发，主要面向佛当地幼儿园、中小学和社会儿童救助机构，预计受益人数达 5.5 万人。

2016 年 12 月 13 日和 20 日，中国驻佛得角使馆临时代办王峰和佛得角外交部长塔瓦雷斯分别代表两国政府签署中国援助佛得角海关现代化项目换文。该项目是中方落实中非合作论坛约翰内斯堡峰会关于中非贸易便利化合作计划的重要举措。中方将为佛援助港口集装箱检测设备、机场行李安检设备及海关信息化系统等物资，旨在帮助佛政府提升贸易便利化和维护国家安全的能力。

B.19

几内亚比绍共和国

伍爱凤*

摘　要：　2016～2017 年，几内亚比绍政府高度重视农业发展和对外贸易，通过多个减贫战略、财税改革政策的实施，经济开始转暖。政府努力提高民众医疗水平，发展基础教育，积极发展文化及体育事业。历届政府努力巩固稳定局面，推动社会发展，国家建设逐步走上正轨。

关键词：　几内亚比绍　经济　社会　对外交往

葡语非洲国家——几内亚比绍共和国是个典型的农业国。政府推动经济社会发展，大力发展腰果产业，并在保护生态平衡基础上有序发展林业、渔业，经济近期有所好转；政府努力巩固稳定局面，促进民生改善，在发展医疗卫生、教育、文化体育等方面均有建树，政治和安全局势总体稳定；政府在中国—葡语国家经贸合作论坛框架下加强合作，两国关系进一步向纵深发展，在贸易、企业、医疗卫生、人力开发等方面合作成效显著。

一　经济呈现增长势头，大力发展腰果生产

据国际货币基金组织 2016 年 12 月数据和几内亚比绍经济与财政部 2017 年 4 月数据，几内亚比绍 2016 年经济呈增长趋势，国内生产总值（GDP）

---

* 伍爱凤，对外经济贸易大学国际学院教师，助理研究员。

11.68 亿美元，增长率为 5.6%，较 2015 年的 4.8% 有所上升，世界排名第 30 位，在葡语国家中增速最快；人均国内生产总值 634 美元，世界排名第 175 位；财政赤字呈跌势，2016 年财政赤字占 GDP 的 4.9%，国家财政收入从 2015 年的 848 亿非洲法郎（简称"西法"）增长至 859 亿非洲法郎（约合 1.3 亿欧元）；外汇储备（不含黄金）2380 亿西法，外债余额约为 14 亿西法；2016 年消费协调指数（IHPC）与 2015 年持平，为 1.5%，通货膨胀率为 2.5%。① 据联合国经济和社会事务部及联合国贸易和发展会议发表的《2018 年世界经济形势与展望》报告，几内亚比绍 2018 年与 2019 年经济增长将分别放缓至 4.8%、5.1%。② 2016 年，几内亚比绍出口总额为 1960 亿西法，占国内生产总值的 27%，较上年略有增长。

几内亚比绍同莫桑比克、科特迪瓦和坦桑尼亚并称非洲四大腰果出产国，也是世界第四大腰果生产国，平均年产量 22 万吨。腰果为几内亚比绍主要出口产品，占出口总量的 80% 以上。2017 年 4 月，几内亚比绍部长会议通过了四项促进腰果生产的法令，分别是《腰果中介机构管理法》、《腰果销售法》、《腰果国内销售法》和《腰果国外销售法》，2017 年腰果销售法正式生效。新的腰果法对外商收购腰果做出明确规定，只有当地人有权持有腰果中介许可证，外商须经过中介机构进行腰果交易。根据几内亚比绍腰果局数据，2016 年腰果出口量为 18 万吨，预测 2017 年将达到 20 万吨。③

由于几内亚比绍"经济政策执行情况令人满意，经济增长较为强劲，税收有所改善"，2017 年 12 月 11 日，国际货币基金组织（IMF）在扩展信贷贷款时，拨出 430 万美元给几内亚比绍，用于恢复和稳定宏观经济，提高服务效率和促进西非国家经济增长。④

2016 年 10 月以来，几内亚比绍共发行三次国债用于弥补财政赤字，分

---

① 中华人民共和国驻几内亚比绍大使馆经济商务参赞处，http：//gw. mofcom. gov. cn/article/jmxw/201703/20170302543147. shtml。

② http：//sc. platformchinaplp. mo/Econ/eclim_ detail/id/125423/country/5/l/cn.

③ 《Guinea/Bissau 几内亚比绍》，http：//www. sohu. com/a/134945078_ 530667，2017 年 4 月 19 日。

④ http：//sc. platformchinaplp. mo/Econ/eclim_ detail/id/125430/country/5/l/cn.

别是：2016 年 10 月，共筹得 143 亿非洲法郎（约 2180 万欧元），期限为两年，利率 5.9%；2017 年 2 月 22 日发行总额为 1980 万欧元的国债，以弥补公共财政赤字，其中最低面额为 100 万非洲法郎，一年期，多种利率；4 月 10 日，几内亚比绍国库总局与西非国家中央银行联合发行 160 亿非洲法郎（约合 2700 万美元）国债，据来自西非经货联盟债券机构的声明，此次国债分为三种，分别为 182 天、一年和三年偿还期。①

2016 年 10 月 24 日，几内亚比绍正式实施西非国家经济共同体（西共体）共同关税政策。共同关税是《西共体条约》的目标之一，将进一步推动区域贸易自由化，实现区域繁荣，各成员国将广泛受益。根据政策，关税同盟国家之间取消关税和贸易限制，对来自非同盟国家的进口产品实行统一的共同对外关税。②

林业是几内亚比绍的支柱产业之一，近年其加大了森林保护力度。在 2016 年 3 月 30 日几内亚比绍召开的西非六国森林专家会议上，几内亚比绍农业部长表示将再次进行森林面积普查，掌握最新数据，控制木材出口，建立区域木材出口控制机制，特别是针对西非地区特有的紫檀等稀有木材，保护国家自然资源，维持生态平衡，促进人与自然和谐发展。林业资源丰富，拥有 300 万公顷天然牧场，森林面积 235 万公顷，森林覆盖率达 56%。几内亚比绍木材藏量约为 4830 万立方米，每年可生产 10 万吨木材。近年来，随着林业资源的不断开发，每年森林锐减 3 万~4 万公顷，2012~2014 年，仅紫檀一种木材的砍伐量就有 6 万立方米，按照这个速度，30 年后国家森林覆盖率将会减少一半。③

几内亚比绍沿海大陆架长 160 公里，专属经济区 7 万多平方公里，海洋环境复杂，拥有鳞鱼、对虾、龙虾、螃蟹和软体鱼等海产，渔业资源丰富，

---

① 中华人民共和国驻几内亚比绍大使馆，http：//gw. china - embassy. org/chn/jbgk/ t794970. htm。

② 中华人民功能和国商务部，http：//www. mofcom. gov. cn/article/i/jyjl/k/201610/ 20161001481950. shtml。

③ http：//gw. mofcom. gov. cn/article/jmxw/201604/20160401287899. shtml。

年捕捞量达 25 万~35 万吨，目前年实际捕捞量约为 3 万吨，是大西洋最重要的渔场。由于没有自己的工业捕鱼船，发放捕鱼许可证和渔产品出口是其主要外汇收入来源，收入相当可观，每年约 920 万美元。①

几内亚比绍矿产资源较为丰富，主要矿藏有铝矾土（储量约 2 亿吨）、磷酸盐（储量约 8000 万吨），沿海正在进行石油勘探，石油和天然气储量丰富，初步估算储量约 11 亿桶。由于设备等条件限制，几内亚比绍矿产资源尚未得到有效开发。中国—葡语国家经贸合作论坛的成立为中资企业走进几内亚比绍提供了很好的合作平台，随着几内亚比绍政局的稳定，对外投资环境日益"友好"，矿产资源合作开发未来可成为中资企业对几内亚比绍投资的重点。

二 国家维持社会稳定，民生得以改善

几内亚比绍政府努力巩固稳定局面，推动经济社会发展，促进民生改善，国家建设逐步走上正轨。联合国、西非国家经济共同体、葡语国家共同体等国际和区域、次区域组织为此发挥了重要作用。②

联合国开发计划署《2016 年人类发展报告》中 2015 年人类综合发展指数显示，几内亚比绍人类发展指数（HDI）为 0.424，人均国民总收入（GNI）为 1369 美元，严重贫困人口占 58.4%，在 188 个国家中排名第 178位，较上年上升 1 位，但人类发展水平仍然很低。2015 年，就业人口比例为 67.2%，童工比例为 38.0%，劳动力市场参与率（占 15 岁及以上人口百分比）为 72.7%，总失业率为 7.6%，青年失业率为 12.4%，女性在国家议会中的席位比例为 13.7%。③

重视教育事业发展。几内亚比绍青年人口占比较大，近两年来政府越来越重视教育，教育经费约占国家财政预算的 12%，相当于 GDP 的 2.2%。

---

① 中国海洋在线，http://www.oceanol.com/zhuanti/201709/20/c68563.html。
② 网易新闻，http://news.163.com/15/0206/09/AHOTS9AQ00014JB6.html。
③ 联合国开发计划署发布《2016 年人类发展报告》。

2015 年成人识字率为 59.9%，39% 的小学教师受过专业教学培训，小学生师比为 52∶1，2016 年平均受教育年限为 2.9 年。[①] 除发展本国教育，几内亚比绍还注重加强国际教育交流与合作，每年均派出一定数量的留学生到其他国家学习。

重视医药卫生事业发展。2016 年，几内亚比绍政府承诺采取有效措施，改善医院医疗服务条件，呼吁更多的母亲选择在妇产机构进行分娩，争取在今后五年减少孕产妇和新生儿死亡率及死产数量，如免费开展全国婴幼儿补充维生素 A 和服用驱虫药活动，在全国展开脑膜炎 A 型疫苗接种，向全国免费发放药浸蚊帐控制疟疾。2016 年 4 月，几内亚比绍举办医生和麻醉复苏专科护士培训班，11 月几内亚比绍门德斯国家医院两个剖宫产手术室正式启用，2017 年 2 月几内亚比绍 40 名比绍医学院学生获得毕业证书。

重视文化体育事业发展。2016 年 11 月 3 日，几内亚比绍国家研究所所长阿马多向媒体宣布，葡语国家共同体将向几内亚比绍提供 6 万欧元用于重建国家图书馆和修复相关历史档案。[②] 2016 年，派出 5 名运动员组成的代表团参加里约奥运会；2017 年 1 月 9 日，第 31 届非洲国家杯足球赛 1 月 14 日至 2 月 5 日在加蓬举行，几内亚比绍国家足球队赴加蓬征战，这是几内亚比绍国家足球队历史上第一次进入非洲杯 16 强。[③]

三 积极与中国开展合作，双方合作潜力巨大

贸易方面，中国海关总署统计，2017 年 1～11 月中国与几内亚比绍进出口商品总值 3.26 亿美元，同比增长 40.69%。其中中国从几内亚比绍进口 305 万美元，同比增长 47.21%；向几内亚比绍出口 3.23 亿美元，同比增

---

① 联合国开发计划署发布《2016 年人类发展报告》。

② 中华人民共和国驻几内亚比绍大使馆，http：//gw. mofcom. gov. cn/article/jmxw/201611/20161101591578. shtml。

③ 中华人民共和国商务部，http：//www. mofcom. gov. cn/article/i/jyjl/k/201701/20170102499095. shtml。

长 40.63%。两国贸易还有较大发展空间。2011 年 5 月～2016 年 5 月，共有 46 家中资企业在几内亚比绍注册，主要从事农业、渔业、餐饮、服装零售、化妆品和计算机产品贸易。2011 年 5 月～2016 年 5 月，共有 46 家中资企业在几内亚比绍注册，主要从事农业、渔业、餐饮、服装零售、化妆品和计算机产品等领域的合作和贸易。①

发展合作方面，2017 年 7 月 25 日，中国向几内亚比绍提供援助，用于建设比绍奥托·班丁（Alto Bandim）渔港，工期两年。港口建成后，几内亚比绍渔业基础设施将有很大改善。

人力开发合作方面，2017 年 5 月 10 日，几内亚比绍青年与创业部长表示愿与中方在青年教育、培训、就业方面加强交流与合作，推动几内亚比绍青年事业发展。中国已向几内亚比绍提供 200 个有关农学和电子技术的奖学金名额。

卫生医疗方面，2017 年 5 月 17 日，中国政府援助几内亚比绍药械交接仪式，捐赠包括抗疟药、抗生素、手术器械、制氧机和心电图等紧缺药械，② 帮助几内亚比绍改善医疗卫生条件。

企业合作方面，2017 年 9 月 24 日，几内亚比绍派代表出席湖南—澳门·葡语国家产能合作对接会，积极与袁隆平农业高科技股份有限公司、远大住宅工业集团股份有限公司、三一重工股份有限公司等企业对接，几内亚比绍欢迎中资企业到几内亚比绍投资。

在中葡论坛框架下，几内亚比绍高度重视中国—葡语国家经贸合作论坛（澳门），2016 年 10 月 10～12 日中国—葡语国家经贸合作论坛第五届部长会议期间，几内亚比绍总理巴西罗·贾与中国国务院总理李克强会见并在开幕式上发表演讲。几内亚比绍经济与财政部长恩里克·奥尔塔·多斯桑托斯在随后举行的会议上发言，与会各方签署了中葡论坛第五届部长级会议《经贸合作行动纲领（2017～2019）》和《中葡论坛关于推进产能合作的谅

---

① http：//sc. platformchinaplp. mo/Econ/eclim_ detail/id/33750/country/5/l/cn.

② http：//wcm. fmprc. gov. cn/pub/chn/gxh/cgb/zcgmzysx/fz/1206_ 17/1206x1/t6556. htm.

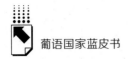

解备忘录》，此举有助于促进几内亚比绍经济发展，惠及当地民众。

随着全球经济形势的好转，以落实中葡论坛第五届部长级会议成果为契机，中国与几内亚比绍合作将进一步向纵深发展，将增强互信，不断加强两国各领域合作，加强在农业、教育、医学、基础设施和人员培训等领域的双边合作，推动双边关系深入发展，开创两国关系新局面。①

---

① 中华人民共和国外交部，http：//www. fmprc. gov. cn/web/zwbd＿ 673032/wshd＿ 673034/t1453192. shtml。

B.20
莫桑比克共和国

余 漫　王成安*

摘　要：　2016 年，莫桑比克国内生产总值 109 亿美元，实际 GDP 增长率为 3.8%。政府实施积极的吸引外资政策，一定程度上缓解了经济下行的压力。2016 年，中国在对莫桑比克的外商直接投资（FDI）新增投资额的国家中排名第一，中国企业的投资为其创造大量就业机会，促进其经济发展。莫桑比克对中国的"一带一路"倡议表示赞同。

关键词：　莫桑比克　经济社会　双边关系

一　国内经济维持低速增长，腰果生产获得丰收

2016 年经济处于低速期，有望 2017 年缓解。2016 年，莫桑比克受国际大宗商品价格大幅度下降的影响，经济增长 3.8%，处于低增长状态。根据 EIU 预测，莫桑比克经济缓慢复苏，预计 2017 年国内生产总值为 132 亿美元，实际 GDP 增长率约为 4.2%。[1] 特别是液化天然气（Liquefied Natural Gas，LNG）等大型项目开工，为其经济发展带来良好的预期。2016 年 1

---

* 余漫，社会科学文献出版社研究员；王成安，中国—葡语国家经贸合作论坛（澳门）前秘书长。

[1] EIU，*Country Report：Mozambique*，December 2017，http：//www.eiu.com.

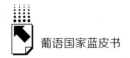
月,莫桑比克中央银行(Banco de Mocambique,BDM)公布的基准利率为
7.5%,2017年大幅度提高到23.25%,并紧缩采取货币政策,政府在金融
方面采取的措施有利于缓解其经济下行的压力。

腰果产量连续两年增长。莫桑比克2016年腰果产量10.4万吨。其北
部的楠普拉省、德尔加杜角和中部的赞比西亚省是腰果的重要产区,产量
分别占44%、15%和12%。2016年,莫桑比克全部加工生产的腰果用于
出口,创造了3300万美元的外汇收入,腰果出口企业则可获利2亿美
元。[①] 莫桑比克是个农业国,近年来其农业产值平均占国内生产总值约
25%,占全国出口比重约15%。

发展海洋捕捞和水产养殖业。莫桑比克渔业资源丰富,盛产龙虾和贝类
等水产品,2016年水产品产量达到30万吨。多年来,渔业为莫桑比克提供
超过10万人的就业,预计未来十年以内,包括海洋捕捞和水产养殖的产量
将超过100万吨,莫桑比克的渔业大多供给国内市场。

矿产资源丰富,有待于进一步开发。莫桑比克煤炭储量超过230亿吨。
2016年淡水河谷莫桑比克煤矿产量达到600万吨,2017年有望达到1700万
吨。莫桑比克已经探明的钛铁矿资源储量约1400万吨,世界排名第8位。
莫桑比克的钽储量居世界首位,五氧化二钽探明储量8600吨。莫桑比克是
非洲重要的天然气生产国之一,根据国际天然气协会(Cedigaz)数据,
2014年莫桑比克天然气产量为1980亿立方英尺(折合56亿立方米),2016
年,莫桑比克对天然气项目实施公开招标。未来,莫桑比克将成为全球最大
的液化天然气出口国之一。

电力需求旺盛,卡奥拉巴萨(Cahora Bassa)水电站功不可没。莫桑比
克拥有非洲地区大型水电站之一的卡奥拉巴萨水电站,装机容量2075兆瓦,
产出电力大部分销往南非。莫桑比克2016年发电能力约为2200兆瓦,主要

---

① 根据莫桑比克法律规定,未经加工的原腰果,出口附加税为每吨300美元,国际市场腰果
的基准价格为每磅4美元,国内市场为每公斤90梅蒂卡尔(相当于1.2美元)。商务部:
《莫桑比克本年度腰果产量增至15万吨,为政府创造3300万美元出口税收》,http://
www.mofcom.gov.cn/article/i/jyjl/k/201612/20161202082024.shtml。

由卡奥拉巴萨水电站生产。莫桑比克 2015 年的发电量破纪录，为 16978 千瓦时，同比增长 2.44%。水电站 2015 年的售电收入为 122.01 亿梅蒂卡尔（约合 2.58 亿美元），营业收入则为 61.35 亿梅蒂卡尔（1.3 亿美元）。莫桑比克政府将出售水电站 7.5% 权益，但是前提条件是新股东必须是莫桑比克公民个人、企业或机构。2016 年之前五年的电力需求年均增长 12%，处于南部非洲地区最高水平。莫桑比克的电力供应每年增长 10 万千瓦。莫桑比克国家电力公司 EDM 计划到 2030 年斥资 160 亿美元扩建全国电网系统。

发展农业、矿产，获取外汇收益。莫桑比克 2016 年商品进出口总值 84.6 亿美元，其中进口 55.87 亿美元，出口 28.73 亿美元。① 农渔业、矿石和金属及燃料产品的出口占全年出口总额的 68%。作为莫桑比克经济的重要支柱，扩大这些产品的出口对于粮食安全、发展区域经济和社会稳定方面具有重要的意义。莫桑比克主要出口国排在前三名的是荷兰、南非和印度，分别为 5.67 亿美元、4.7 亿美元和 3.68 亿美元。出口是莫桑比克国家收入和外汇的重要来源。

有效利用公共支出，促进经济多元化发展。2017 年，世界经济格局已经发生巨大变革，为莫桑比克这样的净进口国带来巨大压力。为应对国际和国内经济发展遇到的挑战，莫桑比克政府采取措施，尽可能有效利用公共支出，拓宽税收渠道，促进经济多元发展，同时将小企业纳入税收范围。莫桑比克新的中长期经济发展战略主要围绕减贫脱困、推动政府体制改革，同时提高其在南非共同体成员国中的竞争力和政治经济地位，保持宏观经济的平稳发展，降低商业成本，进一步改善投资环境，建立健全矿业、石油和天然气产业方面的法律法规，以及加强在大型项目的监督，减少腐败等方面采取相应措施。

二 发展教育卫生事业，维持社会基本稳定

人口继续增长，重视教育事业。根据世界银行的统计数据，② 2016 年莫

---

① UNCTAD, "General Profile: Mozambique, 2016," http://unctadstat.unctad.org.

② 资料来源：https://data.worldbank.org/，经笔者整理。

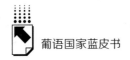

桑比克桑比克人口约为2883万，比上一年增加82万，人口增长率为2.9%。莫桑比克2016年城镇化率为32.5%，比2015年增长3.8%。2017年，莫桑比克农业从业人口占就业总人口的3/4，女性劳动力中80%以上从事农业劳动（85.3%），男性农业劳动力比重略低，但也超过一半，占比为63.3%。2016年，莫桑比克人均寿命57.6岁。近期的贫困统计数据表明，莫桑比克减贫速度缓慢。截至2016年，莫桑比克15~49岁公民艾滋病患者占比达11.5%，艾滋病孤儿数量为80万。教育方面，2016年共有640万名在读学生，14万名教师和1.2万所学校。

实施防止营养不良和改善农村饮水计划。政府2016年6月制定"防止营养不良的社会和行为改善沟通战略"（Communication Strategy for Social and Behavioral Change to Prevent Malnutrition），①预计在2020年之前，将长期营养不良的5岁以下儿童的比例减少至20%。国家农村饮用水与卫生计划（PRONASAR）实施7年来，已经安装了1.1万套水源装置和30个小型跨区域的供水系统。2017~2030年，主要目标为"共享莫桑比克桑比克农村饮用水和卫生经验"。从千年发展目标（Millennium Development Goals, MDGs）的角度来看，莫桑比克农村饮用水和卫生状况距离既定目标还要继续做出努力。

采取果断措施，应对厄尔尼诺灾害。2016年，莫桑比克中部和南部发生90天持续干旱，政府发出"红色警报"。本次旱情由厄尔尼诺现象引起，马普托省、加扎省、伊尼扬巴内省、索法拉省、马尼卡省、太特省几乎滴雨不降，严重影响粮食收成。政府为灾区提供粮食援助，在灾区打井，但是资金不足严重制约援助项目的进展。莫桑比克政府在联合国帮助下，使用2亿美元的援助资金进行救灾，缓解灾情。

---

① 该计划与现存的"减少莫桑比克桑比克长期营养不良的多部门行动"（Multi-Sector Action Plan to Reduce Chronic Malnutrition in Mozambique, PAMRDC）计划一致，以孕龄女性和2岁以上儿童为目标群体。

三　外部援助有助于其经济发展，缓解气候
变化带来的负面影响

莫桑比克是撒哈拉以南非洲接受美国援助较多的国家。2016 年 9 月，菲利佩·纽西总统出席第 71 届联合国大会，并对美国进行工作访问。2017 年 6 月，纽西总统出席由"美国非洲企业商会"（CCA）倡议的第 11 届美非商务峰会及美非议会论坛，并对美国进行工作访问。其间，纽西与美国商务部长、石油总裁和通用电气（非洲）总裁举行会谈，① 此访旨在加强莫美两国政治和经贸关系。纽西总统借特朗普当选美国总统之机，致函表示，希望在特朗普任期内进一步深化莫美之间的"卓越关系"。美国被认为是莫桑比克"最大的双边援助国"，年均援助额为 4 亿美元，并向莫桑比克累计提供 60 亿美元用于防治艾滋病项目。

与葡萄牙保持着密切的政治和经济关系。2017 年 11 月，葡萄牙与莫桑比克签署协议实施 2017/2021 新战略合作计划，包含 2.025 亿欧元的财务计划，其中 50% 以优惠信贷的形式提供。合作计划特别关注"投资与贸易"，以及对教育和卫生等部门的援助。莫桑比克获得葡萄牙合作商业基金和葡萄牙援助莫桑比克基金共 1.025 亿欧元的优惠信贷。

欧盟和奥地利紧急人道主义援助。联合国厄尔尼诺和气候变化问题特使马查里亚·卡马乌于 2016 年 10 月提出，受厄尔尼诺造成的干旱天气影响，莫桑比克粮食歉收，250 万人急需人道主义援助。欧盟和奥地利向莫桑比克提供了 160 万欧元的救灾援助。

世界银行贷款。2016 年 1 月，世界银行向莫桑比克提供 7000 万美元贷款，用于直接支持 2016 年国家预算和莫桑比克政府的五年计划。计划包括 3500 万美元的软贷款和等价值的无偿援助，通过国际开发协会（IDA）发放。

---

① 《莫桑比克总统访美顺道招商》，https：//macauhub. com. mo/zh/2017/06/13/pt - presidente - de - mocambique - procura - investimentos - em - visita - aos - estados - unidos/。

四　莫桑比克赞同中国"一带一路"倡议，中国企业投资为其经济发展注入活力

　　莫桑比克赞同中国"一带一路"倡议。莫桑比克认为本国是"21 世纪海上丝绸之路"在非洲大陆的自然延伸，在 2017 年 5 月召开的"一带一路"国际合作高峰论坛上，莫桑比克副外长蒙特拉内表示，对莫桑比克等非洲国家而言，"一带一路"倡议应意义非常重大。蒙特拉内高度评价习近平主席在"一带一路"国际合作高峰论坛开幕式上的讲话。她提出，莫桑比克是一个农业国家，港口潜力巨大，矿产和自然资源丰富，"一带一路"倡议应根据地区特点确定其不同的发展侧重点。中国投资建造了很多港口、道路、桥梁等基础设施，以及医院、学校等社会项目。中国在莫的投资呈多样性，有力地帮助了莫桑比克的发展。同年 6 月，莫桑比克还在马普托举办了首届"一带一路"中莫文化艺术交流活动。①

　　双边关系提升为全面战略伙伴关系。2016 年 5 月，中国与莫桑比克两国领导人宣布将中莫关系提升为全面战略合作伙伴关系。两国政府有关部门签署了《关于开展产能合作的框架协议》和《关系开展经贸合作区建设的谅解备忘录》等重要经贸领域合作文件。中石油集团与莫桑比克国家石油公司签署战略合作协议，将与莫桑比克方在油气产业链上中下游开展全面合作，帮助莫桑比克逐步建立国家石油工业体系。②

　　双边贸易额 2017 年前 11 个月降幅收窄。2016 年，双边贸易额有较大幅度下降，中国与莫桑比克贸易总额为 18.6 亿美元，同比下降 22.29%，其中中国出口 13.7 亿美元，下降 28.91%，中国进口 4.79 亿美元，增长 6.17%。2017 年 1～11 月，双边进出口总值为 16.8 亿美元，下降收窄

---

　　①　《当非洲画家拿起中国毛笔——莫桑比克桑比克举办"一带一路"文化艺术交流活动》，http://www.sohu.com/a/149952443_201960。

　　②　《共建"一带一路"共享中莫比克经贸合作成果》（刘晓光参赞署名文章），商务部网站，http：//mz.mofcom.gov.cn/article/jmxw/201705/20170502575509.shtml。

0.41%，其中中国出口12亿美元，下降4.4%，中国进口4.83亿美元，大幅度增长至11.48%。

中国成为莫桑比克最大投资来源国。2016年，中国企业对莫桑比克新增投资2.23亿美元。2017年上半年，中国取代2011～2016年五年中的阿联酋和南非，成为莫桑比克最大的外资投资国，投资金额为1.73亿美元。中国约100家企业活跃在能源、农业、渔业、房地产、建材、旅游、公交、电信、基建和商业等领域。莫桑比克资源禀赋优越，能源、矿产资源丰富。中港建设集团在莫桑比克投资的德尔加督水泥厂于2016年10月21日在彭巴市正式开业。中国江苏省中港建设集团在彭巴市投资的德尔加督水泥厂一期工程已于2016年10月正式投产运营。莫桑比克当前处于工业化起步阶段，政府通过不断改善投资和营商环境加快工业化进程，通过吸引外来投资，承接国际产能，提升其在国际产业链上的位置。

中国企业承建莫桑比克基础设施项目。2016年，中国港湾集团设计施工总承包莫桑比克贝拉渔码头重建项目，共设8个渔船泊位，最大可靠泊600HP（Horse Power，英制马力）渔船，项目由中国进出口银行提供优惠贷款支持建设。N6公路工程对于提高莫国交通运输、带动地区经济发展、促进当地就业等都有重要的推动作用。纳卡拉铁路和港口项目包括一个深水港的建设、连接莫桑比克和马拉维912公里铁路的建设和修复、新建一个煤炭车站以及一条连接现有铁路线和新煤炭车站的29.3公里长的铁路。中铁十二局承建了跨度530公里、线路总长150多公里的路基土石方、涵洞、排水防护、边坡绿化及全部轨道施工，2017年6月30日保质保量全部如期交付。

莫桑比克受国际大宗产品价格大幅度下跌的影响，在连续10年经济高速增长之后，2016年经济增速减缓，国家发展面临巨大挑战。但是，由于国家稳定，资源丰富，多年来政府采取开放市场，大力吸引外资政策，接受援助等措施，2017年经济有所复苏。中国与莫桑比克长期友好，中国企业2016年和2017年加大对莫桑比克多种形式的投资，并通过融资加大其基础设施建设的力度，为其提供就业、改善农业、发挥矿业，为莫桑比克产业发展注入活力。相信莫桑比克未来将更加美好。

B.21

葡萄牙共和国

张　敏*

摘　要： 2017 年以科斯达总理为首的社会党政府积极履行欧盟的财政
约束纪律，能够较好地保持与上述三个小党派以及欧盟委员
会的关系，在经济持续回暖、赢得地方选举等利好因素的作
用下，本届政府执政地位较为稳固。葡萄牙前总理古特雷斯
担任联合国秘书长，提高了葡萄牙语言、文化等的全球影响
力。葡萄牙政府对我国"一带一路"倡议持积极态度，中葡
两国正在就加强港口贸易、基础设施、海洋经济等方面加强
合作。作为中国与葡语国家合作的纽带，葡萄牙在推动中葡
关系上将发挥积极作用。

关键词： 政局稳定　经济复苏　地方选举　中葡关系

一　大选后葡萄牙政局稳定及其原因

葡萄牙本届政府是由安东尼奥·科斯达（António Costa）为首的中左社
会党少数派组成，社会党执政得到了左翼集团（the Left Bloc，BE）、葡萄牙
共产党（简称葡共，the Portuguese Communist Party，PCP）和绿党（the
Greens，PEV）的议会支持。自 2015 年 11 月赢得大选以来，以科斯达为首

---

　*　张敏，首席研究员、博士生导师，中国社会科学院欧洲所科技政策研究室主任，中国社会科
学院西班牙研究中心主任，兼任对外经济贸易大学葡语国家研究中心副秘书长。

的社会党政府积极履行欧盟的财政约束纪律，将工作重点置于提高低收入者、公务员和退休人员的收入待遇方面，刺激内需。执政以来，科斯达总理能够较好地保持与上述三个小党派以及欧盟委员会的关系，在经济持续回暖等利好因素的作用下，本届政府执政地位稳固。2016年10月的民调显示：社会党的选民支持率远远高于其他党派，支持率介于40%～44%，社会民主党（社民党）的支持率仅为22%～29%。① 为此，外界对本届政府执政前景普遍看好，认为可以平稳过渡到2019年的下届大选。

（一）明朗的经济增长前景对稳定政局发挥积极作用

目前本届政府执政期已过半，国内经济的持续好转和较好的经济增长前景对稳定政局起到积极作用。经过5年的调整期，② 2017年9月15日，三大国际评级机构之一的标准普尔，率先调高了葡萄牙主权信贷评级，由"BB＋"升至"BBB－"，重新回到投资级别，展望是"平稳"。③ 对此，葡萄牙财政部长马里奥·森特诺④（Mario Centeno）认为，该国的信用评级恢复到投资级别后，必将有助于刺激葡萄牙经济增长和财政稳定，降低政府和企业的借款成本，进一步活跃公共和私人投资。

葡萄牙国家统计局资料显示：2017年第二季度，葡萄牙实际GDP的增长率高达3%，创下葡萄牙近17年以来最为强劲的增长。2017年上半年，葡萄牙的财政预算赤字下降至占GDP的1.9%，如果持续下降态势，预计2017年可降至占GDP的1.5%。当前较好的葡萄牙经济增长前景与欧盟经济的复苏紧密相关，因为葡萄牙对外贸易的75%是在欧盟区内进行的。对

---

① EIU, *Country Report*: *Portugal*, October 2017, http://www.eiu.com.
② 受主权债务危机的严重影响，2012年1月，三大国际评级公司调低了葡萄牙主权信贷评级，失去投资级别后，葡萄牙10年期国债收益率一度飙升至17%以上，大大推高了企业和政府的借款成本。
③ 《标准普尔上调葡萄牙信用评级至投资级别》，搜狐网，http://www.sohu.com/a/193007057_340756，2017年9月19日。
④ 2017年12月4日，时任葡萄牙财长的马里奥·森特诺在当天举行的欧元区财长会上，当选为下一任欧元集团主席，他将于2018年1月13日就职，任期两年半。

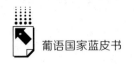

外贸易增长拉动了投资，刺激了公共消费，促进了经济的良性增长。与此同时，社会党推行的结构性改革成效逐渐显现，不断提高劳动力市场弹性，进一步活跃劳动力市场，创造更好的就业前景。

（二）政府积极与欧盟协调，葡萄牙免受预算赤字超标罚款

本届政府执政地位稳固的另一大原因是，执政党成功说服欧盟委员会，打消顾虑，放弃对葡萄牙启动预算赤字超标罚款程序。本届政府执政初期，面临着如何说服欧盟，对葡萄牙预算赤字超标网开一面，设法阻止欧盟启动巨额罚款程序这一现实难题。2015 年，欧盟 28 个成员国的平均财政赤字为 GDP 的 2.4%，葡萄牙预算赤字达到 GDP 的 4.4%，超出了欧盟超额赤字程序（Excessive Deficit Procedure）规定的罚款上限，即财政预算赤字不高于 GDP 的 3% 这一警戒线。

2016 年 7 月初，欧盟委员会的一项专门针对西班牙、葡萄牙两国预算赤字严重超标的提案明确提出：欧盟将启动预算赤字超标程序，以前所未有的方式，对西班牙、葡萄牙两国进行经济惩罚。如果这一提案得以通过，罚款规模可能高达葡萄牙 GDP 的 0.2%，并且还会暂停一些地方性资助。欧盟委员会副主席瓦尔迪斯·东布罗夫斯基斯（Valdis Dombrovskis）表示："这两个国家没有循序渐进地控制其超额赤字，也没有满足预算目标。减少高赤字和债务水平是在两国维持经济可持续性增长的先决条件。"[1]

但最终这一提案未能在 2017 年 7 月 12 日的欧盟会议上得以通过。这主要归功于葡萄牙政府在控制预算赤字和公共债务上采取的紧缩政策，以及政府与欧盟委员会就赤字超标问题进行的卓有成效的沟通，才逐渐打消了欧盟的种种顾虑和担忧。2016 年，葡政府已成功地将预算赤字控制在 GDP 的 2% 左右，这也是葡萄牙 40 年以来预算赤字的最低值，因此科斯达总理逐渐

---

① 《预算赤字不达标，欧盟委员会考虑制裁西班牙和葡萄牙》，http：//stock. hexun. com/2016 – 07 – 08/184819128. html，2016 年 7 月 8 日。

得到了国际社会的认可和赞誉。2017 年以来，葡萄牙经济良好的增长势头使欧盟相信，今后葡萄牙能够控制和解决好预算赤字和公共债务问题，确保了葡萄牙免遭欧盟的高额罚款。

（三）社会党成为本届地方选举的最大赢家

社会党在新一届地方选举中的表现十分抢眼，进一步巩固了其执政党地位。葡萄牙地方选举每四年举行一次。在 2017 年 10 月 1 日的地方选举中，840 万名注册选民中约有半数参与了投票。按照惯例，地方选举将选举产生 308 个市政府官员和市议会议员，以及 3092 个区议会议员。选举结果表明，在全国 308 个市的选举中，葡萄牙社会党在 159 市赢得选举，将在野的社民党远远甩在后面，成为本次地方选举的最大赢家。这也是 32 年以来，社会党在地方选举中的一次完胜。社会党的选民得票率高达 37.8%，高于 2015 年的大选结果（32.3%）和 2013 年的地方议会（36.7%）。创下葡萄牙社会党有史以来最高的地方选举纪录，意味着该党的地方民意基础不断夯实。本次地方选举前，葡萄牙民意调查机构（Eurosondagem）开展的一项调查显示：社会党至少获得了 40% 的选民支持率，高于社民党 11%。这一民调与地方选举结果相吻合。①

而以葡萄牙前总理帕索斯·科埃略（Passos Coelho）为首的社民党，地方选举支持率却一路下跌，创下历史新低，选民支持率仅为 16.1%，仅在 79 个市政获胜。在里斯本、波尔图两大城市均遭严重失利。在里斯本，社民党候选人特蕾莎·科埃略（Teresa Leal Coelho）的得票率远不及保守的人民党候选人阿索卡·克里斯塔斯（Assunção Cristas），克里斯塔斯的得票率为 20.6%。社民党排名第三，选民支持率仅为 11.2%，获得两个市政议员席位。这一结果与更小的党派葡共的议员数相当，葡共得票率为 9.6%。②

社民党在地方选举中可谓惨败，主要原因在于科埃略竞选战略的不当，

① EIU, *Country Report*：*Portugal*, October 2017, http：//www.eiu.com.
② Economist Intelligence Unit, *Country Report*：*Portugal*, November 2017, http://www.eiu.com.

其竞选宣传未能得到民众的支持和认可。在过去的两年里，社民党一直试图重整旗鼓，力争改写葡萄牙政治版图。2011～2014年，科埃略经历了葡萄牙寻求国际援助的艰难历程，采取了经济改革和财政稳定政策。与人民党组成竞选联盟后，在2015年的大选中未能赢得议席多数，社会党领袖科斯达出其不意地赢得了葡共、左翼集团、绿党的议会支持，组成了新一届少数派政府，科斯达总理将执政重点转向了提高民众收入水平上来，不再延续之前的财政紧缩政策。社民党是主张温和主义的中右党派，社会党则坚持社会民主的左翼原则，双方之间存在明显的意识形态分歧。社民党在地方选举中惨败，直接导致该党领袖科埃略宣布辞去领袖职位，不再参加下届党领袖的竞选。社民党下届领袖竞选于2018年1月13日举行，2018年2月16～18日举行新一届党代会。

社会党在地方选举中的绝对胜利，一方面表明该党的地方影响力持续上升，但另一方面，今后与葡共、左翼集团、绿党之间的议会支持面临新的不确定性，因为社会党获得的地方选票并不是来自社民党阵营，而是来自给予社会党议会葡共和左翼集团。在一些市政中，社会党赢得的选票主要来自葡共，这几个市政本是葡共的老本营，这场选举让葡共失去了苦心经营的阵地，赢得的市政由上届的34个减少至本届的24个，其中有9个市政的选票全部投向了社会党阵营，巴雷罗和亚马达两市（Barreiro and Almada）曾经是葡共的坚强阵地，此次也被社会党所掌控。第10个市是佩尼切（Peniche），被独立党派夺取政权，而之前当政的葡共，现在成了该地区的持不同政见者。葡共领袖海洛尼姆·德索萨（Jerónimo de Sousa）认为，之所以出现这种状况，是因为在过去两年中，选民们似乎并不认可葡共对现政府的辅佐作用。左翼集团在选举中的表现也很糟糕，在地方选举之前该党的地方影响力微乎其微，为此专门制定了两大目标，一是争取在里斯本获得一个议席，二是限制社会党地方权力上升，为今后共享权力创造条件，实际上这些目标均未达到。未来社会党如何保持与这些外围党派之间的势力均衡，继续赢得它们的议会支持，将成为社会党未来执政中不可回避的关键性问题。

二 经济复苏前景逐渐明朗

（一）本届政府的宏观经济政策与上届政府略有不同

上届中右政府采取了严厉的财政紧缩政策，有效地控制了葡萄牙预算赤字和公共债务恶化，有助于葡萄牙在 2014 年 5 月提前退出欧盟救助机制。为了刺激经济增长和实现经济全面复苏，现政府不再延续上届政府的严厉紧缩政策，但依然承诺执行欧盟的财政预算约束，通过增税、削减公共投资和中间消费，并停止征收救助期间开征的额外收入税种，达到减少赤字和公共债务的目标。通过增加最低工资、增加公务员工资收入、改善养老金待遇等，进一步刺激国内消费。

（二）经济复苏态势良好

2014 年 5 月葡萄牙从"三驾马车"（包括欧盟委员会、欧洲中央银行、国际货币基金组织）获得为期三年的救助计划。随着经济形势的好转，葡萄牙提前开始偿还国际货币基金组织的贷款，预计到 2020 年偿还金额达到 240 亿欧元。2016 年葡萄牙经济增长乏力，实际 GDP 的增长率由 2015 年的 1.6%，下降为 2016 年的 0.6%。增长乏力的主要表现是：固定投资收缩，私人消费锐减，对外贸易萎靡不振，贸易额大幅收缩。2017 年葡萄牙经济复苏前景趋于明朗。在内需趋于旺盛、投资和出口增长的形势下，2017 年上半年葡萄牙经济增速达 2.9%，私人消费增长有所下降。上半年在建筑和设备大幅投资的刺激下，投资增幅达 10%。净外部需求拉动了 GDP，服务业对外贸易呈强劲发展势头，尤其是葡萄牙旅游业持续升温，带动了服务贸易。预计 2017 年葡萄牙 GDP 增速为 2.6%。外部世界对葡萄牙经济的冲击仍存在较大的不确定性，英国脱欧对葡萄牙经济造成的负面影响难以估计，经济下行风险依然存在，预计 2018 年和 2019 年经济增长略有收缩，有望保持 2.1% 和 1.8% 的增速。①

---

① EIU, *Country Report*: *Portugal*, November 2017, http://www.eiu.com.

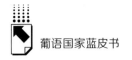
（三）经常账户呈小额顺差趋势

自 2000 年以来，葡萄牙经常账户趋于调整和再平衡的过程中，2010 年经常账户赤字攀升至 GDP 的 10% 左右。2013 年开始出现盈余，2016 年经常账户盈余额占 GDP 的 0.7%。在旺盛的外部需求作用下，对外贸易的主要表现是：对外商品和服务贸易增长势头良好，快速发展的汽车业和逐渐复苏的旅游业推动葡萄牙与主要贸易伙伴之间的贸易额持续扩大，设备投资回升以及汽车制造业进口量上升。2017 年葡萄牙的进出口贸易呈现同步增长，净利息转移额增多，2017 年葡萄牙经常账户保持小额盈余状况，预计实现盈余额为 0.4% 左右。据英国经济学家预测：葡萄牙内需持续旺盛，在进口额保持增长的情况下，2018 年会延续小额顺差态势，2018～2022 年经常账户盈余额为 0.6% 左右。[①]

（四）公共财政状况趋向好转

随着经济复苏以及葡萄牙提前退出欧盟救助机制，偿还的借贷利息会有所减少，2017 年预算赤字有望降至 GDP 的 1.4%，随着宏观经济形势的不确定性以及政府对银行业注资带来的公共开支的上升，在中短期内，葡萄牙公共债务的改善步伐缓慢，2016 年占 GDP 的 130.1%，2017 年略有下降至占 GDP 的 126.4%，2018 年和 2019 年分别为 124.1% 和 121.1%[②]。

（五）银行业危机风险依然存在

在经济复苏呈现良好前景时，葡萄牙银行业危机风险依然存在。2008 年以来的国际金融危机和欧洲主权债务危机严重冲击葡萄牙银行

---

① EIU, *Country Report*：*Portugal*，December 2017，http：//www.eiu.com.

② EU Commission，"PORTUGAL, Growth and employment to perform strongly,"https：//ec.europa.eu/info/business－economy－euro/economic－performance－and－forecasts/economic－forecasts/autumn－2017－economic－forecast_en.

业，部分银行业面临的困境至今仍未能真正缓解。2014 年中期，葡萄牙第二大私立银行圣灵银行（Banco Espírito Santo，BES）出现资金流动性短缺，要求政府提供 49 亿欧元的救助。随后这家银行被政府拆分为二：优质资产和不良资产。所有优质资产合并成新银行（Novo Banco），葡萄牙中央银行出面与美国孤独星资源公司（Lone Star）签署协议，将出售新银行 75% 的股份，获得 10 亿欧元注资，达到纾困目的。然而，这项协议能否顺利签署，则取决于与债券持有人的债务交换，由于债券持有人参与度较低，此项协议无法落实，葡萄牙中央银行与美国企业的谈判一度陷入僵局，2017 年 9 月 29 日，才重新恢复谈判。如果债券持有人的参与积极性仍然不高，新银行有可能被迫改变出售条款，或者导致注资协议夭折。

三 就业形势有所改观，森林大火体现社会管理缺陷

（一）经济形势的好转将会逐渐改善劳动力市场的供需关系

进入 2017 年以来，葡萄牙劳动力市场形势呈现稳步好转的迹象。从 2017 年中的统计数据看，2017 年 7 月葡萄牙的失业率为 9.1%，同比下降了 1.8 个百分点，注册失业人数为 47 万，同比减少了 8.9 万人，新增就业人口为 12.3 万，实现总就业人口 470 万，这是自 2008 年以来最低的失业率水平，与 2013 年高达 17.5% 的失业率相比，目前的失业率仅为最糟糕时期的一半左右。葡萄牙失业率与欧元区平均失业率基本持平，低于法国（9.8%）和意大利（11.3%）。其中，男性就业率为 64.2%，同比上升了 1.5 个百分点。女性就业率为 56.6%，同比上升了 1.9 个百分点。青年失业率下降至 23.8%，尽管这一比例仍然偏高，但相比上年同期，下降了近 3 个百分点（2016 年 7 月为 27.1%），15～24 岁的就业人数为 28 万，比上年增加了 1 万。[1] 2017 年

---

① EIU, *Country Report*: *Portugal*, October 2017, http://www.eiu.com.

葡萄牙的失业率从 2016 年的 11.2% 下降至 9.2%，创下 2008 年以来的最低失业率，2019 年有可能降至 7.6%。[1]

失业率下降的部分原因，在于劳动力需求的减少，特别是主权债务危机之后，经济不景气，劳动力向外迁移人数上升。随着经济逐渐复苏和实现增长，劳动密集型产业如建筑业、旅馆和餐饮业等开始回升，出现较好的就业形势。2017 年 7 月的就业人数，相比 2013 年 7 月增加了 36 万，四年内就业率增幅达到 8.3%。

（二）从社会文化的角度看，葡萄牙充满语言文化魅力

葡萄牙历史文化遗产十分丰厚，截至 2017 年，联合国教科文组织已经对葡萄牙 21 处地方授予了世界文化遗产的称号，其中包括历史悠久的市中心、考古遗址、文化景观、自然公园和非物质文化遗产。主要包括：波尔图历史中心、吉马良斯历史中心、杜罗河谷葡萄酒产区、高阿河谷史前岩画遗址、托马尔基督教教堂、巴塔利亚修道院、阿尔科巴萨修道院、辛特拉文化景观、圣哲罗姆派修道院、贝伦塔、埃武拉历史中心等。

随着葡萄牙政要逐渐走上国际舞台，葡萄牙语在国际组织和世界各国中的重视程度前所未有，成为世界上最强势的语言之一。自葡萄牙前总理巴罗佐担任欧盟委员会主席之后，2017 年又一位葡萄牙前政要担任联合国秘书长。根据世界经济论坛 2017 年 3 月公布的语言能力指数排行榜，葡萄牙语是世界上最强势的语言之一，排名全球第 9 位。[2] 该报告预计，到 2050 年，葡萄牙语将上升至第 8 位。目前以葡萄牙语为母语的国家有葡萄牙、巴西、安哥拉、佛得角、几内亚比绍、莫桑比克、圣多美和普林西比、东帝汶以及赤道几内亚，共有 2.15 亿人口。现在全球有超过 6000 种不同的语言，但其

---

[1] EU Commission, "PORTUGAL, Growth and employment to perform strongly," https://ec. europa. eu/info/business – economy – euro/economic – performance – and – forecasts/economic – forecasts/autumn – 2017 – economic – forecast_ en.

[2] 《世界上最强势的十大语言有哪些?》，世界经济论坛，https://cn. weforum. org/agenda/ 2016/12/cf3c515e – 4374 – 4ce6 – 8673 – 877ce47221cc/。

中有 1/3 的语言各自只有不到 1000 人在使用。而还有 15 种语言的使用者加起来就超过了全球人口的一半。

（三）在社会保障领域，葡萄牙政府为国民提供了较好的医疗服务

据美国《国际财经时报》（*International Business Times*）报道，葡萄牙位居世界医疗服务水平前五。根据世界银行 2015 年的统计数据，葡萄牙的新生儿死亡率为 3‰，是世界上婴儿死亡率最低的国家之一。这些结果是由于国家的发展，以及社会对于妇女分娩的更大关注。除此之外，根据世界卫生组织发布的《2017 世界卫生统计报告》，葡萄牙的人均寿命已达到 81.1 岁，在欧洲国家中位列第 13。良好的环境，宜人的气候，缓慢的生活节奏，以及健全的医疗体系，是葡萄牙能够成为长寿之国的重要原因。①

（四）森林大火暴露社会管理不善

2017 年入夏以来，葡萄牙多个地方出现高温天气，部分地区最高气温高达 40 摄氏度以上，森林火灾频发。2017 年 6 月 17 日下午，发生在葡萄牙中部地区大佩德罗冈（Pedrógão Grande）的森林大火是葡萄牙近几十年来遭遇的最大火灾，共造成 64 人死亡 250 人受伤，伤员大部分为本地居民。大佩德罗冈距里斯本约 200 公里，火势迅速蔓延。约 500 名消防员、160 辆消防车到现场参与灭火。由于火灾严重，葡萄牙政府决定，2017 年 6 月 18 ～ 20 日，全国哀悼三天，悼念在大火中丧生的消防员和民众。此次火灾持续 4 天，最终于 2017 年 6 月 21 日得到控制。无论死亡人数，还是森林被烧面积，这场火灾都是最严重的，大约 4.3 万公顷森林被烧毁，直接资产损失约在 5 亿欧元内，包括 500 所房屋和 370 个地方农场。葡萄牙总统德索萨及总理科斯塔第一时间赶往灾区探望灾民，指挥救灾工作。

---

① 《葡萄牙位居世界医疗服务水平前五》，葡萄牙欧美网，https：//mp. weixin. qq. com/s？__biz = MzIyNDczMzIxOQ = = &mid = 2247484803&idx = 5&sn = 875f5e05c4390d93dd6122d8b7e362cf&scene = 0，此新闻由葡萄牙驻华大使馆提供。

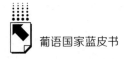
葡萄牙火灾迅速蔓延，难以控制的原因很多。一是与特殊地形和气温异常直接相关。葡萄牙地处欧洲西南角，紧靠大西洋，气候温暖。近年来全球气候变暖造成过去持续 2 个月的野火季延长至 5 个月。2017 年入夏之前，葡萄牙度过了干燥又温暖的春天，相比往年，2017 年夏天气温偏高，有些地区气温持续超过 40 摄氏度，这些因素助长了火势蔓延。二是葡萄牙是欧洲森林面积最多的国家之一，但其 85% 的林地归私人拥有。随着偏远地区的人口锐减，这些私人拥有的林地很容易被忽视，无人打理的灌木丛成为引发火灾的隐患。三是森林大火也与树木种类有关。桉树是葡萄牙森林中的外来物种，大量种植在葡萄牙的中部和北部森林里，[1] 桉树属于易燃物树种，易燃树种助长火势。四是森林部门管理不善，应急系统失灵应负一定的责任。当地居民首次拨打 112 紧急电话报告森林火情时，当地联合应急和安全网络服务系统（the Joint Emergency and Security Network System）却没有能够及时响应。即使在火势蔓延期间，森林应急系统仍屡次出错，得不到及时响应。不同的公共部门负责森林火灾防护问题，彼此之间缺乏协调。

政府无力迅速控制火情，造成严重人员伤亡和财产损失，为此，反对党派借机施压政府，要求科斯达总理下台。[2] 相比西班牙、希腊、意大利或法国，葡萄牙历届政府都未能处理好森林火灾问题。根据欧洲环境署的统计资料显示：2016 年葡萄牙的森林火灾最为严重，欧洲森林大火信息系统（European Forest Fire Information System，EFFIS）的资料显示，葡萄牙被烧毁的森林面积为 11.5 万公顷，相当于欧洲被烧毁森林面积的一半。葡萄牙国家自然保护与森林研究所的统计表明，2005～2014 年，葡萄牙每年大约有 2.1 万起森林大火，火灾面积在 1 公顷以上的火灾大约有 4200 起，每年平均被烧毁的森林面积有 10 万公顷之多，经济损失约 2 亿欧元。[3]

---

① 根据世界森林研究所的统计，葡萄牙森林覆盖率为 35%，略高于欧盟平均水平（31%），85% 的森林面积是私人所有，森林中大约 25% 是易燃的桉树。

② 《葡萄牙国家报告》，2017 年 8 月。

③ EIU，*Country Report*：*Portugal*，August 2017，http：//www.eiu.com.

四 葡萄牙的外交影响力及中葡关系

（一）提升国际影响力的新契机和历史性机遇

葡萄牙前总理古特雷斯于 2017 年 1 月 1 日正式出任联合国秘书长，为葡萄牙在国际事务上发挥更大作用提供了历史性新机遇。2017 年葡萄牙积极参与地区合作，作为第二届南欧地区领导人峰会的东道国，2017 年 1 月 28 日，包括塞浦路斯、法国、希腊、马耳他和西班牙的南欧峰会在里斯本举行。会后发布的《里斯本宣言》强调，当今世界正面临巨大的不确定性，并呼吁南欧六国加强地区合作，为欧洲的稳定、繁荣和增长做出贡献。以下几个方面表明了葡萄牙国际地位的提升以及发挥国际影响力的途径趋于多元化。

葡萄牙是全球和平指数排名第三的国家。2017 年 6 月 1 日，澳大利亚智库经济与和平研究所（Institute for Economics and Peace）发布的 2017 年《全球和平指数报告》[①] 显示，全球 163 个国家和地区中，冰岛位居第 1 名，葡萄牙位居第 3 名。这是经济与和平研究所连续第十年发布全球和平指数，该指数使用 23 个度量指标。在这份覆盖全世界 163 个国家及地区的调查中，葡萄牙的表现十分亮眼，葡萄牙从 2016 年的第 5 名跃升为第 3 名，并在五年之内从第 16 位迅速攀升，这也是葡萄牙的全球和平指数有史以来的最佳表现。榜单上前 10 位的国家依次为：冰岛、新西兰、葡萄牙、奥地利、丹麦、捷克、斯洛文尼亚、加拿大、瑞士，爱尔兰与日本并列第十。

葡萄牙在应对全球气候变化上扮演着领导者的角色。欧洲运输和环境联合会与非政府组织碳市场观察（Carbon Market Watch）2017 年公布了欧盟气候问题领导者排名，瑞典在这份榜单上排名第 1，而葡萄牙排名第 7。葡

---

① "Positive Peace Report 2017: Tracking peace transitions through a systems thinking approach," http://visionofhumanity.org/app/uploads/2017/10/Positive - Peace - Report - 2017.pdf. 此报告来自澳大利亚经济与和平研究所网站，http://economicsandpeace.org/reports/。

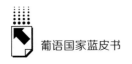

萄牙计划在 2030 年超额完成 17% 的减排目标。①

在巴黎举行的第 21 届联合国气候变化大会上，葡萄牙郑重承诺要"发展绿色经济"，希望通过这一行动使葡萄牙成为"绿色发展国家"中的先锋。由 141 个国家签署并于 2016 年 11 月生效的《巴黎协定》，旨在在全球范围内应对气候变化，对 2020 年后全球应对气候变化行动做出安排。葡萄牙一直在以身作则，制定更为严苛的国家气候政策，也在努力进一步提高减排目标。葡萄牙可再生能源协会主席预测，葡萄牙最快有可能在 21 世纪中叶达到 100% 使用可再生能源来发电的目标。

（二）"一带一路"倡议深化中葡合作

中国和葡萄牙建交几十年来，两国保持着长期密切的经济贸易关系。当前中葡关系成熟稳定、充满活力，处于历史最好时期。两国高层互访频繁，政治互信不断加深，经贸文化等领域合作成果丰硕。

两国高层互动频繁，对提升双边关系具有积极意义。2016 年 10 月，葡萄牙总理安东尼奥·科斯塔对中国进行了为期 5 天的正式访问，并出席了在澳门举行的中国—葡语国家经贸合作论坛第五届部长级会议。在此次访问中，中葡两国总理共同见证了第三方市场合作，还签署了在金融、能源、电信、文化等领域多个双边合作文件的合作协议。2017 年 2 月 21 日，葡萄牙总统马塞洛·雷贝洛·德索萨在里斯本出席"澳门：中国—葡语国家经贸关系的桥梁"的国际会议时表示，2017 年对葡中两国而言，"在加深双边关系方面具有特别重要的意义"。他认为，欧盟清楚与中国加强合作是十分有益的。在未来几年里，葡萄牙与中国的关系将会更加紧密，葡萄牙应该在欧盟、葡语国家共同体以及美洲伊比利亚共同体的对华交往中扮演主要角色。

2017 年 4 月 13 日是《中葡联合声明》签署 30 周年纪念日。1987 年的今天，两国签署《中葡联合声明》，宣布中国政府将于 1999 年 12 月 20 日对

---

① 此数据来自欧洲运输和环境联合会及非政府组织碳市场观察组织网站，https://carbonmarketwatch.org/。

澳门恢复行使主权。为纪念《中葡联合声明》签署 30 周年，4 月 4 日，里斯本东方基金会联手里斯本大学国际关系学院和葡萄牙外交学院，举办了"《中葡联合声明》30 年：葡萄牙、中国和澳门"论坛。出席该论坛的嘉宾包括中葡建交以来的重要人物、学者和外交官，其中最引人注目的即是当年主权移交时在位的葡萄牙总统若热·桑帕约。

葡萄牙具有独特的地理位置优势，可以同时成为"丝绸之路经济带"和"海上丝绸之路"的重要节点。葡萄牙愿意参加"一带一路"建设工作。葡萄牙领导人对中方"一带一路"倡议秉持积极响应的态度。2016 年 10 月葡萄牙总理科斯塔正式访华期间，习近平主席表示中方支持葡萄牙积极参与"一带一路"倡议，鼓励双方加强海洋科研、港口物流建设等"蓝色经济"领域的合作。科斯塔总理表示葡萄牙愿意通过此次访华，推动葡中深化全方位合作，推进"一带一路"框架下合作，特别是能源、金融、电力、基础设施、农业、制造业、文化、旅游等领域的合作。葡方也愿为推动欧中关系积极发展发挥建设性作用。

曾在澳门工作过 21 年的葡萄牙外交部国务秘书奥利维拉（Jorge Costa Oliveira），2017 年 5 月参加在北京举行的"一带一路"首届国际合作高峰论坛时表示，"葡萄牙一直以来都很关注'一带一路'倡议，希望与中国密切合作，融入'一带一路'的建设当中"。[1] 这些官方性的表态，说明了葡萄牙愿意积极参与到该倡议以及相关建设中，通过深化双边合作，促进两国人民之间的相互了解。

葡萄牙未来与中国在交通设施、港口建设、蓝色海洋经济等多领域具有较大的合作空间和发展潜力。目前中国与葡萄牙在"一带一路"倡议下开展了合作尝试，但相比葡萄牙自身优势，与其他欧洲国家，例如，德国、法国、匈牙利、塞尔维亚、希腊等相比，葡萄牙与中国在"一带一路"倡议下的实质性合作程度还较弱，合作领域相对有限，合作潜力未能很快显现

---

① 《葡萄牙希望加强与中国在"一带一路"框架下的合作》，http：//world. people. com. cn/n1/2017/0517/c1002 – 29281860. html，2017 年 5 月 17 日。

出来。

多年来，经贸合作一直是中国与葡萄牙关系持续发展的重要标志和合作方向，但中葡经贸投资合作动力仍显不足，双边贸易及投资规模均有待扩大。商务部统计资料显示：2016年双边贸易额为55.8亿美元，同比增长28.2%；其中我国出口40亿美元，同比增长38.3%；进口15.8亿美元，同比增长8.2%。中国对葡出口商品主要有：电机电气设备、机械器具、玩具、家具、钢铁制品等。进口商品主要有：机械器具、电机电气设备、软木及其制品、纸浆及废纸、矿产品等。2017年1~6月，中国与葡萄牙双边贸易额为27.35亿美元，其中我国出口为17.96亿美元，同比下降7.9%，进口为9.39亿美元，同比增长42.3%。①

据欧盟统计局统计，2017年1~6月，中葡双边货物进出口额为15.2亿美元，增长15.3%。其中，葡萄牙对中国出口4.5亿美元，增长39.6%，占葡萄牙出口总额的1.5%；自中国进口10.6亿美元，增长7.3%，占葡萄牙进口总额的2.9%；葡方逆差6.1亿美元，减少8.4%，中国为葡萄牙第十大出口市场和第六大进口来源地。② 运输设备、纤维素浆、纸张和矿产品是葡萄牙对中国出口的主要产品，1~6月出口额分别占葡萄牙对中国出口总额的32.4%、13.9%和10.8%，分别为1.5亿美元、0.6亿美元和0.5亿美元，增幅分别为178.8%、67.2%和-22.0%。另外，活动物、动物产品的出口额增长明显，增幅为181.6%。塑料、橡胶的出口额下降至29.9%。葡萄牙自中国进口的主要商品为机电产品、纺织品及原料和贱金属及制品，1~6月三类产品进口额合计占葡萄牙自中国进口总额的57.3%，分别为4.0亿美元、1.2亿美元和0.9亿美元，增幅分别为16.4%、2.8%和-21.5%。这些产品在葡萄牙进口市场中分别占16.6%、5.9%和8.2%。另外，葡萄牙自中国进口的贵金属及制品的进口额增幅明显，增长25.9%。

---

① 《2016年1~12月中国与欧洲国家贸易统计表》，http：//ozs. mofcom. gov. cn/article/zojmgx/date/201702/20170202520524. shtml。

② 《2017年1~6月中国与欧洲国家贸易统计表》，http：//ozs. mofcom. gov. cn/article/zojmgx/date/201709/20170902637821. shtml。

B.22
圣多美和普林西比民主共和国

王洪一*

摘　要：　本报告主要介绍圣多美和普林西比2017年的现状，分别从政治、经济以及与中国的关系三个方面进行阐述。在政治现状部分介绍独立民主行动党在巩固执政地位方面做的努力，并对圣普今后政治走势进行评估。在经济领域则介绍了圣普2017年面临的困难，政府为走出经济困境采取的措施和取得的成果。在与中国关系部分介绍了双方的高层来往、签署的协议，以及目前两国执行中的大型项目。

关键词：　圣多美和普林西比　政治现状　双边关系　经济发展

圣多美和普林西比（简称"圣普"）执政党掌控了议会和政府后，发起宪法修正案，试图控制宪法法院。同时，执政党推迟地方选举，改组全国选举委员会，执政地位进一步得到巩固。面对不利的经济环境，特罗瓦达政府致力于实施2030年转型议程，主要采取了大力争取外援和改善投资环境、减少财政开支的措施，经济增速有望得到提升。圣普将发展与中国的全方位合作看作新的发展机遇，与中国复交之后，两国关系得到快速提升。

一　独立民主行动党进一步巩固执政地位

继2014年赢得议会选举及2016年赢得总统大选后，执政党巩固了对几

---

* 王洪一，中国社会科学院西亚非洲研究所副研究员。

乎所有政府部门的控制权。在历史上，圣多美和普林西比的政治力量极度分散，国家长期动荡。独立民主行动党（ADI）消除了国内政治紧张的主要根源，成为圣普有史以来最为强势的政党。① 为了进一步挤压反对党，巩固执政地位，独立民主行动党采取司法、行政、军事威慑等手段，修改相关法律，发起国家体制改革，进一步进行权力集中。

第一，执政党加大国家机构改革力度，建立新的宪法法院。尽管反对党指责执政党违反宪法，危害国家民主，但在执政党控制了立法机关、总统府、政府的前提下，反对党发起的工会罢工、游行示威等抗议活动并没有改变这一历史进程。2017 年 8 月，议会通过宪法修正案，批准建立新的宪法法院。圣普 2003 年宪法第 132 条规定宪法法院由 5 名法官组成，宪法法院拥有自主的财政和行政权力，法官由 55 名国民议会成员以 2/3 多数表决任命。考虑到 2/3 多数票通过的难度，宪法还规定，即使没有正式成立宪法法院，但法官一旦任命，即可承担宪法法院的部分职能。② 最近批准的宪法修正法案则规定，法官任命以简单多数选举通过即可，使得最高法院的 5 名法官较之前很容易获得任命。此项法案尤其将有利于执政党控制最高法院。由于执政党在国民议会拥有 33 个席位，因此只要获得执政党提名，几乎可以保证通过议会表决。③ 此外，由于宪法法院将负责批准选举结果，执政党控制的宪法法庭可以对未来的选举结果给予背书或者否决。反对党对宪法修正案提出质疑，并试图阻挠新的宪法法院成立，但执政党掌握了国家政治生活的绝对权力，强行表决通过了修正案并随即成立了新的宪法法院。

第二，推迟地方选举，维持对各区县的控制力。执政党目前控制着圣普六个区县中的五个，是其分配权力、实行有效国家治理的重要基础。根据宪法规定，地方选举本来应该在 2017 年 10 月举行。但鉴于当前经济形势不

① 《青年非洲》评论文章，http：//www. jeuneafrique. com/mag/325335/politique/sao - tome - principe - changement - cest - temps/。
② 圣普 2003 年宪法全文，http：//www. wipo. int/wipolex/en/details. jsp? id = 5830。
③ EIU 发布《圣普国家年度报告》，http：//country. eiu. com/FileHandler. ashx? issue_ id = 1455979929&mode = pdf。

利，国民生活水平低下，民间普遍存在不满情绪，一度兴起反对执政党的浪潮。独立民主行动党既往的支持者主要是贫困群体和社会下层，总理特罗瓦达担心当下举行选举会失利，于是以缺乏资金为借口，主导议会批准延迟地方选举的提案，将执政党控制的地方权力延续一年。反对党批评执政党此举违宪，议会三大反对党——圣多美和普林西比社会民主党（MLSTP PSD）、民主联盟、民主运动变革力量，连续召开了六次议会外会议，讨论共同反制执政党。但由于民间反应并不积极，反对党无法推翻议会决议，执政党继续控制各区行政权遂成事实。

第三，改组全国选举委员会。独立民主行动党在过去的大选中曾经被全国选举委员会（NEC）强制取消投票结果，因此一直试图掌握全国选举委员会。2016 年 8 月以绝对优势赢得议会选举之时，执政党就试图改组全国选举委员会。为了达到这一目的，执政党先是与反对党协商，在没有结果的情况下，执政党在议会强行通过了改组法案，对负责选举登记和选举的全国选举委员会进行重组。根据新法规，NEC 委员的任期从四年延长到七年，委员组成也有所改变，对执政党更加有利。改组前，NEC 由 9 名成员组成，6 名来自议会代表的各方，1 名媒体代表，外交部和内政部代表各 1 名。而改组后，新的 NEC 由 3 名国民议会组成，其中 2 名委员（主席和秘书长）由议会多数党的党团小组指定，第 3 名委员（副主席）由议会第二大党党团小组任命。新的选举委员会组成后，实际上已经完全被执政党控制。[①]

第四，执政党在采取法律手段的同时，不惜使用武力威胁。2017 年执政党与反对党在宪法修正案和表决财政预算案等重大事件中针锋相对，国内形势也不时紧张，反对党甚至发起了冲击议会等民间抗议活动。为了压制反对党和示威群众，总理特罗瓦达授权军队包围议会大厦，阻止反对派成员进入，对外则声称是当地安全部队进行"小型训练演习"。

从目前圣普的政治发展态势来看，总理特罗瓦达推行的体制改革已是既

---

① EIU 发布《圣普国家年度报告》，http：//country. eiu. com/FileHandler. ashx？issue _ id = 1455979929&mode = pdf。

成事实，对国家政权的掌控力度进一步加强。但由于执政党政绩不突出，民众支持率有下跌的趋势，圣普政治生态存在较大变数。一是，执政党咄咄逼人，可能会刺激反对派形成一致的政治行动，加剧国内的政治动荡。2016年总统选举期间，主要反对党 MLSTP PSD 与其他反对党发生龃龉，反对派发生分裂。在当前的巨大压力下，单一反对党无力反抗，有可能重新集结，集中力量冲击 2018 年的地方选举和议会选举，尤其是议会选举期间的政党斗争将异常激烈。第二，虽然总统卡瓦留和总理特罗瓦达同属于一个党派，但总统是职业政治家，[①] 多次担任总理职务并参加过大选，资格较老，但目前在党内的权力不如总理。总理特罗瓦达是前总统之子，出生在加蓬，已经担任三届总理，在党内拥有较大影响力，在总理现行的体制改革进程中，总统权力进一步下降。国内舆论认为两人政治理念有差异，实际上是竞争关系，担心两人会在今后的权力分配中发生冲突。

二 经济发展迟缓但有望加速

圣普是世界上最不发达的国家之一，财政收入大部分依赖外部援助。在连续数年的全球大宗商品价格下跌浪潮中，其主要产品可可的出口量和出口收入双下滑，2017 年的收入只有 790 万美元。由于可可占圣普出口总量的75%，且51%的人口从事农业，圣普经济形势和财政状况出现恶化，居民生活水平下降。

为改善经济形势，特罗瓦达政府致力于实施 2030 年转型议程，主要采取了大力争取外援和改善投资环境的措施。第一，政府努力推进基础设施投资，减少贫困。近年来圣普民生条件没有显著改善，民间不满情绪在增加。2017 年政府加大投入，利用其地缘战略位置，鼓励对大型基础设施项目进行投资，改善机场、道路、电厂、港口等基础设施，通过发展建筑业促进就

---

① 圣普媒体报道，https：//www. dn. pt/lusa/interior/silva－gomes－cravid－eleito－novo－presidente－do－supremo－tribunal－sao－tomense－6247209. html。

业，增加居民收入。第二，努力改善商业环境。根据世界银行最近发布的《营商环境报告》，① 圣普在执行合同、司法程序质量和获得信贷方面是世界上最差的国家之一，阻碍了外国投资的进入。政府为此加大了法律执行力度，加强金融业的发展，吸引国外投资。由于圣普汇率与欧元挂钩，且基本利率由葡萄牙央行监管，因此在欧洲利率保持低位的情况下，圣普政策利率能保持在 10% 左右。货币宽松政策得到了较好的执行，一定程度上刺激了投资活跃，转口贸易额预计可以达到 220 万美元。第三，政府积极争取欧洲和美国的外国援助。外国援助一直是圣普的经济命脉，为了保障经济平稳运行，历届政府都在争取外援方面投入较大精力。2016 年底，圣普与前宗主国葡萄牙签署了价值 5750 万欧元（6200 万美元）的五年合作协议，基本奠定了今后几年的经济和财政大局。政府还积极从国际货币基金组织和世界银行协调贷款，使得外国援助总金额接近国内生产总值的一半。第四，政府努力支持农业和渔业等基础产业，保障大多数国民的基本收入，并大力提升旅游业的竞争力，从欧洲、亚洲和非洲国家吸引游客，鼓励外资进入酒店行业，使得国家旅游收入明显增加，广大服务业人员收入有所增加。第五，加大石油开发力度。圣普石油资源丰富，但开发较晚，且主要与尼日利亚分享 JDO 的石油产出。政府推动美国石油公司 Kosmos Energy 在勘探领域的投资，在 JDO 和圣普专属经济区的海上石油进一步加大投入，石油产出有望增加。

另外，政府按照国际货币基金组织的要求采取紧缩措施，努力摆脱庞大官僚机构造成的财政压力。2017 年 7 月，国民议会批准了 2017 年订正预算，按照国际货币基金组织的要求实施新的紧缩措施，将基本财政赤字降低至 GDP 的 1.8%。由于燃料进口是圣普外汇消耗的第一大项，新预算规定建立自动燃料价格调整机制，政府决定削减 30% 的所有公共实体（卫生和警察服务除外）的燃料分配，限制高级官员的手机津贴，每月 3000 万多布拉（1364 美元）的养恤金中，只兑付 50%，剩余 50% 转入特别团结捐款基金，

① 世界银行国别报告，http：//www. worldbank. org/en/country/saotome/overview。

此外，国有公司和公共部门机构削减 30% 的人员附加福利，追索国有公用事业公司欠款，国企与政府有关的非报酬转移的 50% 用于偿还债务。在增收方面，政府将加大对公司逃税的查处力度，提高奢侈品进口税，更严格地执行税法，扩大税基。

综合国际货币基金组织和 EIU 的预测，2018 年圣普的经济形势可能会有所好转。国内生产总值有望提升至 4.9%，财政赤字与 GDP 占比将从预测的 3.2% 逐渐缩小至 2.8%，公共外债存量将为 GDP 的 53% 左右。由于政府采取措施来提高本国财政征收，预计通胀率将从 2017 年初的 4.2% 下降至 3.8%。与贸易差额的走势一致，圣普经常账户赤字与 GDP 占比将从 2017 年初的 14.5% 减少至 13.1%。[①]

三　与中国关系获得快速提升

2016 年 12 月圣普与中国复交之后，两国关系得到快速提升。短短一年时间，两国已经实现内容丰富的高层交往，签署了加强经济合作、技术援助、直接预算支持、减免债务等多种协议。同时，中国在圣普的投资项目快速实施，对圣普摆脱经济困境，获得新的发展机遇发挥了不可替代的作用。2016 年，中国与圣普贸易额约为 600 万美元，基本全部为中方出口。复交后，两国于 2017 年 4 月建立经贸联委会机制。2017 年 1~6 月，中国与圣普贸易额约为 400 万美元，同比增长 4.6%，基本全部为向中方出口。[②]

2017 年 4 月，圣普总理特罗瓦达来华进行正式国事访问，习近平总书记在会见时指出，中方愿优先支持圣普完善国家全面发展规划，着力开展旅游业、渔业、农业三大领域互利合作，帮助圣普构筑基础设施建设、人力资源开发和安全能力建设三大支柱性保障，实现自主可持续发展。随后两国在

---

① EIU 发布《圣普国家年度报告》，http：//country. eiu. com/FileHandler. ashx？ issue＿ id＝1455979929&mode＝pdf。

② 外交部网站数据，http：//www. fmprc. gov. cn/web/gjhdq＿ 676201/gj＿ 676203/fz＿ 677316/1206＿ 678452/sbgx＿ 678456/t165881. shtml。

贸易、投资和人员培训等领域签署了加强经济合作协议。首个五年合作协议涉及基础设施、技术、学生奖学金和医疗援助等领域。根据协议，中国决定免去圣普2800万美元的债务，为当地学生和专业人士每年提供200个实习机会和奖学金，向圣普提供100万美元的大米粮食援助。除了捐赠外，两国经济合作还包括中国以优惠条件，向圣普公营及私营企业提供信贷额度；圣普表示希望推动及鼓励中国私营领域对当地旅游、可再生能源、贸易和基础设施等领域进行投资。圣普总理特罗瓦达访问期间还到福建省考察，并与福建省签署协议，开展工业捕鱼联合研究项目，福建省同意在人员培训、贸易往来、项目投资等方面与圣普加强合作，在农业、渔业、基础设施建设等领域加强合作、互利共赢、共同发展。

2017年9月底，中国商务部副部长钱克明出席了在圣普举行的两国联合委员会第一次会议，参观了正在施工中的基础设施项目，包括援圣普疟疾防治、农牧业、电力三个技术援助项目。访问期间，中方与圣普在基础设施、能源、卫生、农业等领域签署了新的合作协议。10月，中国跨国传媒公司四达时代集团与圣普政府签署协议，帮助该国实现广播电视现代化和数字化。11月，中国海关总署发布公告，对圣普进口产品实施最不发达国家特别优惠关税待遇，圣普97%的税目产品在中国市场享受零关税待遇。①

基础设施建设成为中国与圣普合作的重点领域。中国承诺向圣普提供1.46亿美元贷款，用于对圣普国际机场的现代化改造，并在圣普建设一个深海集装箱港口。② 在特罗瓦达总理访问中国期间，中国国际贸易促进委员会在北京举办了一场圣普投资推介会，邀请了中国大唐、中国建筑、中信保、中国工商银行、北京华信国际能源等100多家企业与会。特罗瓦达表示，圣普处在世界航运的中心位置，希望成为连接几内亚湾国家和中非国家的枢纽。目前，中国路桥集团已向圣普政府表达了参与建设深水港的意愿，现已完成可行性研究报告和相关技术方案。按照圣普政府估算，深水港的成

---

① 海关总署网站报道，http://www.kjr365.com/fagui/zyczfg/kjzz/1290.html。
② 贸促会网站报道，http://www.ccpit.org/Contents/Channel_4117/2017/0427/796198/content_796198.htm。

本为 8 亿美元，机场扩建的成本为 1500 万美元。该深水港吃水深度为 16 米，有两个泊位和一个集装箱堆场，预计 2018 年完工，运营企业可获 49 年的特许经营权。① 由于西非次区域还没有转运港，该港口建成后将成为包括中国在内的亚欧国家向中部非洲出口货物的物流中心。该港口还将规划成渔船母港，便于大吨位捕鱼船停靠和补给，对于圣普拓展航运、物流、后勤补给等新兴产业将发挥重要作用。

世界银行和国外经济研究机构普遍认为，来自中国的财政支持将对圣普经济发挥重大影响，《经济学人》报告称，"中国的投资将支撑圣普的经济增长。鉴于中国会进一步投资圣普，国际社会普遍调高了圣普的经济增长预期"。②

① 中国路桥集团的采访报道，http：//finance. sina. com. cn/china/gncj/2017 – 04 – 18/doc – ifycifqx6195537. shtml。

② 《经济学人》，http：//country. eiu. com/sao – tome – and – principe。

B.23
东帝汶民主共和国

唐奇芳[*]

摘　要： 2016 年，东帝汶整体形势稳定，第六届宪法政府继续推进各领域改革，保持了较好的发展势头。政治上，东帝汶政府为各部门制定框架法律，顺利完成地方选举，地方分权按部就班进行，并开始为 2017 年大选做准备。经济上，东帝汶正式启动加入 WTO 程序，被列为观察员，政府大力促进私营部门发展并努力吸引外资。社会上，东帝汶以联合国可持续发展目标为中心加速提升人民福利，成就得到国内外认可。外交上，东帝汶与澳大利亚海上划界启动国际调解，顺利完成葡语国家共同体轮值主席国任期并为加速进入东盟进行准备。

关键词： 改革　地方选举　联合国可持续发展目标　海上划界

　　2016 年是东帝汶第六届宪法政府执政的第二年，主要工作仍是在保证国家稳定的前提下推进各个领域改革，为 2017 年大选做准备。从整体上看，东帝汶 2016 年政治形势平稳，经济保持较好发展势头，以联合国"可持续发展目标"为核心的社会生活和民众福祉建设均有明显进展，得到本国人民和国际社会的一致肯定。

　　* 唐奇芳，中国国际问题研究院副研究员，国际关系博士，主要研究方向为中国—东盟关系、中日关系及东亚地区合作。

　　2016 年 11 月，东帝汶政府委托国际共和研究所（International Republican Institute）进行东帝汶全国公众调查。此次调查对象为1200 名17 岁及以上具有选举资格的公民，进行入户面对面的调查。结果表明，大多数民众对民主进程感到乐观，对政府表现反应积极。对政府政绩表示"非常好"（29%）和"好"（45%）的占大多数，医疗卫生改善满意度为79%，教育改进满意度为78%，电力改进满意度为71%。对政府石油收入支付表示赞同的占51%，16% 部分赞同，17% 部分不赞同，8% 完全不赞同。对政府主要项目 Oe-Cusse Ambeno 社会经济特区满意的占91%，对南部沿海 Tasi Mane 项目满意的占89%。更值得注意的是，98% 的人表示非常可能参加 2017 年大选投票，显示了民众参与民主进程的强大意愿。①

　　在一些具有较大影响的国际机构报告中，东帝汶的改善成效也名列前茅。世界经济论坛（World Economic Forum）2016 年 7 月公布了世界经济增长的福利转化效应（2006～2014 年）进步排行榜，东帝汶在160 多个国家中排名第7，中国排名第2。② 10 月发布的世界银行（World Bank）《东亚与太平洋最新经济形势报告》③ 和 11 月发布的国际货币基金组织（International Monetary Fund，IMF）的《东帝汶考察报告》④ 都肯定了该国经济多元化的进展，预计其在五年内就能摆脱对石油的依赖。同时肯定了东帝汶的改革效果，认为财政改革带来低通胀和金融包容性、稳定性，并预计其在未来两三年也能保持 5.0%～5.5% 的稳定增长。

---

① 《政府进行 2016 年全国公众调查》，东帝汶政府网站，http：//timor‐leste. gov. tl/？ p = 17012&lang = en，2016 年 12 月 23 日。

② 《哪些国家最擅长将经济增长转化为福利？》，世界经济论坛网站，https：// www. weforum. org/agenda/2016/07/which‐countries‐are‐best‐at‐converting‐economic‐growth‐into‐well‐being/，2016 年 7 月 28 日。

③ 《东亚与太平洋最新经济形势（2016 年 10 月）》，世界银行网站，https：// openknowledge. worldbank. org/handle/10986/25088，2016 年 10 月 4 日。

④ 《IMF 职员访问东帝汶》，国际货币基金组织网站，http：//www. imf. org/en/News/Articles/ 2016/11/07/PR16492‐Timor‐Leste‐IMF‐Concludes‐Staff‐Visit，2016 年 11 月 7 日。

一　政治关系和谐　地方选举顺利

2016 年东帝汶政治运行顺畅，政府、总统和国会关系和谐，基本落实了既定议程。1 月 8 日，国会一致通过了 2016 年预算案，其后对于政府提出的修正补充也均在第一时间审议批准。作为政治改革的重要部分，东帝汶政府在本年为主要政府部门制定了各自的法律框架，确保其运作有规可循、有据可依，同时强化了政府职员的责任感和纪律性。例如，东帝汶政府发布了《体制强化政策 2016～2020》，其中包括公共部门改进服务的十项指导方针，以支持"同一视野、同一规划、同一行动"的政府总体目标实现，并于 8 月成立一个工作组来监督评估该政策的落实，此前开始的各项改革措施也得到延续。10 月 19 日第二次全国"社会审计"会议在帝力举行，汇集了参与各地方、各部门社会审计的广泛非政府组织，它们介绍了一年多来取得的成果、使用的工具和方法论，探讨了面临的挑战。军事安全上的进展尤其能体现政治架构中不同部分间的关系。经过多番协调，第六届宪法政府与总统就东帝汶武装部队参谋长等军队最高领导人选于 8 月达成一致，并由其提名各部队指挥官。11 月，东帝汶提出独立以来首个防御和安全战略概念，对国家防务和安全体系的作用和功能进行评估，并制定了未来十年的新战略规划。①

地方分权仍是东帝汶政治改革的重中之重。在之前制定的全国镇级发展规划和全国整合市级发展规划指导下，各市镇将在地方基础设施设计和建设中发挥重要作用。2016 年东帝汶继续为市、镇级地方政府的能力建设和架构建设进行法律准备，这也是第六届宪法政府执政计划的主要内容之一。2016 年 1 月，东帝汶政府制定了市镇政府和跨部门行政分权技术小组法令，为其组织、责任和功能确定了法律框架，并为东帝汶地方管理体系的重组创

---

① 《11 月 22 日部长会议纪要》，东帝汶政府网站，http：//timor - leste. gov. tl/？p = 16805&lang = en，2016 年 11 月 22 日。

造了必要条件，启动了将责任从中央集中行政向地方行政转移的进程。同时制定市镇行政机构负责人身份法令，规定其是一个专业的带薪职务，赋予其更多的职能、责任、精确性和可问责性，确保其有足够的资质领导地方行政的重组进程。3月，东帝汶政府为市长选举制定程序，对其政绩评估制定规章，并对其薪酬和利益身份等细节都做出详细规定。

2016年地方分权最核心的工作是进行镇级选举。2016年7月，东帝汶政府颁布了《镇级建制法》，作为地方选举的指导。选举前，各项准备工作充分铺开，包括村镇划分的认定和选举宣传活动。此次选举覆盖东帝汶全国12个市和Oé‐Cusse Ambeno特区的442个镇2225个村，登记选民共728363人，镇长候选人2071人。10月29日，每个村的选民投票选出本村参加当地镇理事会的男女代表各一名、村长和镇长。镇长选举结果于10月30日公布，约三成镇长在第一轮选出，其余七成镇长在11月13日进行第二轮选举，即对第一轮票数最多的两人进行投票。根据不同结果，各镇理事会于11月9日或24日开会选举出传统的"长老会"，以及理事会中的青年代表男女各一名。这样一来，各镇理事会就正式建立，成员包括：镇长、各村村长、各村的男女代表、男女各一名的镇青年代表和"长老会"。①

按照计划，2017年上半年东帝汶将进行总统选举，然后进行国会选举。在地方选举顺利进行的同时，东帝汶也开始着手为全国大选进行准备。2016年7月15日，东帝汶政府任命国家选举委员会成员；12月，东帝汶对选举法进行修订，引入违反政党纪律的原则，但并未修改支持率3%的政党参选门槛。此外，对国内外选民的选举普查工作也于11月启动。

二 促进贸易投资 力推私营产业

第六届宪法政府的经济目标是"促进经济多样性，实现农业生产扩大

---

① 东帝汶地方选举情况根据东帝汶政府相关新闻整理，包括"地方选举成功"，http：//timor‐leste. gov. tl/? p＝16632&lang＝en，2016年10月31日；《政府在地方选举前进行宣传活动》，http：//timor‐leste. gov. tl/? p＝16217&lang＝en，2016年9月23日。

和现代化，建设繁荣的旅游产业，大力鼓励私营经济扩张升级，包括小微企业的增长和拓展"。这一目标在 2016 年得到全面推进。

加入世界贸易组织（WTO）被东帝汶视为国家治理、制度建设、经济和外交的一大目标，可以帮助其吸引外资、改善经济结构和商业环境。因此，2016 年东帝汶政府采取一系列措施完善贸易体系，为加入 WTO 做准备。一是建立专门性国家贸易机构。2 月，东帝汶成立国家贸易便利化委员会，该委员会的定位是促进政府、私营部门和其他贸易领域利益相关方对话的顾问机构，旨在为政府提供建议，减少进出口过程中的官僚主义，协调政府整体工作。二是改进国内贸易相关法律。东帝汶起草法律，鼓励商品和服务出口（除了油气产业），并根据 WTO 给出的国际贸易最佳实践设定东帝汶原产地规则（除了已单独设计原产规则的咖啡产业）。三是完善海关法规和手续。10 月，东帝汶对 2004 年的《海关法》更新升级，吸收更好的国际标准和实践。新海关法提高了海关流程的透明度和公平性，改进了清关和支付手续，加强了对口岸和海关活动的总体监管，并且引入了电子支付手段。11 月，东帝汶政府通过税收和海关主管部门架构设置方案，这也是第六届宪法政府财政改革的一项重要内容。四是加速与国际贸易规则接轨。5 月，东帝汶政府批准国际投资争端解决中心的《关于解决国家和他国国民之间投资争端公约》；12 月，东帝汶政府基于联合国国际贸易法律委员会的法律模板起草《仲裁、调停和调解法》，以鼓励私人投资，促进经济多元化。

由于上述充分准备，东帝汶加入 WTO 的过程进展顺利。11 月 8 日，东帝汶正式向 WTO 提出加入申请。后者的准入部门派出代表团 11 月 8 ~ 9 日到东帝汶考察，会见国务部长、计划部长和商务部长等人。代表团充分肯定了东帝汶的准备工作，表示争取尽快完成加入过程。① 12 月 7 日，WTO 总理事会决定设立一个工作组负责东帝汶加入工作，并赋予其观察员地位。这样一来，在加入程序期间，东帝汶可以参加总理事会会议，并作为观察员参

---

① 《政府寻求通过加入 WTO 促进商品和服务出口》，东帝汶政府网站，http：//timor - leste. gov. tl/？p = 16696&lang = en，2016 年 11 月 11 日。

加其他适宜会议。东帝汶加入 WTO 的进展受到东盟的热烈欢迎，认为这为该国入盟提供了更完备的条件，有助于其融入蓬勃发展的地区贸易一体化进程。东帝汶也将自身贸易自由化和便利化视为加入东盟的必要前提，积极与东盟成员发展贸易关系。5 月 17 日，东帝汶政府批准了与越南的贸易领域条约。

在实施贸易便利化同时，东帝汶也内外并举，积极推动投资便利化。对内，东帝汶政府 7 月通过新的《私营部门投资法》。一是为了促进私营部门发展，为吸引外资创造条件；二是更新私营投资法律制度，消除过时条款，使其符合东盟全面投资协议的指导，以便东帝汶的加入。新法律的重要变化是将先前的税收等优惠条件剥离出来，重点放在私营投资便利化、投资保护和为投资者提供高质量服务上。对外，6 月 5～7 日在帝力举行东帝汶国际投资会议，以展示该国在多个产业的发展潜力。会议协办者东帝汶贸易投资机构是一家一站式服务平台，帮助国内外投资者解决投资许可、出口许可和特别投资协议等行政手续，并能帮其实现减免税收和关税。会议吸引了众多国际和商业机构参与，其中多数来自澳大利亚和东盟国家。东帝汶水泥公司（包考）、喜力啤酒作为外国投资成功典范在会上发言。

2016 年，这些重大投资项目均有明显进展。5 月 19 日，东帝汶政府与东帝汶水泥公司签署特别投资协议，以促进该项目早日完成。11 月，东帝汶政府增股东帝汶水泥公司，股份上升至 40%。[1] 11 月 20 日，喜力啤酒厂开始试运行，酿制第一桶啤酒。这些大型外国投资项目不仅能增加东帝汶国内消费品供应，减少进口，还能给当地创造众多就业机会。东帝汶政府极为重视这些项目的示范效应：既能满足该国三大经济改革目标——增加私营投资、促进经济多元化、增加可持续就业，又能向其他外国投资者发出积极信号，增强其投资信心。

东帝汶在吸引外资上期待大型项目，但鉴于自身经济结构的特点，在本国企业的发展上则将鼓励中小微企业作为重点。为适应新形势下的经济发

---

[1] 《11 月 22 日部长会议纪要》，东帝汶政府网站，http://timor - leste. gov. tl/? p = 16805&lang = en，2016 年 11 月 22 日。

展，东帝汶在 5 月重新起草了《商业企业法》，代替 2004 年制定的现行法律，以简化和便利中小商业企业的设立手续。9 月，东帝汶政府又提出中小微企业信贷保障计划，改善其融资条件。

旅游业是第六届宪法政府经济目标中的一个重点产业，为此 2016 年东帝汶制定了一系列法律法规对其发展进行全面指导。包括：规范旅游机构的设立和运营，保证旅客权益；对露营地等户外探险旅游的申请、装备、分级、经营和监督做出详细规定；对特别旅游区进行管理，在发展高质量旅游基础设施的同时注重可持续旅游发展，保护自然原貌。其中最为重要的旅游业发展文件是题为《旅游增长 2030：树立国家认同感》的东帝汶旅游政策草案。该草案在 10 月 24 ~ 26 日东帝汶举办的"新兴旅游目的地国际会议"上发布，将东帝汶的旅游重点放在可持续性、社区、高质量标准和商业竞争力这些因素上，强调旅游对东帝汶未来可持续的经济发展至关重要。东帝汶旅游政策的目标是，到 2030 年每年吸引 20 万海外游客、人均停留时间达到 4 天，海外旅游收入达到 1.5 亿美元，旅游从业人数达到 1.5 万人。[①] 与此同时，东帝汶公布了新的国家旅游网址 www. timorleste. tl。该网址旨在通过互联网资源提供最新的可靠信息，打造东帝汶独具特色、热情好客的旅游目的地形象。该网站的主要游客目标群是澳大利亚、印度尼西亚和葡萄牙等，随后又推出了东帝汶旅游品牌概念、标志和口号。

2016 年东帝汶还提出了另外几部影响深远的战略性经济文件。2016 年 3 月，东帝汶国家石油公司（Timor Gap）制定了《2016 ~ 2035 商业规划》。目标是促进石油产业的良好治理，确保国家能源安全，发展人力资本并引入新的改进措施，尤其是在基础设施方面。东帝汶政府还成立了一个跨部门委员会，对政府投资的可行性进行分析。该委员会由财政部、规划与战略投资部以及石油和矿产资源部组成。

8 月 9 日，东帝汶政府通过《采矿法》草案，对矿产的勘探、研究、评

---

① 《政府在国际会议上发布旅游政策草案》，东帝汶政府网站，http：//timor – leste. gov. tl/? p = 16602&lang = en&lang = en，2016 年 10 月 27 日。

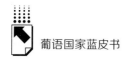
估、开发、开采、加工、提炼和营销做出详细规定。该法为东帝汶采矿行为的管理建立了法律体系，包括开采许可批准的行政程序。目的是在环境可持续标准的指导下，促进东帝汶矿产资源的发现和开发。《采矿法》是第六届宪法政府的重要执政成就之一，是对所有采矿环节的全面指导。在制定前，东帝汶政府由石油矿产资源部牵头对各利益相关方进行了广泛咨询协商，包括国内所有地方、相关专家、矿业企业和世界银行。

三　聚焦可持续发展　改善社会福祉

自 2015 年 9 月联合国提出"可持续发展目标"（SDG）后，东帝汶就积极响应。对外，东帝汶加入了由九个国家组成的 SDG 领冠集团（Champions Group），积极宣传可持续目标；对内则成立了联合国可持续发展目标高级工作组，协调所有政府机构的工作，设定本国落实目标的策略并建立国家 SDG 监测体系。2016 年东帝汶将其作为本国经济社会发展的最高指导原则，贯彻到各个领域。

作为最容易受海平面上升等气候变化影响的小岛屿国家联盟成员，气候是东帝汶最关注的领域之一。该国于 2016 年 1 月发布了东帝汶"厄尔尼诺"情况报告并部署应对措施。对于本国受"厄尔尼诺"影响的约 12 万人口，东帝汶工商和环境部采购了 9000 吨大米储存在受影响最重地区的仓库中。[①] 4 月 22 日，东帝汶在纽约签署《巴黎气候协定》；10 月 31 日，东帝汶政府通过巴黎协定国家自主贡献方案（INDC）。

在与气候相关的环保领域，东帝汶也投入更多精力和资源。2016 年 2 月初，东帝汶政府制定国家保护区系统方面的法律，将在其指导下建立一个国家保护区系统，包括陆地和海上，土地性质则包括公有、私有和社区所有各种形式。该法律将 46 个区域自动划为保护区，并规定在五年内完成国家

---

① 《4 月 12 日部长会议纪要》，东帝汶政府网站，http：//timor – leste. gov. tl/？ p = 14998&lang = en，2016 年 4 月 12 日。

保护区体系的建立和管理计划。2016年3月初，东帝汶政府与环境保护团体签署"一颗种子"计划备忘录，目的是促进碳捕获等社区森林行动，减少贫困、提高环境意识和知识，与地方结成环境保护伙伴关系。

可持续发展目标还集中体现在基础设施建设中。2016年2月初，东帝汶政府通过 Oe-Cusse Ambeno 经济特区 Ataúro 区域土地利用计划，充分着眼于可持续发展，注重保护当地的文化、自然和生态遗产。计划中也制定了地区规划、利用、保护和管理战略，尊重环境法等现有法律和当地传统，尤其是"塔拉班杜"（Tara Bandu，古老的乡村规约）以及规定人与自然关系的传统机制。① 3月，东帝汶制定国家城市交通政策，旨在保证可持续发展和充分环境保护的前提下发展交通。该政策要求各市镇递交相关交通发展计划，规定计划必须将非机动交通和公共交通服务置于优先地位。4月，公共事业、交通和通信部制定了《2016～2020年农村地区道路建设规划》，并将其加入东帝汶战略发展规划，改善该国腹地居民的出行条件，增加就业并便利投资。

除了硬件发展，"人的发展"也是东帝汶落实可持续发展目标特别注重的领域。2月3日，东帝汶通过国家青年政策，列出青年发展的挑战、目标和前景。青年占东帝汶人口大多数，这一政策有助于促进青年教育和就业，维持社会稳定和国家团结。9月，东帝汶制定了《国家儿童行动计划2016～2020》，随后又在10月启动《儿童保护法》的起草工作，这将填补东帝汶法律空白。②

妇女是东帝汶独立斗争中的主要受害者，该国尤其重视可持续发展目标中的性别公平和妇女参与。为此，2016年东帝汶政府设置了妇女支持和经济社会促进国务秘书一职，并强调各部委在预算和年度计划制订中要注重性

---

① 《2月3日部长会议纪要》，东帝汶政府网站，http：//timor - leste. gov. tl/wp - content/uploads/2016/02/Meeting - of - the - Council - of - Ministers - of - February - 3rd - 2016. pdf，2016年2月3日。

② 《10月18日部长会议纪要》，东帝汶政府网站，http：//timor - leste. gov. tl/？ p = 16506&lang = en，2016年10月18日。

别问题。4 月，东帝汶政府基于联合国安理会第 1325 号决议通过了《2016~2020 年妇女、和平与安全国行动计划》。东帝汶是东南亚第三个制订此类计划的国家，决议覆盖了社会的四大支柱：妇女的参与、预防、保护及维和。5 月初，题为"妇女参与政治生活和选举的进展与挑战"的全国性会议在帝力举行，阿劳若总理出席，指出保证妇女完全而有效地参与所有层面的政治、经济和公共决策是可持续发展目标的重要内容，妇女在国家政治生活中的积极参与对东帝汶的发展至关重要。目前东帝汶国会中女议员比例为 38%，① 并通过"100% Hau Prontu"等项目鼓励妇女担任领导工作。在 2016 年的地方选举中妇女参与受到极大鼓励，共有 319 名候选人竞选镇长，其中有 21 名妇女当选，比 2009 年的 11 名翻了将近一番。②

随着东帝汶社会经济的快速恢复和发展，社会福利和社会安全被提上议事日程。2016 年东帝汶政府开始着手搭建社会福利和安全框架。3 月 9 日，东帝汶政府通过的《社会福利促进框架》草案，惠及劳动者及其家人生老病死各个阶段，覆盖所有行业的从业人员。10 月 18 日，东帝汶国会批准《社会安全制度》法案，据此成立了国家社会安全机构。11 月，东帝汶政府向国会提交 2017 年社会安全预算，这是该国历史上首次将社会安全预算作为一个独立方案与国家总预算同时提交。

东帝汶其他社会生活领域在 2016 年也均有所发展。

教育领域的突出成就是职业教育粗具规模，2016 年全国共有 32 所公立和私立职业技术院校，教师 771 人，学生 7938 人。③ 同时，东帝汶建立贝塔诺（Betano）职业技术学院，是该国第一所职业教育高等院校。东帝汶也充分利用国际资源来发展教育。2 月，东帝汶与古巴签署协议，委托后者为其培训数学教师。继 2012~2014 年的成功合作后，东帝汶教育部与葡萄牙外

① 《政府采取行动支持性别平等和妇女发展》，东帝汶政府网站，http://timor-leste.gov.tl/?p=15269&lang=en，2016 年 5 月 10 日。
② 《地方选举 21 位女性当选镇长接近翻番》，东帝汶政府网站，http://timor-leste.gov.tl/?p=16779&lang=en，2016 年 11 月 18 日。
③ 《9 月 6 日部长会议纪要》，东帝汶政府网站，http://timor-leste.gov.tl/?p=16104&lang=en，2016 年 9 月 6 日。

交部续签议定书（2016～2018 年），旨在为东帝汶培训更多葡萄牙语教师。该国还与佛得角、葡萄牙和古巴的四所大学签署协议，接受东帝汶留学生。

在医疗卫生领域，东帝汶继续完善国家疾病防控和公民保健体系。为了抗击艾滋病，东帝汶政府在 10 月制订了"抗艾国家战略计划"，并与印尼签署了合作备忘录。为了推广此前提出的"家庭卫生计划"，东帝汶将 Aileu 市作为试点，对当地所有家庭进行调查和登记。东帝汶医疗卫生条件的巨大改善得到了国际社会的认可。《柳叶刀》杂志 9 月发表的一份研究报告表明，根据 33 个可持续发展目标中的健康相关指数，东帝汶的改善情况在 188 个国家中名列第一。这与东帝汶大力改进本国医疗卫生条件密切相关，近年来该国进行医疗改革，卫生部推动"基础卫生服务套餐"和"医院服务套餐"等。第六届宪法政府上台后为加速医疗条件的改善，推出一系列新措施：使 15 岁以下学生的麻疹、风疹和小儿麻痹症免疫率达到 96%；实行"全面基本医疗保健套餐"和"家庭卫生计划"；制定并通过"禁烟条例"，进行相应宣传活动和配套服务。[1] 世界卫生组织的报告将东帝汶列为平均预期寿命进步最大的国家，从 1990 年的 50 岁到 2012 年的 66 岁，再到 2016 年的 70 岁。[2]

2016 年东帝汶也加强国家媒体建设。7 月 27 日，东帝汶国家新闻机构第一期及其官网启动仪式，主要报道内容是国家和市镇新闻。11 月东帝汶政府制定《东帝汶广电商业战略规划（2017～2021）》，尤其是在营销、广告和运营方面。该规划还包括培训战略和增加地方节目内容。

体育方面，东帝汶有三名运动员参加里约奥运会，项目分别为女子自行车、女子 1500 米和男子 1500 米。东帝汶 2016 年举办了两大体育赛事，即 9 月的"帝汶之旅"多阶段山地自行车赛以及 10 月的帝力马拉松，其主要目的之一是吸引外国游客。

---

① 《188 国可持续发展目标健康相关指数测评：根据 2015 年度全球疾病负担研究的基线分析》，《柳叶刀》，http://www.thelancet.com/journals/lancet/article/PIIS0140 - 6736（16）31467 - 2/fulltext，2016 年 9 月 21 日。

② 《东帝汶国家数据》，世界卫生组织网站，http://www.who.int/countries/tls/en/。

四　海上划界提交调解　全面外交更加自信

东帝汶 2016 年外交的首要任务仍然是与澳大利亚和印尼这两大邻国尽早划定海上边界。为了凸显这一任务的重要性，2 月东帝汶任命前总理夏纳纳为首席谈判代表，负责划界交涉。印尼对划界的态度比较积极。1 月 26 日，印尼总统佐科对东帝汶进行首次正式访问。访问期间，双方政府首脑和部长举行双边会议，签署了多份协议，涵盖青年与体育、档案、气候与地球物理、搜救和能源等领域。双方重点探讨加强在贸易、能源和基础设施方面的合作，并重申要加快陆地和海上边界的划界。

但是，与澳大利亚的海上划界交涉就没有这么顺利了。除了东帝汶，澳大利亚已经与所有邻国划定了海上边界。对于东帝汶的划界请求，澳大利亚屡屡拒绝。因此，将与澳大利亚永久划界视为"实现本国主权独立的最后一步"的东帝汶只能诉诸国际机构。[①] 4 月 11 日，东帝汶向联合国提请进行强制调解，按规定要成立由 5 名成员构成的调解委员会，双方各自提出 2 名成员，然后由这 4 名成员在 30 天内提出另一名第三方成员。强制调解委员会的主要职责是"听取各方意见，对其声索和反对进行审议，并对问题的友好解决提出建议"，协调双方进行谈判，如果在 12 个月内无法取得成效，就用报告形式提出解决方式建议。[②]

为了给海上边界划定造势，东帝汶借国际海洋法法庭成立 20 周年之机，于 5 月 19 日在帝力举行"海上边界与海洋法国际会议"，并邀请现任国际海洋法法庭庭长弗拉基米尔·弗拉基米罗维奇·戈利岑做主旨演讲。

6 月底，强制调解委员会找到第 5 名成员，宣告正式成立。7 月 28 日，该调解委员会在海牙举行第一次会议。但是，澳大利亚对于强制调解并非心

---

① 东帝汶总理阿劳若语，参见《东帝汶启动与澳大利亚海上划界强制调解程序》，东帝汶政府网站，http：//timor－leste. gov. tl/？ p＝14978&lang＝en，2016 年 4 月 11 日。
② 《东帝汶欢迎调解委员会继续工作的重大决定》，东帝汶政府网站，http：//timor－leste. gov. tl/？ p＝16237&lang＝en，2016 年 9 月 26 日。

甘情愿地接受。8月29日，澳大利亚外交部长朱莉·毕晓普和总检察长乔治·布兰迪斯发表联合声明称，调解委员会不具有举行海上划界听证的法律权力，其最终报告将不具有法律效力。对此，强制调解委员会和东帝汶均在第一时间做出反应。8月29日，该调解委员会在海牙举行一场公开听证会，夏纳纳等东帝汶政府成员参加。同日，东帝汶总理发布《东帝汶海上边界政策文件》，表示该文件"讲述了东帝汶为了海洋主权斗争的历史，从过去到现在，对未来也意义重大"。①

经过多次听证，9月26日常设仲裁法院发布公告，宣布根据《联合国海洋法公约》，该组织"有权继续调解"澳大利亚与东帝汶的海权争议。澳大利亚只得接受强制调解，于10月开启与东帝汶的会谈，调解已于2017年9月完成。

但是，对于澳大利亚这个最为重要的邻国，东帝汶并未让海上划界问题影响双方其他关系的发展。例如，东帝汶将老兵交往作为维系两国关系的一条重要纽带。2016年4月底，夏纳纳率领东帝汶老兵代表团访问澳大利亚多地，并探讨在东帝汶引入澳大利亚的徒步旅行路线。7月18~28日，参加"东帝汶觉醒行动"的澳大利亚和东帝汶老兵走访八个市，体会那些曾经受到战争伤害的村落如今的和平生活。1999~2010年驻防东帝汶的澳大利亚老兵多达3万，他们对东帝汶有特殊感情，也是促进两国关系的重要力量。

此外，东帝汶与澳大利亚和印尼的三边合作也有进展。3月30日，三国在帝力举行"东印尼—北澳—东帝汶"增长三角会议。会议在改进次区域海陆空互联互通和探索新旅游路线方面有所进展，并建立了贸易投资、互联互通和旅游三个工作组。

2016年东帝汶其他方面的外交可以总结为"一个主题、两大重点"。"一个主题"是可持续发展目标，"两大重点"即葡语国家共同体和东盟。

1月19~23日，阿劳若总理到瑞士参加达沃斯世界经济论坛，这是东

① 《政府发表〈东帝汶海上边界政策文件〉》，东帝汶政府网站，http：//timor-leste.gov.tl/?p=16067&lang=en&lang=en，2016年8月29日。

帝汶首次参加该机制活动。东帝汶最关注的议题就是联合国可持续发展目标。为了继续强化 2015 年联大期间组成的 SDG 领冠集团，该集团成员在论坛期间举行会晤，相互报告各自进展并讨论下一步行动。东帝汶于 7 月 4～5 日举行的 2016 年发展伙伴会议主题为"为东帝汶可持续发展融资"，阿劳若总理称此次会议标志着"东帝汶可持续发展目标的正式启动"。①

2016 年是东帝汶担任葡语国家共同体轮值主席国的最后一年，按照预定计划举行了各项机制内会议，包括第七次科技部长会议、第九次教育部长会议、第十七次国防部长会议和高级性别事务会议等。其中较为引人注目的是 2 月 22～24 日的第二次葡语国家共同体商务部长会议。议题包括促进经济多样化、融入全球市场、扩大私营部门增长以及油气价格下跌的经济影响等。与会国除了葡语国家共同体成员国，还包括格鲁吉亚、日本、毛里求斯、纳米比亚、塞内加尔和土耳其等观察员国，以及澳大利亚、印尼、新加坡和越南等地区投资国。在会前，东帝汶工商与环境部和葡语国家共同体出口国联盟签署了一项协议，将建立东帝汶首个产品证书工作室，并创立一个"商业孵化器"来支持东帝汶青年企业家的技能和竞争力提升。10 月 31 日，第 11 次葡语国家共同体领导人会议在巴西利亚举行，在会上东帝汶正式将轮值主席国职位转交给巴西。

在两年的任期中，东帝汶尽心尽力，圆满完成了轮值主席国的工作。更重要的是，东帝汶将葡语国家共同体作为彰显国际存在、扩大国际影响和提升国际地位的重要舞台，发挥了巨大的主动性和创新性。2 月 25～27 日，在东帝汶的倡导下，首次葡语国家共同体全球经济论坛在帝力举行。来自 20 多个国家的超过 400 名代表参加，论坛主题是"鼓励在东帝汶投资，并在共同市场开发新的伙伴"。这是东帝汶在葡语国家共同体轮值主席任期中的一项创举和重要遗产。葡语国家共同体的成员遍布全球，其丰富的多样性意味着巨大的商业合作潜力。东帝汶作为该集团唯一的亚太成员，利用自身

---

① 《政府加强与发展伙伴的合作》，东帝汶政府网站，http://timor - leste. gov. tl/？p = 15728&lang = en，2016 年 7 月 4 日。

的地缘优势,为二者牵线搭桥,创造新的商业合作机会,为葡语国家吸引投资。这有利于提高东帝汶在葡语国家共同体、东盟乃至亚太的国际地位和影响力。此外,东帝汶也注重与葡语国家共同体成员的关系发展。葡萄牙是东帝汶重要的援助者,两国续签和新签了多项议定书,由葡萄牙向东帝汶提供司法、新闻等多个领域的帮助,尤其是人员培训。同时,东帝汶也积极帮助其他不发达成员。在圣多美和普林西比大选期间,东帝汶派出一个技术支持小组,帮助其进行选民电子登记等。

自2011年提交加入东盟的申请以来,东帝汶领导层将加入东盟作为该国的一项战略目标,进行了全面准备。2016年,东帝汶在十个东盟国家都建立了大使馆并派驻大使。东帝汶外交与合作部受命起草了一份题为《外贸机制备忘录》的文件,对本国现有的政策和管理架构进行全面分析,阐明东帝汶已经在何种程度上达到东盟的要求,以及采取何种措施来完全符合东盟成员的标准。为表示自身做好了加入东盟的准备,东帝汶积极参与东盟所有的相关会议,如3月底在火奴鲁鲁举行的东盟地区论坛渔业管理改进研讨会和6月初在吉隆坡举行的东盟世界经济论坛。

东盟也日益重视东帝汶在地区中的作用,逐渐扩大其参与东盟活动的范围。8月3~5日,2016年东盟公民社会会议暨东盟人民论坛在帝力举行,约800名代表参加,其中半数来自东盟国家。本次活动主题为"为了更加公正包容的东盟扩大人民的团结",活动内容包括电影节、团结之夜联欢、社区参观、研讨会和与东盟国会议员的对话。

2017年中国与东帝汶关系也保持平稳发展势头,高层交流和务实合作继续推进。1月的达沃斯世界经济论坛期间,李源潮副主席会见阿劳若总理,双方在加强"21世纪海上丝绸之路"建设及基础设施、农业、渔业、能源、金融以及执法安全等领域合作上达成高度共识。①

1月16~20日,中国海军152编队访问东帝汶。访问期间,东帝汶前

---

① 《李源潮会见东帝汶总理阿劳若》,新华社,http://news.xinhuanet.com/politics/2016-01/22/c_1117856061.htm,2016年1月22日。

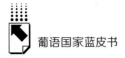

总理夏纳纳和国防部长 Cirilo Cristóvão 登舰参观，两国海军官兵举行了反海盗讲座和体育比赛，有效促进了双方防务交流。近年来双方防卫合作广泛展开，包括国防部建设，东帝汶防卫官员访问中国国防部和解放军总部，中国帮助培训东帝汶国防军人员等军方交流，助其实现部队专业化。

2016 年对华关系中另一个意义重大的事件是东帝汶于 9 月 6 日启动亚投行进程。这是双方在"一带一路"倡议之下迈出的关键一步，为今后各领域务实合作开辟了更广阔的空间。

资料

B.24
2016年葡语国家大事记

成 红*

1月

1月5日 中国三峡集团在2015年成功获得的巴西朱比亚水电站和伊利亚水电站30年特许经营权项目正式完成交割。交易完成后三峡集团在巴西可控和权益装机容量达到600万千瓦,一跃成为巴西第二大私营发电企业。

1月24日 中国巴西交流协会在巴西首都巴西利亚宣告成立。

葡萄牙社会民主党候选人马塞洛·雷贝洛·德索萨在当日举行的总统选举中获胜,成为葡新一任总统。葡内政部选举委员会当晚公布的数据显示,在对98.77%的选票进行统计后,马塞洛获得52%的选票,得票数过半,成

---

* 成红,中国社会科学院西亚非洲研究所科研处处长、研究馆员。

为葡萄牙共和国第二十任总统。

1 月 28 日 巴西财政部长内尔松·巴尔博萨宣布,巴西将从国有银行释出 830 亿雷亚尔(约合 200 亿美元)新信贷,提供给农业、住房、基础设施及中小企业等受经济萎缩打击的企业,旨在帮助巴西摆脱经济衰退。

2月

2 月 1 日 世界卫生组织(简称"世卫组织")宣布巴西密集出现的新生儿小头症病例和其他神经系统病变构成"国际关注的突发公共卫生事件",这些病例的出现可能与寨卡病毒流行存在密切关系。2 月 17 日,世卫组织发布"寨卡战略应对框架及联合行动计划",为应对寨卡病毒传播及相关疾病提供指导。

2 月 2 日 莫桑比克总统纽西在总统府会见中国外交部长王毅。

2 月 13 日 巴西总统罗塞夫连同 27 位联邦政府官员,发起名为"零寨卡"的全国性灭蚊行动,希望提高巴西民众对于灭蚊的重视,控制寨卡病毒传播。

2 月 18 日 巴西央行公布的数据显示,巴西继 2014 年经济增长仅 0.15% 后,2015 年经济衰退达到 4.08%,是该国 25 年来经济表现最差的一年。

2 月 24 日 世界卫生组织总干事陈冯富珍一行到达巴西,了解寨卡疫情控制及治疗情况。

2 月 29 日 巴西南极科考站重建项目启动仪式在智利最南部城市蓬塔阿雷纳斯举行。这一项目由中国电子信息产业集团有限公司所属的中国电子进出口总公司负责承建,项目金额约为 9960 万美元,这也是中企首次负责国外南极科考站建设项目。

3月

3 月 15 日 据《人民日报》报道,经济合作与发展组织(OECD)日前发布"国际学生评估项目"(PISA)报告,在调查的 64 个国家中,巴西学生在数学、阅读、科学方面的表现不佳,排名第 55 位。在参与调查的

270 万 15 岁的巴西学生中，约 170 万存在数学学习障碍，140 万存在阅读障碍，150 万存在科学学习障碍。

巴西圣保罗大学生物医学研究所表示，该校研究人员发明了一种新的寨卡病毒检测方法，即使病毒已从感染者体内消除且不再表现症状依然可以检测到感染记录。

3 月 24～27 日 全国政协副主席、中国人民争取和平与裁军协会副会长马飚率团访问巴西，其间分别会见了巴西参议长代表、参议院巴中议员友好小组主席里贝罗，巴西文化部代部长瓦莱拉，世界和平理事会主席戈梅斯及巴西共产党、全国妇联、全国学联等组织的代表。双方就国内形势、议会交往、民间友好等议题深入交换意见，达成广泛共识。

3 月 30 日 巴西副总统米歇尔·特梅尔正式宣布，其领导的巴西民主运动党决定从执政联盟中退出，意味着这一占国会最多席位的党派与总统罗塞夫领导的劳工党关系破裂。

4月

4 月 5～7 日 拉美第七届长期演进技术（LTE）年会在巴西里约热内卢举行。这是拉美最大的 LTE 盛会，年会的一大主题是如何推动第五代移动通信技术（5G）在拉美的发展，会议吸引了拉美各国的运营商巨头参加。

4 月 11 日 巴西国会众议院特别委员会进行表决，以 38 票赞成、27 票反对的投票结果通过了对巴西现任总统罗塞夫的弹劾报告。根据程序，弹劾报告 12 日在《政府公报》上发布，此后众议院必须就此开会讨论，预计在本月 17 日举行全体会议进行辩论和表决。按照巴西宪法，届时弹劾案若获得 513 个议席中的至少 342 席支持（即 2/3 支持率）方可通过，此后，参议院还要对总统弹劾案进行第一轮表决，若弹劾案获得简单多数支持获得通过，总统需离职 180 天，总统职务由副总统代理；之后参议院还将进行第二轮表决，若 2/3 以上议席支持弹劾，则总统必须下台，由副总统继任。

4 月 17 日 巴西众议院全会以 367 票支持、137 票反对，通过了对总统罗塞夫的弹劾案，弹劾程序正式启动。

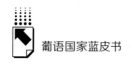
4 月 21 日　中国最高人民法院院长周强在京会见了来访的葡萄牙总检察长维达尔一行。

4 月 25 日　中国人民对外友好协会与佛得角共和国驻华大使馆在京共同举行庆祝中佛建交 40 周年招待会。

5月

5 月 1 日　巴西总统罗塞夫宣布将政府"家庭补助金计划"补贴金额平均上调 9%，以更好地帮助巴西贫困阶层改善生活条件。

5 月 5 日　巴西最高法院全会决定，中止众议院议长爱德华多·库尼亚众议员资格并暂停其议长职务。这一法令是由巴西最高法院大法官特奥里·萨瓦斯基当天上午签署的。萨瓦斯基在文件中指出，库尼亚深陷巴西石油公司腐败案，已被最高检察院正式起诉，不具备继续行使议员职能的资格。随后最高法院一致通过决议，决定解除众议长库尼亚职务。

5 月 6 日　巴西参议院特别委员会以 15 票赞成、5 票反对的结果通过了弹劾总统罗塞夫的报告。弹劾报告将于 5 月 9 日提交参议院全体会议审议，并在 5 月 11 日举行第一次表决。弹劾报告认为，巴西政府在执行 2015 年财政预算中未经国会批准，动用政府控制的金融机构进行借贷，违反财政责任法。

5 月 12 日　巴西参议院全体会议以 55 票赞成、22 票反对，通过了对总统罗塞夫的弹劾报告。这意味着弹劾案被正式受理，并进入调查取证阶段。

几内亚比绍总统瓦斯解散了以总理卡洛斯·科雷亚为首的内阁。

5 月 16 日　中巴深海技术联合研究院揭牌仪式在巴西里约热内卢举行，这一研究院是发展中国家首个专注深海技术的联合研究机构，研究院由中国石油大学（北京）和巴西里约热内卢联邦大学联合成立，是产学研合作模式的实践。

中国最高人民法院院长周强同来访的葡萄牙最高法院院长加斯帕尔举行会谈。双方共同签署了《中华人民共和国最高人民法院和葡萄牙共和国最高法院司法合作谅解备忘录》。

5月16~21日 应中国国家主席习近平邀请，莫桑比克共和国总统菲利佩·雅辛托·纽西对中国进行国事访问。访问期间，习近平主席在同纽西总统举行了会谈，两国元首决定将中莫关系提升为全面战略合作伙伴关系，双方发表了《中华人民共和国和莫桑比克共和国关于建立全面战略合作伙伴关系的联合声明》。会谈后，两国签署了经济技术、产能、能源等领域双边合作文件。

5月22~30日 中国全国政协副主席陈晓光率全国政协代表团应邀对意大利、葡萄牙和奥地利进行访问。

5月31日 葡萄牙总统马塞洛·雷贝洛·德索萨在总统府会见杨振武社长率领的人民日报社代表团并接受专访，这也是德索萨就任总统以来首次接受外国媒体专访。德索萨总统高度评价中葡两国建立全面战略伙伴关系10年来取得的成绩，对两国在经贸、文化、卫生、保险，尤其是能源领域的合作成果表示赞赏，强调中国发展是葡萄牙的重要机遇。德索萨总统认为，两国应深化务实合作，推动两国关系再上新台阶。葡萄牙赞同中国"一带一路"倡议，并愿与中国扩大在交通设施、港口建设等多领域的紧密合作。

6月

6月13日 据《人民日报》报道，巴西中资企业协会和巴中企业家委员会联合在巴西圣保罗举办了"中巴企业家战略对话会"。来自中国驻巴西大使馆、巴西外交部、中国贸促会等官方代表，以及三峡、葛洲坝、奇瑞、华为等在巴中资企业，淡水河谷、巴西航空公司等巴西知名企业的负责人参加了此次对话会。50余名代表围绕"基础设施合作""政府和社会资本合作（PPP）模式"等议题进行交流与讨论。

6月14~16日 中共中央政治局委员、北京市委书记郭金龙率中共代表团应邀访问葡萄牙。访问期间，郭金龙分别会见葡萄牙总统德索萨，政府总理、社会党总书记科斯塔，社会党主席塞萨尔，社民党主席科埃略、总书记罗萨，里斯本市长梅迪纳等。

6 月 20 日　由于与债权人谈判破裂，巴西电信业巨头 Oi 公司向当地法院提交文件，请求重启谈判并申请破产保护。若申请被法院接受，这将成为巴西史上最大的破产保护案。Oi 是巴西最大的固定网运营商和第四大移动运营商，市场份额分别达到 34.4% 和 18.6%。

7月

7 月 4 日　中国全国人大常委会副委员长张平在北京会见应中国人民对外友好协会邀请访华的佛得角前总统皮雷斯。

7 月 7 日　巴西众议院议长库尼亚正式宣布辞职，称希望"以此举平息眼下巴西的政治斗争"。

7 月 8 日　据新华社报道，安哥拉政府近日就南海问题发表声明，支持南海问题直接当事国通过谈判和平解决争端。声明说，安哥拉持续关注南海局势，安哥拉政府呼吁和支持南海问题直接当事国在尊重历史事实和国际法的基础上，根据各方达成的双边协议和地区共识，通过直接友好磋商与谈判，和平解决领土和海洋争议。

7 月 27 日　欧盟委员会就是否对西班牙、葡萄牙减赤不力进行处罚展开最终讨论，建议取消对两国的处罚，并将完成目标的最后期限延长两年，即葡萄牙需在 2017 年底将财政赤字占国内生产总值的比例降至 3%，西班牙的最后期限是 2018 年。

8月

8 月 3～6 日　中国国务院副总理刘延东作为习近平主席特别代表赴巴西出席里约热内卢第三十一届夏季奥林匹克运动会开幕式。

8 月 5 日　第三十一届奥林匹克运动会在巴西首都巴西利亚的马拉卡纳体育场开幕。

8 月 6 日　世界卫生组织发布公报称，黄热病疫情在安哥拉出现衰退。公报称，安哥拉在过去 6 周内未报告任何新增确诊病例。2016 年 1 月底安哥拉报告了首例黄热病病例，截至 7 月底，该国共报告 3818 例疑似病例，其中实验室确诊 879 例，死亡病例 369 例。

8 月 10 日 巴西参议院全体议员以 59 票赞成、21 票反对通过了针对总统罗塞夫的弹劾报告，这一报告由特别委员会（特委会）修改完成。

8 月 16 ~ 18 日 应安哥拉人民解放运动（安人运）邀请，中共中央委员、广西壮族自治区党委书记彭清华作为中共代表出席了安人运第七次全国代表大会。与会期间，彭清华在大会上宣读了中共中央致安人运七大的贺词，会见了安人运副主席和总书记等领导人，并与参加党代会的其他外国政党进行了交流。

8 月 25 日 巴西参议院审理弹劾总统罗塞夫案即日开始进入最后程序。8 月 29 日，已被停职的罗塞夫将亲自到庭为自己做无罪辩护。

9月

9 月 2 日 中国国家主席习近平在杭州会见前来出席二十国集团领导人杭州峰会的巴西总统特梅尔。

9 月 4 日 金砖国家领导人非正式会晤在杭州举行。中国国家主席习近平、印度总理莫迪、南非总统祖马、巴西总统特梅尔、俄罗斯总统普京出席。五国领导人就金砖国家深化合作、共同应对当前挑战深入交换意见。

9 月 20 日 中国外交部长王毅在美国纽约主持召开金砖国家联大外长会晤。印度外交国务部长阿克巴尔、南非外长马沙巴内、俄罗斯外长拉夫罗夫、巴西外长塞拉出席会晤。

9 月 26 日 在圆满结束对古巴的正式访问后，中国国务院总理李克强乘专机离开哈瓦那回国，并于途中在葡萄牙特塞拉进行技术经停。李克强总理抵达特塞拉拉日什空军基地时，葡萄牙总理科斯塔特别代表、外交部长席尔瓦等政府官员前来迎接。随后，李克强会见了席尔瓦。

10月

10 月 6 日 联合国安理会召开会议，决定正式向联合国大会推荐葡萄牙前总理安东尼奥·古特雷斯为联合国下任秘书长。10 月 13 日，第七十一

届联合国大会举行任命联合国秘书长全体大会，大会通过一致决议，正式任命葡萄牙前总理、联合国前难民事务高级专员安东尼奥·古特雷斯为联合国下一任秘书长，任期从 2017 年 1 月 1 日至 2021 年 12 月 31 日。同日，中国国家主席习近平就古特雷斯当选下届联合国秘书长向葡萄牙总统德索萨致电表示祝贺。12 月 12 日，古特雷斯在第七十一届联合国大会全体会议上宣誓就职。古特雷斯今年 67 岁，1995～2002 年担任葡萄牙总理，并于 2005 年 6 月至 2015 年 12 月任联合国难民署高级专员。

10 月 8～12 日 葡萄牙共和国总理科斯塔应邀对中国进行正式访问，并出席在澳门举行的中国—葡语国家经贸合作论坛第五届部长级会议有关活动。10 月 8 日，中国国家主席习近平、中国全国人大常委会委员长张德江先后在京会见了科斯塔总理。10 月 9 日，中国国务院总理李克强与科斯塔总理举行会谈。会谈后，两国总理共同见证了中葡第三方市场合作、金融、能源、电信、文化等领域多个双边合作文件的签署。

10 月 10 日 中国国务院总理李克强在澳门会见来华出席中国—葡语国家经贸合作论坛的佛得角总理席尔瓦。

中国国务院总理李克强在澳门会见来华出席中国—葡语国家经贸合作论坛的几内亚比绍总理巴西罗·贾。

中国国务院总理李克在澳门会见来华出席中国—葡语国家经贸合作论坛的莫桑比克总理多罗萨里奥。

10 月 11 日 中国国务院总理李克强在澳门出席中国—葡语国家经贸合作论坛第五届部长级会议开幕式并发表主旨演讲。李克强总理在讲话中宣布了今后三年中国同论坛葡语国家深化合作的 18 项具体举措，涉及经贸投资、经济技术、医疗卫生、产能合作、基础设施建设、可持续发展、文化教育等诸多领域。佛得角总理席尔瓦、几内亚比绍总理巴西罗·贾、莫桑比克总理多罗萨里奥、葡萄牙总理科斯塔以及安哥拉、巴西、东帝汶等国政府代表与会并讲话，与会葡语国家领导人对李克强代表中国政府提出的合作举措表示欢迎。开幕式前，李克强同与会葡语国家领导人共同出席"中国与葡语国家商贸合作服务平台综合体"项目启动仪式，并为"平台综合体"项目揭牌。在下午举行的会议上，中国商务部长高虎城等各与会国部长先后发表演讲，全面总结了第四届部长级会议以来中葡合作取得的成绩，并提出了未来三年发展的主张和建议。安哥拉经济部长古尔热尔，巴西工业、外贸和服务部长佩雷拉，佛得角经济与就业部长若泽·贡萨尔维斯，几内亚比绍经济与财政部长恩里克·奥尔塔·多斯桑托斯，莫桑比克交通和通信部长梅斯基塔，葡萄牙经济部长曼努埃尔·卡尔代拉·卡布拉尔以及东帝汶国务部长埃斯塔尼斯劳先后发言。会后，与会各方签署了中葡论坛第五届部长级会议《经贸合作行动纲领（2017～2019）》和《中葡论坛关于推进产能合作的谅解备忘录》。

10月12日 中国—葡语国家经贸合作论坛第五届部长级会议配套活动之一的"企业家·金融家大会"在澳门举行，包括12位中国与葡语国家部长级官员在内的约900人出席大会，会上进行了"中国与葡语国家企业家联合会"签约和揭牌仪式。本次大会主题为"创新金融服务方式，促进中葡产能合作"，旨在推动中国与葡语国家企业合作，巩固澳门作为中国与葡语国家商务合作金融服务平台的角色。参会的中国与葡语国家高层官员、企业家、金融家探讨了如何把握中国与葡语国家合作的发展机遇和前景，促进中国内地、葡语国家及澳门地区企业家在产能、金融、贸易及投资等领域的合作。

10月14日 中共中央政治局常委、中央书记处书记刘云山会见来华出席"2016中国共产党与世界对话会"的安哥拉人民解放运动总书记代表塞巴斯蒂昂。

10月16日 金砖国家领导人第八次会晤在印度果阿举行。中国国家主席习近平、印度总理莫迪、南非总统祖马、巴西总统特梅尔、俄罗斯总统普京出席。习近平主席发表题为《坚定信心 共谋发展》的重要讲话。此次会晤的主题为"打造有效、包容、共同的解决方案"，有关共识体现在成果文件《果阿宣言》中。

10月17日 据《人民日报》报道，中葡合作发展基金近日宣布，已落实二期8.75亿美元资金，加上一期已到位的1.25亿美元，该基金实现10

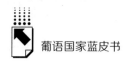

亿美元的设计规模。中葡基金于 2013 年 6 月正式成立，由国家开发银行和
澳门政府下属的澳门工商业发展基金按照 6∶4 的比例共同出资。中葡基金
此次完成二期增资，将具备在中葡经贸合作中发挥更大作用的资金实力。

10 月 24~27 日 两年一度的里约石油天然气展在巴西里约热内卢会展
中心举行。这是拉美地区最具影响力的油气行业展会，展览期间还将举行一
系列平行会议。

10 月 25 日 中国和巴西的艺术家以"交流、融合，艺术让奥林匹克更
美"为主题，在里约热内卢的巴西国家历史博物馆举行中巴文明对话论坛。

巴西帕拉州立大学孔子学院举行揭牌仪式，这是巴西第九所孔子学院，
也是巴西亚马孙地区的第一所孔子学院。

10 月 26 日 据《人民日报》报道，因涉嫌巴西石油公司腐败案，巴西
前众议长爱德华多·库尼亚日前在首都巴西利亚被警方以受贿和洗钱的罪名
正式逮捕，被送往南部城市库里蒂巴关押。

10 月 29 日 据《人民日报》报道，联合国厄尔尼诺和气候变化问题特
使马查里亚·卡马乌日前表示，莫桑比克面临严重旱情，未来几个月情况将
更加严重。由于粮食减产，预计有 250 万人需要紧急人道主义援助。

12月

12 月 1~4 日 中国国务院法制办公室副主任、党组成员袁曙宏率中共
友好代表团访问葡萄牙，并作为中共代表出席了葡萄牙共产党第二十次全国
代表大会。访问期间，袁曙宏还分别会见了葡共总书记德索萨和社会党副总
书记门德斯，与葡萄牙政党政要、企业和媒体代表以及旅葡侨胞等各界人士
座谈交流。

12 月 8 日 据《人民日报》报道，11 月中旬首届"中葡商务论坛"在
葡萄牙首都里斯本举行，40 多位中国企业代表与会，同 60 多位葡方企业家
进行项目对接。

12 月 20 日 圣多美和普林西比政府发表声明，决定与台湾"断交"。

12 月 26 日 中国外交部长王毅在京与圣多美和普林西比外长博特略举

行会谈。同日，中国与圣多美和普林西比发表联合公报，宣布即日起恢复中断近 20 年的大使级外交关系。

中国国家副主席李源潮在京会见了来访的圣多美和普林西比外交和海外侨民部长博特略。

12 月 27 日 中国国务委员杨洁篪在京会见来访的圣多美和普林西比外长博特略。

B.25

2016年1～12月中国与葡语国家进出口商品总值表

王　琳[*]

单位：万美元，%

序号	国家	2016 年 1～12 月中国与葡语国家进出口商品总值						2015 年 1～12 月
		进出口额	出口额	进口额	同比			进出口额
					进出口	出口	进口	
1	安哥拉	1557985.77	176113.04	1381872.73	−20.94	−52.69	−13.54	1970548.18
2	巴西	6756701.15	2216239.66	4540461.49	−5.91	−19.20	2.31	7180883.53
3	佛得角	4942.35	4934.08	8.27	9.96	9.83	265.99	4494.61
4	几内亚比绍	2146.06	2129.96	16.10	−42.41	9.50	−99.10	3726.36
5	莫桑比克	185972.40	137985.64	47986.76	−22.29	−28.91	6.17	239300.65
6	葡萄牙	561779.76	403769.58	158010.18	28.54	39.30	7.36	437049.53
7	东帝汶	17217.27	17188.29	28.97	61.39	62.22	−60.03	10667.92
8	圣多美和普林西比	664.94	663.17	1.77	−15.88	−15.75	−46.82	790.45
中国对葡语国家进出口合计		9087409.70	2959023.42	6128386.28	−7.72	−18.19	−1.64	9847461.22

资料来源：中国海关总署统计数据。

---

* 王琳，对外经济贸易大学法学硕士。

B.26

2013~2017年葡语国家主要经济指标

安春英*

表1　2013~2017年安哥拉主要经济指标

项目＼年份	2013	2014	2015	2016	2017
人口(百万)	26.0	26.9	27.0	28.8	29.8
GDP总量(百万美元)	124912	126777	102627	95781	122891
GDP实际增长率(%)	6.8	4.8	3.0	0	2.7
人均GDP(美元)	6401	6594	6635	6497	6573
通货膨胀率(%)	7.7	7.5	14.3	41.9	23.9
出口额(百万美元)	68247	59170	33181	27589	35090
进口额(百万美元)	26331	28580	20693	13041	19496
经常项目平衡(百万美元)	8145	-3748	-10273	-3071	-5963
外债总额(百万美元)	25004	28903	27991	35365	43748
外汇储备(百万美元)	32780	28130	23791	23741	18721
汇率(1美元兑换宽扎)	97.56	102.86	135.32	165.90	170.26

注：人均GDP数值按购买力平价计算，2017年各项指标均为估计值。

资料来源：EIU, *Country Report*：*Angola*, December 2017。

表2　2013~2017年巴西主要经济指标

项目＼年份	2013	2014	2015	2016	2017
人口(百万)	201.0	202.8	204.5	206.1	207.7
GDP总量(百万美元)	2471000	2455400	1799700	1793400	2051600
GDP实际增长率(%)	3.0	0.5	-3.5	-3.5	1.0
人均GDP(美元)	16077	16307	15751	15250	15565

---

* 安春英，中国社会科学院西亚非洲研究所编审，研究方向为非洲经济、非洲减贫与可持续发展问题。

续表

项目 \ 年份	2013	2014	2015	2016	2017
通货膨胀率(%)	5.9	6.4	10.7	6.3	2.9
出口额(百万美元)	241557	224098	190092	184453	208755
进口额(百万美元)	46372	48107	36946	30447	32815
经常项目平衡(百万美元)	-74389	-101881	-59434	-23546	-10661
外债总额(百万美元)	493765	556921	543397	543257	560166
外汇储备(百万美元)	358806	363551	356464	365015	373768
汇率(1 美元兑换雷亚尔)	2.34	2.66	3.9	3.26	3.28

注：人均 GDP 数值按购买力平价计算，2017 年各项指标均为估计值。

资料来源：EIU，*Country Report：Brazil*，December 2017。

表3　2013~2017 年佛得角主要经济指标

项目 \ 年份	2013	2014	2015	2016	2017
人口(百万)	0.52	0.526	0.533	0.54	0.546
GDP 总量(百万美元)	1850.5	1859.9	1574.9	1617.5	1827.1
GDP 实际增长率(%)	0.8	0.6	1.1	3.9	—
人均 GDP(美元)	6171.9	6244.7	6314.7	6564.0	—
通货膨胀率(%)	1.5	-0.2	0.1	-1.4	0.8
出口额(百万美元)	184.2	253.3	149.2	148.4	173.2
进口额(百万美元)	805.6	857.4	630.7	691.0	773.2
经常项目平衡(百万美元)	-107.5	-168.7	-78.7	-64.3	-54.4
外债总额(百万美元)	1470.8	1526.8	1526.3	1525.6	—
外汇储备(百万美元)	475.3	510.9	494.5	572.7	577.8
汇率(1 美元兑换埃斯库多)	80.07	83.03	99.39	99.69	97.29

注：人均 GDP 数值按购买力平价计算，2017 年各项指标均为估计值。

资料来源：EIU，*Country Report：Cape Verde*，December 2017；世界银行网上统计数据库，http：//data. worldbank. org/country/cape - verde。

表4　2013~2017 年几内亚比绍主要经济指标

项目 \ 年份	2013	2014	2015	2016	2017
人口(百万)	1.7	1.7	1.85	1.8	1.9
GDP 总量(百万美元)	1026.7	1109.0	1056.8	1126.1	1268.1
GDP 实际增长率(%)	0.8	2.5	4.8	5.6	4.9
人均 GDP(美元)	1470.9	1472.9	1543.3	1611.8	—

续表

项目 年份	2013	2014	2015	2016	2017
通货膨胀率(%)	1.2	-1.5	1.4	1.7	2.2
出口额(百万美元)	152.8	166.0	252.2	2743.4	289.6
进口额(百万美元)	182.8	214.2	206.9	224.3	255.2
经常项目平衡(百万美元)	-32.2	18.3	38.3	10.6	9.1
外债总额(百万美元)	212.2	203.2	223.8	219.9	—
汇率(1美元兑西非法郎)	494.04	494.41	591.45	593.01	578.57

注：人均GDP数值按购买力平价计算，2017年各项指标均为估计值。

资料来源：EIU, *Country Report*：*Guinea Bissau*, December 2017；世界银行网上统计数据库，http：//data.worldbank.org/country/guinea-bissau。

表5　2013～2017年莫桑比克主要经济指标

项目 年份	2013	2014	2015	2016	2017
人口(百万)	26.4	27.2	28.0	28.8	29.7
GDP总量(百万美元)	16000	17000	14800	10900	13200
GDP实际增长率(%)	7.1	7.4	6.6	3.8	4.2
人均GDP(美元)	1075	1137	1190	1217	1254
通货膨胀率(%)	3.0	1.1	-1.1	23.7	4.3
出口额(百万美元)	4123	3913	3413	3328	4799
进口额(百万美元)	8480	7952	7577	4733	4940
经常项目平衡(百万美元)	-6254	-5797	-5968	-4191	-2190
外债总额(百万美元)	7895	8695	10056	10481	10497
外汇储备(百万美元)	3352	3220	2582	2081	2324
汇率(1美元兑梅蒂亚尔)	30.10	33.6	45.9	71.4	63.08

注：人均GDP数值按购买力平价计算，2017年各项指标均为估计值。

资料来源：EIU, *Country Report*：*Mozambique*, December 2017。

表6　2013～2017年葡萄牙主要经济指标

项目 年份	2013	2014	2015	2016	2017
人口(百万)	10.5	10.4	10.4	10.3	10.3
GDP总量(百万美元)	226100	230000	199500	204900	219300
GDP实际增长率(%)	-1.1	0.9	1.8	1.5	2.6
人均GDP(美元)	27820	28732	29692	30615	32073

续表

项 目 \ 年份	2013	2014	2015	2016	2017
通货膨胀率(%)	0.4	−0.2	0.5	0.6	1.6
出口额(百万美元)	61800	62800	54400	61900	74700
进口额(百万美元)	72400	75400	64800	14700	17100
经常项目平衡(百万美元)	3600	200	200	1500	800
外汇储备(百万美元)	17589.3	19700.7	19402.6	24989.8	—
汇率(1美元兑欧元)	0.75	0.75	0.90	0.90	0.88

注：人均 GDP 数值按购买力平价计算，2017 年各项指标均为估计值。

资料来源：EIU，*Country Report*：*Portugal*，January 2018；世界银行网上统计数据库，http：//data. worldbank. org/country/portugal。

表 7　2013～2017 年圣多美和普林西比主要经济指标

项 目 \ 年份	2013	2014	2015	2016	2017
人口(百万)	0.187	0.191	0.196	0.2	0.204
GDP 总量(百万美元)	317.5	366.8	333.6	390.4	440.0
GDP 实际增长率(%)	5.1	6.8	4.0	4.0	5.0
人均 GDP(美元)	2882.9	3056.5	3144.0	3243.7	—
通货膨胀率(%)	8.1	7.0	5.2	5.4	4.2
出口额(百万美元)	12.9	17.2	11.3	13.6	11.3
进口额(百万美元)	128.6	144.6	118.9	119.1	125.1
经常项目平衡(百万美元)	−74.9	−104.0	−68.6	−59.9	−63.7
外债总额(百万美元)	7.46	7.46	7.46	7.46	7.46
外汇储备(百万美元)	63.8	63.5	72.9	63.2	64.5
汇率(1美元兑梅蒂亚尔)	18450.0	18466.4	22090.6	22148.9	21609.5

注：人均 GDP 数值按购买力平价计算，2017 年各项指标均为估计值。

资料来源：EIU，*Country Report*：*São Tomé and Príncipe*，December 2017；世界银行网上统计数据库，http：//data. worldbank. org/country/ são tomé and príncipe。

表 8　2013～2017 年东帝汶主要经济指标

项 目 \ 年份	2013	2014	2015	2016	2017
人口(百万)	1.2	1.2	1.2	1.3	1.3
GDP 总量(百万美元)	5460	4040	3100	3090	3220
GDP 实际增长率(%)	−10.9	−26.0	20.9	1.0	2.0
人均 GDP(美元)	1920.0	1988.5	2048.7	2144.5	—

续表

项 目 \\ 年 份	2013	2014	2015	2016	2017
通货膨胀率(%)	11.2	0.4	0.6	−1.2	1.1
出口额(百万美元)	17.7	15.5	18.0	20.0	—
进口额(百万美元)	696.2	764.2	652.9	558.6	—
经常项目平衡(百万美元)	2390.1	106.2	224.8	−533.1	—
外汇储备(百万美元)	687.7	311.5	437.8	281.0	—
汇率(通用美元)	1	1	1	1	1

注：人均 GDP 数值按购买力平价计算，2017 年各项指标均为估计值。

资料来源：EIU，*Country Report*：*Timor - Leste*，December 2017；世界银行网上统计数据库，http：//data. worldbank. org/country/timor - leste。

Abstract

Reports on the Development of Portuguese-speaking Countries (2016 – 2017) illustrates and analyzes the socio-economic development of eight Portuguese-speaking countries including Angola, Brazil, Cape Verde, Guinea Bissau, Mozambique, Portugal, Sao Tome and Principe and Timor-Leste from 2016 to 2017 and their economic and trade relations with China in aspects of trade, investment and various forms of international cooperation. The book reviews 15 years of achievements and discusses the future development of China and Portuguese-speaking Countries Economic and Trade Cooperation Forum (Macao).

This piece consists of five parts: The main part describes and analyzes the socio-economic development of Portuguese-speaking countries from 2016 through 2017; There is a special section of rich topics which take multiple perspectives to discuss the development of Portuguese-speaking countries and their cooperation with China; A report that describes and analyzes the role of the Macao Special Economic Zone in trade cooperation between China and Portuguese-speaking countries; The country section, in which Sao Tome and Principe was first added, explains in detail the economic and social development of the 8 Portuguese-speaking countries, as well as their trade, investments and multi-field cooperation with China; The final section is related materials.

Given current world circumstances, the global economy continued to expand in 2016. The economic growth of the developed economies fell notably while the overall growth of the emerging and developing economies was on the rise. International bulk commodities were running at medium-low prices for the whole period, while international trade remained in a slump. Compared to 2015, the total import-export volume of merchandise trade declined. Foreign direct investment dropped sharply, as did the capital which flows to developing countries. In 2016, the economy of the Portuguese-speaking countries grew at a slower pace. With a total of $2.08 trillion and an average growth of 2.42%, 0.33% over 2015, it accounted for 2.8% of $74 trillion total global economy. Asian and African Portuguese-speaking countries had become the backbone of steady growth in Portuguese-speaking countries. Portugal began to get rid of the haze of the European debt crisis, showing resilient growth; Mozambique's economy had the lowest growth rate in 15 years; Subjected to the sluggishness of oil prices, the economy in Angola had measured zero growth; Brazil was still in deep water with a negative growth despite of all its efforts. Although there was some social upheaval among some of the Portuguese-speaking countries, they continued to maintain social and economic stability.

Since the start of China and Portuguese-speaking Countries Economic and Trade Cooperation Forum (Macao), trade between China and Portuguese-speaking countries has grown rapidly over the past 15 years. In 2003, the trade revenue was just over $11 billion. By 2016, trade revenue had risen to $100 billion, which is 9 times the growth over a 14 years span of time. In the first half of 2017, China's trade revenue with Portuguese-speaking countries increased to $57.358 billion with a year-on-year growth of 37%. Specifically, the bilateral trade revenue between Brazil and China reached $41.835 billion, which is an increase of 35.23% compared with the same period of last year. The bilateral trade revenue between Angola and China increased 64.62% to $11.796 billion in this same period. The trade between China and Portuguese-speaking countries achieved a rapid growth which made up for the negative growth of the last two years. The mutual investment between China and the Portuguese-speaking countries showed strong vitality. The non-financial direct investment of China in Portuguese-speaking countries was just more than $56.10 million by the end of 2003 while China's total investment in Portuguese-speaking countries reached $50 billion by the end of 2016. There are more than 400 direct investment companies established by Chinese investors in Portuguese-speaking countries. In addition, the cooperation areas between China and Portuguese-speaking countries kept expanding.

2017 witnessed a rebound of the global economy which brought hope of improved cooperation between China and Portuguese-speaking countries. Brazil's

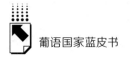
economic growth improved to zero from negative with a projection of returning to positive growth territory. The GNP of Portugal grew rapidly. The economic growth in Mozambique and Cape Verde both accelerated, anticipated to reach 5.5% and 3.3% respectively. The economic growth in Guinea-Bissau and Sao Tome and Principe had shown signals of turning around. However, the economic growth in Angola still depended on oil prices within international markets. In 2017, China and Portuguese-speaking countries developed deeper cooperation. Local governments and enterprises in China and Portuguese-speaking countries showed more zeal in cooperation, a prelude to even better economic relations.

This piece aims to provide advice and reliable macro data for Chinese government, Macao SAR government and Portuguese-speaking governments to assist in decision making. It can also serve as a valid reference for enterprises in support of their development plans. With this platform for theoretical discussion in academic circles, experts and scholars could exchange opinions and learn from each other which will serve to strengthen communication between the research institutes in China, Portuguese-speaking countries and Macao SAR.

Resumo Geral

O Relatório de Desenvolvimento dos Países de Língua Portuguesa (2016 – 2017) aborda a situação económico-social dos oito países lusófonos durante 2016 e 2017, incluindo Angola, o Brasil, Cabo Verde, a Guiné-Bissau, Moçambique, Portugal, São Tomé e Príncipe e Timor-Leste, no qual também são apresentadas as relações económico-comerciais com a China, como o comércio, o investimento e as várias formas de cooperação internacional entre os dois lados. Ainda se aborda neste livro a retrospetiva dos resultados positivos que o Fórum para a Cooperação Económica e Comercial entre a China e os Países de Língua Portuguesa (Macau) conquistou ao longo dos 15 anos da sua criação, perspetivando assim o seu futuro.

O livro é dividido emcinco capítulos: o relatório principal revela e analisa o desenvolvimento económico-social do mundo lusófono em 2016 e 2017; encontram-se temas diversificados no relatório temático, no qual são desenvolvidos em várias dimensões como o próprio desenvolvimento dos países lusófonos e a cooperação China-Lusofonia; o relatório especial elabora e analisa de forma profunda o papel da Região Administrativa Especial de Macau como plataforma em termos da cooperação económica e comercial entre a China e os países de língua portuguesa; no relatório por país, consoante a ordem alfabética, são apresentados a situação de desenvolvimento económico-social, o comércio e o investimento mútuos e a cooperação multidimensional com a China, de cada país de língua portuguesa. Pela primeira vez, insere-se neste capítulo o relatório de São Tomé e Príncipe; por fim, no último capítulo, abordam-se os dados e as informações de teor históricos.

Em 2016, a nível global, observa-se uma recuperação moderada da economia mundial, caracterizada pela descida significativa do crescimento das economias desenvolvidas e pela recuperação geral dos mercados emergentes e das economias em desenvolvimento. Durante o ano todo, o preço internacional de *commodities*

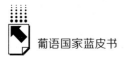

está em funcionamento a nível médio e baixo. O comércio internacional continuou a ficar em queda, e o volume total de importação e exportação do comércio de mercadorias do mundo caiu em comparação com o ano anterior. O investimento direto estrangeiro diminuiu substancialmente, assim reduziu-se o capital para os países em desenvolvimento. Neste mesmo ano, a economia do mundo lusófono está geralmente com crescimento de baixa velocidade, totalizando US \$ 2. 08 trilhões, com o crescimento médio de 2. 42% , uma subida ligeira de 0. 33% em comparação com 2015, de 2. 8% da economia global que totalizava US \$ 74 trilhões. Os países africanos e aquele único asiático de língua portuguesa passaram para a força importante de crescimento estável. Portugal começou a sair da crise da dívida soberana na União Europeia, demonstrando a tendência de crescimento recuperador; diminuiu-se o crescimento económico de Moçambique, com uma taxa mais baixa ao longo dos 15 anos; o crescimento económico angolano caiu para o zero, influenciado pela lenta recuperação do preço de petróleo; apesar de esforços duros, a economia brasileira ainda esteve numa fase difícil, com crescimento negativo. Tirando alguma confusão social de poucos países de língua portuguesa, manteve-se por fim a estabilidade fundamental da sociedade

Ao longo dos 15 anos da fundação do Fórum para a Cooperação Económica e Comercial entre a China e os Países de Língua Portuguesa (Macau), testemunham o rápido crescimento comercial entre os dois lados. Em 2003, o volume comercial entre a China e os países lusófonos foi apenas cerca de 1. 1 mil milhões de dólares americanos, e durante o período de 14 anos, em 2016, este mesmo valor já atingiu aproximadamente 100 mil milhões, nove vezes mais do que o número de 2003. No primeiro semestre de 2017, verificou-se um aumento homólogo de 37% do comércio China-Lusofonia, atingindo US \$ 57. 358 mil milhões, dentre o qual o comércio mútuo entre o Brasil e a China totalizava US \$ 41. 835 mil milhões, com um crescimento homólogo de 35. 23% , e o mesmo valor China-Angola é US \$ 11. 796 mil milhões, com um aumento homólogo de 64. 62% . Saindo daquela situação de queda nos dois anos anteriores, o comércio entre a China e os países de língua portuguesa conseguiu uma recuperação de rápido crescimento. Além disso, revelou-se enorme vigor no que diz respeito ao investimento mútuo entre as duas partes. Até ao final de 2003, o valor acumulado do investimento direto tipo não-financeiro da China para os países de língua portuguesa era apenas US $ 561 milhões, porém, no final de 2016, o estoque de investimento a China para os países de língua portuguesa já chegou a US $ 50 mil milhões. Os investidores chineses criaram mais de 400 empresas espalhadas por os países lusófonos e tem-se alargado a cooperação China-Lusofonia.

Em 2017, observou-se a tendência positiva na economia global, em que a perspetiva da cooperação entre a China e os países de língua portuguesa será mais promissora. A economia brasileira acabou com a descida e poderia voltar a crescer. O PIB de Portugal cresceu rapidamente. O crescimento económico de Moçambique e de Cabo Verde vai acelerar, atingindo eventualmente 5.5%, 3.3%. Revelam-se sinais positivos no crescimento económico quer da Guiné-Bissau quer de São Tomé e Príncipe. Contudo, a economia angolana ainda depende da flutuação do preço internacional de petróleo. Neste mesmo ano, a cooperação China-Lusofonia aprofundou-se, o que vai liberar ainda mais a iniciativa dos governos locais e das empresas de ambas as partes e permitirá um futuro brilhante.

O presente relatório pretende fornecer consultas, sugestões e macrodados confiáveis a ser pesquisados para a China, a RAEM e os países de língua portuguesa, como referências de tomada de decisão. Para as empresas chinesas, de Macau e dos países lusófonos, este livro é considerado padrão útil quando elas formulam planeamentos de desenvolvimento. No âmbito académico, o trabalho funciona como plataforma que reúne diferentes ideias teóricas de vários especialistas e investigadores, assim promoverá o intercâmbio entre as instituições académicas da China, dos países de língua portuguesa e de Macau.

Contents

I   General Report

Abstract: In 2016, Portuguese-speaking countries faced the challenges of slow recovery of world economy and continuous low prices of bulk commodities. All countries took active measures to maintain stable growth of the economy. Although many countries had their elections last year, but all of them maintained social stability under the legal framework. In 2016, China and the Portuguese-speaking countries held the Fifth Ministerial Conference together, "the Belt and Road" initiative will lead both sides to carry out deep and pragmatic cooperations in wider areas. In 2017, the further cooperation between China and Portuguese speaking countries will have great potential and prospects .

Keywords: Portuguese-Speaking Countries; Economy and Society; China-Portuguese-Speaking Countries Relationship

II Special Topic Reports

B. 2 Permanent Secretariat Forum for Economic and Trade

Co-operation between China and Portuguese-speaking

Countries (Macao)   *Permanent Secretariat Forum* / 027

Abstract: Since its establishment in 2003, the Forum for Economic and Trade Co-operation between China and Portuguese-speaking Countries (Macao) has played a positive role in promoting economic and trade cooperation between China and Portuguese-speaking countries and promoting the common development of China and Portuguese-speaking countries with the support of the participating countries of the Forum. The Forum has become an important platform for economic and trade exchanges between China and Portuguese-speaking countries. This article reviews the development of the Forum, summarizes the achievements since the Forum was established, and the effect in promoting the construction of "one platform" of Macao.

Keywords: Forum for Economic and Trade Co-operation between China and Portuguese-Speaking Countries (Macao); Macao; Economic and Trade Cooperation

B. 3 Exchange and Cooperation in Legal Area between

China and the Portuguese-Speaking Country:

The Role of Macao   *Wei Dan* / 040

Abstract: Different cultures of humanity are communicated through languages. The Portuguese-speaking countries and regions do not only share a common official language, but also a great similarity in cultures. Legal system, just like political and economic systems, is an important part of culture. The legal

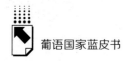
systems of the lusophone countries show a high degree of similarity. This chapter analyzes the significance of common law (or legal community) of the Portuguese-speaking countries (PSCs) , summarizes the function of law in the economic and commercial cooperation between PSCs and scrutinizes the Macau's role and Macao.

Keywords: Legal Culture; Common Law of Lusophone Countries and Regions; Portuguese-speaking Countries; Macao

B. 4 Portuguese Teaching in Mainland China: Present Situation and Future
Lu Chunhui / 050

Abstract: In recent 10 years, Portuguese major develops quickly in Chinese institutions of higher learning and the number of students and teachers of the major presents a fast growth tendency. Similar to the condition of other foreign languages' majors, the ages of the teaching staff become younger, which is a big characteristic of Portuguese teaching in mainland of China. Youth teachers constitute the main force of teaching staff. They not only bear the major responsibilities of educational teaching and professional development, but also shoulder many other tasks of scientific research, administration, etc. Teaching staff is one of the decisive factors that can improve the development and quality of foreign language teaching. The development of youth teachers, students and majors are complementary to each other. This paper adopts the questionnaire method to conduct a survey on 72 youth Portuguese teachers from 18 provinces in institutions of higher of learning, and then, analyzes and researches the questionnaire results to understand the current situation of the teachers and comprehensively display the teachers' difficulties and challenges in their teaching career. Meanwhile, the paper puts forward the means and effective measures which can promote the development of the teachers and their teaching.

Keywords: Portuguese Teaching; Youth Teachers in Institutions of Higher Learning; Quantitative Analysis

B. 5 Angola's Development of Economic Diversification and

Economic Characteristics of General Election *Shang Jinge* / 064

Abstract: The special report describes that between 2016 and 2017 when the oil revenue has been going down, the determination of Angolan government and the effectiveness of its policy in pushing forward the economic diversification. Considering the past and current condition of the country, the government has focused on industry, agriculture, fisheries, mining and tourism in developing the economic diversification. In 2014, the government decided to abandon the development model with dependence on oil economy, integrating the capital investment programs to overcome all the difficulties in developing the economic diversification. In the last two years, the Angolan government has included economic diversification in its national development strategies. Industry, agriculture, fisheries, mining and tourism have become the mainstream in the tide of economic diversification. Therefore, with the investment opportunities generated by the economic diversification to the local and foreign enterprises, the government has accordingly issued a category of incentive policies. At the same time, the report gives an analysis of the characteristics of the economy of Angola in the election year when many incentive economic policies and public infrastructural projects will be implemented.

Keywords: Angola; GDP; Economic Diversification; the Economic Characteristics

B. 6 The Characteristics of the Bilateral Financial Cooperation

between China and Brazil and His Prospect *Zhao Xuemei* / 079

Abstract: In recent more than ten years, with the growth of economic and trade relationship China and Brazil, the financial cooperation between two countries has passed into the fast lane. The Chinese financial institutions based on

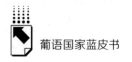

the state-owned Banks as the main body set up financial platform "approach to Brazil" for the Chinese enterprises and provide important financing support to their important project. The global financial crisis in 2008 created opportunities for the rapid development of financial cooperation between both countries. The Chinese Government policy has played an important role in promoting the financial cooperation between two countries. The field of China and Brazil's cooperation concentrate upon energy, infrastructure, manufacturing, etc. in order to increase the export of China's equipment to Brazil. Through creating new financial cooperation pattern like the cooperation between the two countries policy Banks, the Chinese policy Banks are building common financing platform for our enterprises and promoting effectively the process of financial cooperation between China and Brazil.

Keywords: Financial Cooperation between China and Brazil; Chinese Policy Banks; Financing Platform; Large-scale Enterpris; Export of China's Equipment

B. 7　An Analysis of Brazilian Green Culture　*Zhang Weiqi* / 090

Abstract: This article intends to analyze Brazilian green culture. The emphasis on orderly usage of nature by the indigenous Indians, the predatory exploitation after the arrival of European immigrants, and the gradual awakening of Brazilian national consciousness, local people's attitudes towards nature have changed with the passing of time, therefore, we would like to study the historical origin of the green culture in Brazil. It could be seen that, besides the influence of the international community, the historical inheritance, the sense of honor and the national consciousness have become the important factors of the rebirth and the rapid development of Brazilian green culture. Brazil has realized innovation in environmental protection and its governance, and has presented different ideas in environmental protection. Thus, the cooperation between China and Brazil could be deepened continuously according to people-to-people bond and mutual understanding.

Keywords: Brazil; Green Culture; Environmental Protection; Economic Development and Environmental

B. 8　The PPI of Temer Administration and the Responses of

Chinese Government　　　　　　　　　　　　*Chen Huaqiao* / 100

Abstract: Investment Partnership Program is one of the most important economic strategies under the stagnation of Brazilian economy on the eve of Temer administration. As an important public policy, it contains ten principles, sophisticated institutions, multiple investment portfolios, and various projects cover the board areas. PPI launches the reform process of politics, economy and social area in Brazil. Therefore, Chinese government should coordinate with the Brazilian economic strategy, encourage Chinese enterprises to invest in Brazil together, and enforce the Brazil Association of Chinese Enterprises to negotiate with Brazilian government.

Keywords: Braazil; Economic Reform; Temer; PPI

B. 9　Present Situation and Trend in Operation of China-Mozambique

Agricultural Technology Demonstration Center

An Chunying, Tian Zeqin / 115

Abstract: Based on the suitable agricultural natural conditions in Mozambique, China-Mozambique Agricultural Technology Demonstration Center was built in February 2009. After 8 years' construction and operation, it has effectively raised the level of local agricultural technology, become a platform for Chinese agricultural enterprises to invest in Mozambique, and bilateral relations have been closely maintained, by carrying out demonstration planting of rice,

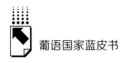
葡语国家蓝皮书

cotton and vegetable crops, demonstration raising livestock, and training local employees in agricultural technology. Meanwhile, it has to face some difficulties, such as water shortage, inadequate agricultural supplies and equipment, overmuch non-operating cost, and so on. The above issues need to be addressed.

Keywords: Agricultural Assistance; Mozambique; China-Mozambique Agricultural Technology Demonstration Center; Production Capacity Cooperation

B. 10 Innovating Sino-Portugués Think Tanks' Cooperation Mechanism for Deepening China-Portugal Relation

Wang Jincheng / 131

Abstract: The paper presents the goal of the renewable energy development of Portugal and makes a comprehensive analysis about the electricity produced by the renewable energy of Portugal in the past two years. In addition, an account about the utilization of four main renewable energy technologies, such as hydro energy, wind energy, biology energy and solar energy, is elaborated. In conclusion, a series of policies implemented by Portugal have played a proactive role in the progress of the renewable energy development.

Keywords: Portugal; Renewable Energy; Development and Utilization

B. 11 Development and Utilization of the Renewable Energy in Portugal

Zhang Min / 139

Abstract: "The Belt and Road" initiative and the new concept of human development community, which were put forwarded by Chinese President Xi Jinping, provide new opportunities for China and Portugal to build a new comprehensive strategic partnership. The five development ideas from "The Belt and Road" have strategic significance on deepening understanding and promote cooperation in many fields between China and B&T countries. From now on the bilateral relations between Sino-Portugal is entering the next 10 years of the comprehensive strategic partnership, The think tanks among the mainland of China, Macao and Portugal think tank will establish cooperative network for enhancing their academic exchanges via more open and innovative ideas, the more cooperation among them, the more fruitful result. Macao is playing and will play significant role as a China-Portugal platform in the future.

Keywords: "The Belt and Road" Initiative; Innovative Think-tank Cooperation; Sino- Portuguese Relations

B. 12　Analysis of Reports on "The Belt and Road" from the Mainstream Media of Portugal　　　　　*Wen Zhuojun* / 150

Abstract: The Belt and Road Initiative sparked widespread media attention both at home and abroad. This paper aims to analyze the Portuguese mainstream media reports on "the Belt and Road" issues, access to their direct evaluation and opinions about the Belt and Road Initiative, grasp their attitude of media public sentiment and its variation tendency on the issues related to China. From that, the paper will research the status quo and the future trend of the country's policy related to China, in order to enhance the China's image and make suggestions in terms of the strategic ideas and pattern which correspond to its economic development, furthermore, to provide reference based on status analysis for promoting the going out developmental strategy of Chinese enterprises.

Keywords: The Belt and Road Initiative; Portuguese Mainstream Media; Cooperation between China and Portugal

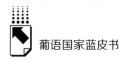
Ⅲ   Special Reports

B. 13   Amplifying the Role of Macao SAR as a Bridge Between
China and Portuguese-speaking Countries, and Actively
Promoting Appropriately Diversified Development
of Its Economy   *Zhang Haiyuan* / 158

Abstract: Macao's economy has been growing steadily since its return to the
motherland. However, the limitation of the overdependence of Macao's economy
on gambling industry has gradually been noticed. The central government and
Macao SAR government have given great impetus to Macao to appropriately
diversify its economy, which have made positive progress. The success of the
Forum for Economic and Trade Cooperation between China and the Portuguese-
speaking Countries has enriched the meaning of appropriately diversified
development of Macao's economy. Under the new situation, Macao should
actively cooperate with major national development plans and strategic
requirements, enrich and develop the connotation of "the one country, two
systems", accelerate the appropriately diversified development of Macao's economy
and enlarge development potentials by seizing the opportunity of the Forum for
Economic and Trade Cooperation between China and the Portuguese-speaking
Countries.

Keywords: Macao SAR; Appropriately Diversified Economy; the Forum
for Economic and Trade Cooperation Between China and the Portuguese-Speaking
Countries; Regional Cooperation

B. 14   The Study on the Current Situation, Problems and Outlook
         for the Development of Macao SAR's "One Platform,

Abstract: With more frequent trade and connections between China and Portuguese-speaking Countries in recent years, provinces and cities in Mainland China have shown increasing interest in investment and trade in Portuguese-speaking Countries, and make use of Macao's role as the Business and Trade Co-operation Service Platform for China and Portuguese-speaking Countries, for the exchange of ideas and business matching. For example, to support and complement the formation of "Three Centres" by the Macao SAR Government, and focus on establishing Macao as a "centre for conventions and exhibitions for economic and trade co-operation between China and Portuguese-speaking Countries", a "food product distribution centre for Portuguese-speaking Countries" and a "commercial and trade service centre for Small and Medium Enterprises between China and Portuguese-speaking Countries". This paper focuses on the study on the current situation, problems and outlook for the development of Macao SAR's "One Platform, three Centres".

Keywords: the Service Platform for Economic and Trade Co-operation between China and Portuguese-speaking Countries; Centre for Conventions and Exhibitions for Economic and Trade Co-operation between China and Portuguese-speaking Countries; Food Product Distribution Centre for Portuguese-speaking Countries; Commercial and Trade Service Centre for Small and Medium Enterprises between China and Portuguese-speaking Countries

B. 15   New Development of Macao's Role as China and
         Portuguese-Speaking Countries Platform through

Abstract: Since "the Belt and Road" initiative was proposed, it has been

葡语国家蓝皮书

welcomed by most countries including Portuguese-speaking countries. It also has brought unprecedented opportunities to Macao's Role as China and Portuguese-speaking Countries Platform. This report briefly reviews "the Belt and Road" initiative, sums up the reaction to the initiative in the Portuguese speaking countries, summarizes the advantages and positioning of Macao in "the Belt and Road" initiative, introduces the ways that Macao government integrates the elements of Sino-Portuguese trade and service platform and "the Belt and Road" initiative to generate greater effects. Finally, this report suggests that Macao government must adhere to its advantages, pay attention to the cultivation of the relevant intermediary enterprises and establish the electronic platform when it integrates the elements of Sino-Portuguese trade and service platform and the "Belt and Road".

Keywords: the Belt and Road; Macao; Portuguese-Speaking Countries; Platform for Sino −Portuguese-speaking Countries

Ⅳ　Reports on Certain Countries

B. 16　The Republic of Angola　　　　　　　　*Jia Ding* / 191

Abstract: In 2017, Angola's ruling party, the People's Movement for the Liberation of Angola, won national elections. João Manuel Gonçalves Lourenço succeeded José Eduardo dos Santos as president of Angola. The Angolan people want the new president to bring positive change to Angola. Global oil price began a rebound, but Angola is still in an economic crisis. Economic reform is imperative, which is also the key to the success of the new president. Several countries in the Great Lakes region and southern Africa are in turmoil; to solve the turmoil, Angola has taken an active part in international morality and fulfilled its obligations as a regional power. The relations between China and Angola have enjoyed a good momentum of development. Their political mutual trust has been continuously strengthened and pragmatic cooperation in all fields has been steadily pushed forward.

Keywords: Angola; Election; Economic Reform; China-Angola Relations

B. 17   The Federative Republic of Brazil   *Zhou Zhiwei* / 201

Abstract: In 2017, Brazil remained its complex political and economic situation. Affected by corruption scandals, Temer's ruling foundation has been shrunk considerably, and the support of the public opinion has also continued to decline. Meanwhile, the struggle between the traditional political parties in Brazil tends to be more intense. Although the economy shows obvious signs of recovery, it still has greater vulnerability, due to the impact of the political crisis and the uncertainty of political situation. At the same time, the economic downturn has caused great pressure on employment in Brazil, which makes the poverty become again the core concern of Brazilian society, and the social security is undergoing a deteriorating trend. Brazil's diplomacy in 2017 is insipid, and its priorities are mainly promoting regional economic integration and strengthening cooperation with Asia.

Keywords: Brazil; Corruption; Economic Recovery; Social Situation

B. 18   The Republic of Cape Verde   *Wang Lin* / 217

Abstract: This paper mainly describes the situation of Cape Verde in 2016. Economically, Cape Verde has kept relatively steady and slow growth. The Gross Domestic Product in Cape Verde was worth 1. 63 billion US dollars in 2016, GDP has grown 3. 6% compare to last year. Cape Verde's economy is service-oriented, with a growing focus on tourism, transport and civil aviation. Contribution of travel and tourism to GDP in 2016 is 17. 2%. The parliamentary elections, local elections and presidential elections were held in Cape Verde in 2016. The bilateral ties between China and Cape Verde have made remarkable development since the two countries established diplomatic relations 40 years ago. Cape Verde counterpart Ulisses Correia e Silva attended the opening ceremony of the fifth Ministerial Conference of the Forum for Economic and Trade Cooperation between China

葡语国家蓝皮书

and Portuguese-speaking countries in Macao, China and Cape Verde are looking to further deepen bilateral ties.

Keywords: Cape Verde; Economic Development; Social Development; Relationship between China and Cape Verde

B. 19 The Republic of Guinea-Bissau *Wu Aifeng* / 224

Abstract: In 2016 and 2017, Guinea-Bissau government attached high importance to the development of agriculture and foreign trade. Its economic warming appeared after the implementation of multi strategies for poverty reduction and financial reforming policies. Bissau government made every effort to improve civil medical level, develop basic education and actively reinforce culture and sports undertakings. Governments of all previous sessions endeavored to consolidate state complexion, promote social advancement and drive the national construction to the right path.

Keywords: Guinea-Bissau; Economy; Society; Foreign Exchange

B. 20 The Republic of Mozambique *Yu Man, Wang Chengan* / 231

Abstract: Real GDP growth of Mozambique was about 3. 8% in 2016. The policy implementations to attract foreign investment has been effective at shaking off the downward pressure of this economy. Among several traditional partnership countries, China has the largest amount of newly increased FDI to Mozambique in 2016. A large number of employment created by enterprises from China, facilitating ecomony growth of Mozambique. Mozambique agrees with China's the Belt and Road initiative.

Keywords: Mozambique; Economy and Society; Bilateral Relation

B. 21　The Republic of Portugal

Abstract: Since late November 2015, Portugal has been governed by a centre-left Socialist Party (PS) administration headed by António Costa, the prime minister. The cabinet is supported by a parliamentary alliance between the PS and three external supporters: the radical Left Bloc (BE), the Portuguese Communist Party (PCP) and the smaller, pro-communist Greens (PEV). So far Portugal keeps political stable owing to the these positive factors: keeping good relation with the BE, PCP and PEV, stimulating economic growth at faster rate than previous year and making the troika of creditors (the European Commission, the IMF and the ECB) to believe that Portugal could gradually improve public finance. Former Portuguese Prime Minister Antonio Guterres as the United Nations Secretary-General will have more visibility for the Portuguese language, culture globally. The Portuguese government has active attitude towards China's the Belt and Road Initiative and will have more concrete cooperation on the port infrastructure, marine economy etc. We expect that Portugal will play more important role on the strengthening China and Portuguese speaking countries relations.

Keywords: Political Stability; Economic Recovery; Local Election; Sino-Portugal Relation

B. 22　The Democratic Republic Sao Tome and Principe

Abstract: This paper introduces the present situation of Sao Tome And Principe in the 2017, and expounds three aspects of politics, economy and relations with China respectively. In the political area, introducing the efforts taken by the Independent Democratic Action Party to consolidate the ruling status, and to evaluate Sao Tome And Principe's future political trend. In the economic field,

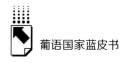

introducing the difficulties faced by Sao Tome And Principe in the 2017, the government has taken a series of measures to get out of the economic predicament and has achieved positive results. In its relationship with China, The two sides strengthened high-level contacts, signed a number of agreements and are carrying out many major projects.

Keywords: Sao Tome and Principe; Political Situation; Bilateral Relationship; Economic Growth

B. 23　The Republic of East Timor　　　　　　*Tang Qifang* / 261

Abstract: 2016 witnessed the stability of Timor-leste in general, on going reforms by the six constitutional government, and a good momentum of development in all aspects. Politically, the government made legal framework for each ministry, promoted decentralization through successful local election of sucos (township) and started preparation for the general election in 2017. Economically, Timor-leste officially stared its process of accession to WTO and was granted observer status, meanwhile the government was trying to develop private sector and attract foreign investment. As for social development, Timor-leste contributed to improving well-being of its people under the framework of UN Sustainable Development Goals and got recognized by the public and international community. Internationally, Timor-Leste launched United Nations Compulsory Conciliation Proceedings on Maritime Boundaries with Australia, while finishing its rotating presidency of Community of Portuguese Speaking Countries (CPLP) and accelerating its accessing to ASEAN.

Keywords: Reform; Local Election; WTO Sustainable Development Goals; Maritime Delimitation

Resumos

I　Relatório Principal

B. 1　Desenvolvimento Geral dos Países de Língua
Portuguesa em 2016 −2017　　　　　*Wang Chengan* / 001

Resumo: Em 2017, perante os desafios constituídos pela lenta recuperação d economia mundial e pela descida contínua dos preços das *commodities*, todos os países de língua portuguesa adotaram ativamente medidas para manter o crescimento estável d economia. No âmbito do enquadramento legal, muitos estes países realizaram as eleições presidencial e parlamentar, e mantiveram a sua respetiva estabilidade social. Organizou-se a 5ª Conferência Ministerial com a participação da China e dos países lusófonos e a iniciativa "Faixa e Rota" orientará os dois lados para que aprofundem a cooperação pragmática em aspetos mais alargados. Em 2017, prevê-se uma cooperação China-Lusofonia mais próspera.

Palavras-chave: Países de Língua Portuguesa; Economia e Sociedade; Relação China-Lusofonia

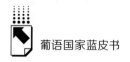
葡语国家蓝皮书

II Relatórios Temáticos

B. 2 Retrospetiva do Fórum para a Cooperação Económica e
Comercial entre a China e os Países de Língua Portuguesa

Secretariado Permanente do Fórum de Macau / 027

Resumo: Após a criação do Fórum de Macau em 2003, com apoios de todos os países membros, o Fórum tem funcionado ativamente em vários aspetos para impulsionar a cooperação económico-comercial entre a China e os países lusófonos e fomentar o desenvolvimento conjunto destes países. O Fórum de Macau já se tornou uma plataforma de intercâmbio económico e comercial entre a China e o mundo lusófono. O presente trabalho faz uma retrospetiva do desenvolvimento do Fórum, resumindo os êxitos adquiridos ao longo do seu estabelecimento e abordando o papel de estímulo para a construção de "Uma Plataforma" de Macau.

Palavras-chave: Fórum de Macau; Macau; Cooperação Económica e Comercial

B. 3 Intercâmbio e Cooperação na Área Legislativa entre a
China e os Países de Língua Portuguesa: o Papel de Macau

Wei Dan / 040

Resumo: Culturas diferentes da humanidade são comunicativas através de linguagens. Para os países e territórios de língua portuguesa, eles não só partilham uma língua comum, como também uma grande similaridade na cultura. Tal como o sistema político e económico, o sistema legislativo também faz parte importante da cultura. Apresenta-se uma similaridade elevada em termos do sistema legislativo entre os países e territórios lusófonos. O presente trabalho analisa o significado positivo da "Lei Comum" ou "Comunidade da Lei" dos países e territórios de língua portuguesa, somando a sua função na cooperação económico-comercial entre a China e os países lusófonos, e explorando o papel e os desafios de Macau.

Palavras-chave: Cultura Legal; Países e Territórios Lusófonos; Lei Comum; China e os Países de Língua Portuguesa; Lei Comparativa

B. 4 Análise da Situação Atual e as Propostas Futuras para o Ensino de Língua Portuguesa na China Continental

Lu Chunhui / 050

Resumo: Ao longo dos últimos dez anos, tem-se desenvolvido rapidamente o curso de português nas instituições de ensino superior na China, caracterizado pela tendência do crescimento feroz do número de estudantes admitidos e de professores deste curso. Parecido com outros cursos de língua estrangeira, destaca-se a juvenilidade do corpo docente no ensino de português na China continental. Professores jovens constituem a maior força do corpo docente, assumindo não só o trabalho pedagógico e a responsabilidade pelo desenvolvimento do curso, como também exercendo tarefas de pesquisas científicas e trabalhos administrativos, etc. O corpo docente faz parte essencial no desenvolvimento e aumento de qualidade do ensino de línguas estrangeiras. Complementam-se o desenvolvimento de professores jovens, de estudantes e de cursos. Tomando metodologia de inquérito dirigido a 72 professores jovens de língua portuguesa, espalhados em diferentes instituições de ensino superior de 18 províncias, o presente trabalho estuda e analisa a situação deles, apresenta de forma global as dificuldades e os desafios que eles enfrentam na carreira de ensino, e propõe abordagens e medidas efetivas que possam promover o desenvolvimento individual de professores e o desenvolvimento de ensino.

Palavras-chave: Ensino de Português; Professores Jovens de Instituições de Ensino Superior; Inquérito

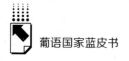 葡语国家蓝皮书

B. 5　Desenvolvimento Diversificado da Economia Angolana e Características Económicas da Eleição

Shang Jinge / 064

Resumo: Este relatório temático descreve que em 2016 e 2017, quando se observou uma redução na receita petrolífera, a determinação e a efetividade política do governo angolano para promover a diversificação económica. Tendo em consideração a condição já adquirida e corrente do país, a importância do desenvolvimento diversificado da economia reside principalmente na agricultura, pesca, mineração, indústria e turismo. Em 2014, o governo angolano decidiu abandonar o modelo de desenvolvimento com dependência à economia petrolífera, integrando e elaborando programas de investimento para ultrapassar todas as dificuldades no desenvolvimento da diversificação económica. Nos últimos dois anos, o governo angolano toma a diversificação económica como a estratégia do desenvolvimento nacional. Os setores como a indústria, a agricultura, a pesca, a mineração e o turismo, tornaram-se elementos principais na onda da diversificação económica. Portanto, à medida que surgiram as oportunidades de investimento para as empresas locais e externas, geridas pela diversificação económica, foram aplicada uma série de políticas benéficas pelo governo angolano. Ao mesmo tempo, o artigo analisa as características económicas na eleição do país, dentro da qual muitas políticas económicas de estímulo e projetos de infraestrutura pública serão implementados neste ano eleitoral.

Palavras-chave: Angola; PIB; Diversificação Económica; Características Económicas

B. 6　Característicasda Cooperação Bilateral Financeira entre a China e o Brasil e a sua Perspetiva

Zhao Xuemei / 079

Resumo: Nos últimos anos, com a cooperação económico-comercial cada ver mais estreita entre a China e o Brasil, a cooperação financeira destes dois países passou para a via rápida. As instituições financeiras chinesas, baseadas principalmente nos bancos de propriedade estatal, servem como plataforma financeira de "acesso ao Brasil" para as empresas chinesas e proporciona apoio importante para o financiamento dos projetos das empresas chinesas e brasileiras. A crise financeira global em 2008 criou oportunidades para o rápido desenvolvimento da cooperação financeira China-Brasil. A política "sair ao exterior" dos bancos chineses, proposta pelo governo chinês, deve-se coordenar primeiramente com a diretriz "sair ao exterior" a nível empresarial, a fim de impulsionar a cooperação financeira entre os bancos chineses e o Brasil. A cooperação financeira China-Brasil concentra-se na área de energia, infraestrutura, manufatura, etc. , para aumentar a exportação de equipamento chinês ao Brasil. Através do inovador modelo de cooperação financeira criado pelos bancos de política da China e a cooperação entre os bancos de política dos dois lados, estabeleceu-se em conjunto uma plataforma que oferece serviço de financiamento tanto às empresas chinesas quanto às brasileiras, com a qual promoveu efetivamente o processo da cooperação financeira China-Brasil.

Palavras-chave: Cooperação Financeira entre a China e o Brasil; Bancos de Propriedade Estatal da China; Plataforma de Financiamento; Empresas de Grande Porte; Exportação de Equipamento

B. 7 Análise da Cultura Verde do Brasil   *Zhang Weiqi* / 090

Resumo: O presente artigo pretende analisar a cultura verde do Brasil, estudando a sua origem histórica, a partir da utilização ordenada pelos índios indígenas que valorizavam a natureza, à exploração predatória após a chegada dos imigrantes europeus, até ao desperto da consciência nacional brasileira, dentro dos quais a atitude à natureza mudou-se com a passagem temporal. Observamos que, além da influência da comunidade internacional, a herança histórica, o sentimento de honra e a consciência nacional constituem outros fatores importantes que fazem

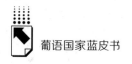

com que a cultura verde brasileira obtenha renascimento e consiga rápido desenvolvimento. Realizou-se a inovação na proteção ambiental e a sua governança, apresentando ideias diferentes na mesma área. A cooperação entre a China e o Brasil poderia aprofundar-se constantemente baseada no entendimento entre os povos e entendimento um ao outro.

Palavras-chave: Brasil; Cultura Verde; Proteção Ambiental; Meio Ambiente e Desenvolvimento Económico

B. 8 PPI da Administração de Temer e Respostas da China

Chen Huaqiao / 100

Resumo: O Programa de Parceria de Investimentos é uma estratégia do crescimento económico aplicada sob a estagnação do desenvolvimento económico do Brasil quando o Temer começou a assumir a função do presidente provisório. Sendo uma política importante do novo governo, este programa contém vários itens como princípios orientadores com clareza, entidades organizadoras completas, modos de investimento diversificados e ampla cobertura territorial, etc. O PPI iniciou o processo da reforma institucional do novo governo, consolidou a determinação da recuperação económica e provocou o apogeu de uma série de reformas. Portanto, o governo chinês deveria coordenar com a estratégia de desenvolvimento do Brasil, encorajar o investimento das empresas chinesas conjuntamente dirigido ao Brasil e reforçar a capacidade de negociação da associação de empresas chinesas no Brasil com o governo brasileiro.

Palavras-chave: Brasil; Reforma Económica; Programa de Parceria de Investimentos; Governo de Temer

B. 9　Situação Atual e Perspetiva do Centro de Demonstração de
Tecnologia Agrícola China-Moçambique

An Chunying , Tian Zeqin / 115

Resumo: Baseado na apropriada condição natural para a agricultura em Moçambique, foi criado em fevereiro de 2009 o Centro de Demonstração de Tecnologia Agrícola China-Moçambique no país. Após oito anos de construção e operação, aumentou-se efetivamente o nível de tecnologia agrícola local, estabeleceu-se a plataforma para que as empresas agrícolas da China investissem em Moçambique e foi estreitada a relação bilateral sino-moçambicana, através do cultivo de demonstração de culturas como arroz, algodão e legume, da estabulação de demonstração do suíno e dos cursos de formação na tecnologia agrícola. Enquanto isso, o centro de demonstração tem enfrentado vários problemas, tais como a insuficiência de água, a escassez da oferta agrícola e a elevada despesa de operação não-lucrativa, entre outras, que precisam de ser resolvidos.

Palavras-chave: Assistência Agrícola; Moçambique; Centro de Demonstração de Tecnologia Agrícola China-Moçambique; Cooperação de Capacidade de Produção

B. 10　Desenvolvimento e Utilização da Energia
Renovável de Portugal　　*Wang Jincheng* / 131

Resumo: O presente trabalho apresenta o objetivo do desenvolvimento de energia renovável de Portugal e efetua uma análise global dos êxitos conseguidos pela geração elétrica utilizando a energia renovável nos últimos dois anos. Além disso, são abordados em detalhe o desenvolvimento e a utilização tecnológicos das quatro principais energias: a energia hidroelétrica, a energia eólica, a energia biológica e a energia solar. Observamos que uma série de políticas implementada pelo governo português desempenha um papel de promoção para o

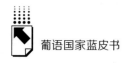

desenvolvimento de energia renovável do país.

Palavras-chave: Portugal; Energia Renovável; Desenvolvimento e Utilização

B. 11　Inovar o Sistema Cooperativode *Think Tanks* China-Portugal, Aprofundar de Forma Global da Relação Sino-Portuguesa

Zhang Min / 139

Resumo: A iniciativa "Faixa e Rota" e o conceito da comunidade de destino comum, ambos propostos pelo presidente chinês Xi Jinping, proporcionam novas oportunidades para que a China e Portugal construam uma nova parceria estratégica global. O significado estratégico das "Cinco Conexões", inclusive a coordenação de políticas, reside em aprofundar o entendimento e impulsionar a cooperação mais profunda em vários aspectos entre a China e os países ao longo da "Faixa e Rota". Presentemente, momento em que a parceria estratégica global sino-portuguesa está a entrar na segunda década, a fim de aprofundar mais a relação sino-portuguesa, os *think tanks* da China continental, da RAEM e de Portugal estão a oferecer conselhos e sugestões com ideias mais abertas e inovadoras, via estabelecimento de uma série de rede cooperativa fortalecendo intercâmbios académicos. O papel da plataforma China-Portugal desempenhará mais importância estratégica.

Palavras-chave: Iniciativa "Faixa e Rota"; Cooperação Inovadora de *Think Tanks*; Relação Sino-Portuguesa

B. 12   Análise das Reportagens dos Principais Meios de
        Comunicação de Portugal sobre a "Faixa e Rota"

Wen Zhuojun / 150

Resumo: A iniciativa "Faixa e Rota" despertou a atenção generalizada dos meios de comunicação quer em casa quer no estrangeiro. Este trabalho tem como objetivos analisar as reportagens dos principais meios de comunicação de Portugal sobre o tema "Faixa e Rota", ter acesso à avaliação e opiniões diretas do país, compreender a atitude da imprensa e a sua tendência de variação sobre as questões relacionadas com a China. A partir daí, o artigo vai estudar o *status quo* e a sua futura evolução das políticas junto com a China, a fim de melhorar a imagem da China e dar sugestões em termos de ideias estratégicas e padrão que correspondem ao desenvolvimento económico do país, além de fornecer referência com base na análise da situação atual para promover a estratégia de "sair ao exterior" para com as empresas chinesas.

Palavras-chave: Iniciativa "Faixa e Rota"; Portugal; Principais Meios de Comunicação; Cooperação China-Portugal

III   Relatórios Especiais

B. 13   Aproveitar o Papel de Ponte China-Lusofonia para Promover o
        Desenvolvimento Económico Apropriadamente Diversificado

Zhang Haiyuan / 158

Resumo: Desde o regresso de Macau à China, a sua economia tem-se mantido o crescimento constante e estável. No entanto, nos últimos anos, a economia de Macau tem revelado gradualmente a limitação devido à extrema dependência da indústria de jogos. Portanto, o governo central e o governo da RAEM têm impulsionado o desenvolvimento económico apropriadamente diversificado de Macau, o qual conseguiu progresso positivo. A organização bem

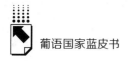

sucedida do Fórum para a Cooperação Económica e Comercial entre a China e os Países de Língua Portuguesa enriqueceu ainda mais a conotação do desenvolvimento apropriadamente diversificado da economia de Macau. Na nova circunstância, Macau deveria cooperar ativamente com as planificações nacionais importantes e as exigências estratégicas, aprofundar e enriquecer a conotação de "Um País, Dois Sistemas", aproveitar bem o Fórum de Macau a fim de acelerar a promoção do desenvolvimento apropriadamente diversificado da sua economia, e alargar mais potencialidades de crescimento.

Palavras-chave: Macau; Economia Apropriadamente Diversificada; Fórum de Macau; Cooperação Regional

B. 14 Situação Atual, Problemas e Perspetiva do Desenvolvimento de "Uma Plataforma, Três Centros" da RAEM *Ip Kuai Peng* / 166

Resumo: Nos anos recentes, com o intercâmbio comercial cada vez mais frequente entre a China e os países de língua portuguesa, muitas províncias e cidades da China continental tem prestado interesse no investimento e comércio nos países lusófonos, aproveitando o papel de Macau como a Plataforma de Serviços para a Cooperação Comercial entre a China e os Países de Língua Portuguesa, para fazer intercâmbios com eles. Por exemplo, suportam e coordenam com o governo da RAEM a construção do "Centro de Distribuição de Produtos Alimentares para os Países de Língua Portuguesa", do "Centro de Exposição para e Cooperação Económica e Comercial entre a China e os Países de Língua Portuguesa" e do "Centro de Serviços Comerciais para Pequenas e Médias Empresas entre a China e os Países de Língua Portuguesa". O presente trabalho estuda e analisa a situação atual, os problemas e a perspetiva de "Uma Plataforma, Três Centros" da RAEM.

Palavras-chave: Plataforma de Serviços para a Cooperação Comercial entre a China e os Países de Língua Portuguesa; Centro de Distribuição de Produtos

Alimentares para os Países de Língua Portuguesa; Centro de Exposição para e Cooperação Económica e Comercial entre a China e os Países de Língua Portuguesa; Centro de Serviços Comerciais para Pequenas e Médias Empresas entre a China e os Países de Língua Portuguesa

B. 15   Novo Desenvolvimentodo Papel de Plataforma da RAEM no Contexto da Iniciativa "Faixa e Rota"

Ip Kuai Lam / 177

Resumo: Desde que foi proposta a iniciativa "Faixa e Rota", esta adquiriu respostas positivas de maior parte dos países, inclusive os países de língua portuguesa, assim atribuiu novas oportunidades para Macau como a Plataforma entre a China e os Países de Língua Portuguesa. O relatório faz sucintamente uma revisão da iniciativa "Faixa e Rota", compõe a atitude destes países face ao tema, induz as vantagens e o posicionamento de Macau na "Faixa e Rota", e apresenta os métodos que o governo de Macau integram os elementos da "Faixa e Rota" na construção da Plataforma entre a China e os Países de Língua Portuguesa. Em conclusão, o artigo sugere que, ao integrar os elementos da "Faixa e Rota" na Plataforma China-Lusofonia, Macau não só precise de insistir em suas vantagens próprias, como também ofereça atenção à cultivação de empresas intermediárias relevantes e estabeleça a plataforma eletrónica.

Palavras-chave: "Faixa e Rota"; Macau; Países de Língua Portuguesa; Plataforma entre a China e os Países de Língua Portuguesa; Novo Desenvolvimento

IV Relatórios por País

B. 16   República de Angola   *Jia Ding* / 191

Resumo: Em 2017, o Movimento Popular de Libertação de Angola venceu
na eleição do país e o João Manuel Gonçalves Lourenço assumiu o cargo como
presidente de Angola sucedendo ao José Eduardo dos Santos. O povo angolano
espera que este novo presidente traga mudança positiva ao país. Enquanto se
evidenciou alguma repercussão no mercado internacional de petróleo, Angola ainda
fica na crise económica e assim a reforma económica é considerada imperativa, a
qual também é a chave para o sucesso do novo presidente. Vários países situados na
Região de Lagos Grandes e na África Meridional estão na turbulência, e para
resolver essas confusões, Angola tem assumido ativamente papel de moralidade
internacional e cumprindo as suas obrigações como uma grande potência regional.
As relações sino-angolanas desenvolveram-se de forma satisfatória, com consolidação
contínua da confiança política mútua e com promoção estável da cooperação
pragmática em vários campos.

Palavras-chave: Angola; Eleição; Reforma Económica; Relações Sino-
Angolanas

B. 17   República Federativa do Brasil   *Zhou Zhiwei* / 201

Resumo: Em 2017, manteve-se a situação complexa quer política quer
económica. Afetado pelo escândalo de corrupção, o fundamento de governação do
Temer sofreu uma recessão considerável, com o declínio contínuo do apoio
popular. Em simultâneo, o conflito entre os partidos políticos tradicionais do Brasil
tende a tornar-se cada vez mais intenso. Mesmo que a economia apresente sinais
óbvios de recuperação, ainda existe grande fragilidade, devido à consequência da

crise política e à incerteza da situação política. Ao mesmo tempo, a recessão económica causou grande pressão ao emprego brasileiro, o que faz a pobreza voltar a tornar-se o tema nuclear preocupada pela sociedade brasileira, e a segurança social tende a deteriorar-se. A diplomacia do Brasil em 2017 foi insípida, e as suas prioridades dentre as políticas externas residiram na promoção de integração económica da região e a consolidação da cooperação económica e comercial com a Ásia.

Palavras-chave: Brasil; Corrupção; Recuperação Económica; Desemprego; Ásia

B. 18   República de Cabo Verde   *Wang Lin* / 217

Resumo: O presente artigo descreve principalmente o desenvolvimento económico e social de Cabo Verde ao longo de 2016. Neste ano, o crescimento da economia cabo-verdiana manteve-se relativamente estável e devagar. O comércio bilateral entre a China e Cabo Verde desenvolveu-se de modo estável e a cooperação entre os dois lados conseguiu novos desenvolvimentos, faz com que a relação bilateral se tenha aumentado mais em 2016. Realizou-se a eleição do país em 2016 e durante o mesmo período, Cabo Verde continuou a reforçar a relação cooperativa amistosa com a China.

Palavras-chave: Cabo Verde; Desenvolvimento Económico; Desenvolvimento Social; Relação entre a China e Cabo Verde

B. 19   República da Guiné-Bissau   *Wu Aifeng* / 224

Resumo: Durante 2016 e 2017, o governo da Guiné-Bissau valorizava altamente o desenvolvimento agrícola e o comércio exterior. A economia começou a recuperar-se através da implementação de várias estratégias contra a pobreza e

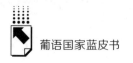
políticas de reforma fiscal. O governo esforçou-se por melhorar a saúde pública, desenvolver a educação básica e fortalecer ativamente a cultura e o desporto. Após todos os empenhos efetuados pelos governos sucessivos para fixar a estabilidade do país e incentivar o progresso social, a construção nacional começou a caminhar na pista correta.

Palavras-chave: Guiné-Bissau; Economia; Sociedade; Intercâmbio Exterior

B. 20　República de Moçambique　　*Yu Man*, *Wang Chengan* / 231

Resumo: Em 2016, o PIB de Moçambique totalizava 10, 9 mil milhões de dólares, com um aumento de 3, 8% no PIB real. As políticas adotadas pelo governo para atrair investimento estrangeiro aliviaram de certo grau a pressão causada pelo decrescimento económico. No mesmo ano, a China ocupou o primeiro lugar no ranking de maior volume do investimento direto estrangeiro recém-adicionado para Moçambique. O investimento proveniente das empresas chinesas criou enormes postos de trabalho, promovendo a sua economia. Moçambique está acordo com a iniciativa "Faixa e Rota" da China.

Palavras-chave: Moçambique; Economia e Sociedade; Relação Bilateral

B. 21　República Portuguesa　　*Zhang Min* / 238

Resumo: Em 2017, o governo administrado pelo Partido Socialista chefiado pelo primeiro ministro António Costa cumpriu ativamente a disciplina restritiva financeira da União Europeia, e manteve bons relacionamentos com os outros três partidos da aliança parlamentar e a Comissão Europeia. No âmbito da existência de vários fatores positivos, tais como a recuperação económica constante e a vitória na eleição local, estabilizou-se a governação dessa administração. O facto de que o ex-primeiro ministro português António Guterres assumiu o cargo como Secretário-

Geral da ONU subiu a influência global da língua e cultura portuguesas. O governo português toma atitude positiva face à iniciativa "Faixa e Rota" da China e os dois lados estão a intensificar a cooperação no aspeto de comércio portuário, infraestrutura, economia marinha, entre outros. Sendo o laço de cooperação entre a China e os países de língua portuguesa, Portugal irá desempenhar papel importante na promoção da relação China-Lusofonia.

Palavras-chave: Estabilidade Política; Recuperação Económica; Eleição Local; Relação Sino-Portuguesa

B. 22 República Democrática de São Tomé e Príncipe

Wang Hongyi / 253

Resumo: Neste trabalho apresenta-se a situação atual de São Tomé e Príncipe em 2017, conforme com três dimensões que são respetivamente a política, a economia e a relação com a China. No aspeto político, aborda-se o trabalho feito pelo Partido de Ação Democrática Independente para consolidar a sua governação, e avalia-se a tendência política do país no futuro. Na área económica, são apresentadas as dificuldades encontradas em 2017 e as medidas tomadas pelo governo para sair do dilema económico e os resultados já adquiridos. Por último, são introduzidos o intercâmbio mútuo de nível elevado, os acordos celebrados e os projetos de grande porte que estão na fase de execução pelos dois países.

Palavras-chave: São Tomé e Príncipe; Situação Atual de Política; Relação Bilateral; Desenvolvimento Económico

B. 23 República Democrática de Timor-Leste

Tang Qifang / 261

Resumo: Registou-se a estabilidade geral de Timor-Leste em 2016, durante o qual o 6º governo constitucional continuou a avançar a reforma em várias áreas e

manteve-se uma boa tendência de desenvolvimento. Politicamente, o governo timorense estipulou o enquadramento jurídico a todos os ministérios, procedeu passo a passo a desconcentração autárquica via realização bem sucedida da eleições locais, e começou a preparação para a eleição geral em 2017. No campo económico, iniciou-se oficialmente o processo de adesão à OMC e o país foi atribuído o estatuto de observador, enquanto o país se esforçou pela promoção dos setores privados e de investimentos externos. Quanto ao desenvolvimento social, aumentou-se de forma acelerada o bem-estar do povo sob o enquadramento dos Objetivos para o Desenvolvimento Sustentável da ONU, o que foi reconhecido pelo seu público e pela comunidade internacional. Em relação à diplomacia, Timor-Leste lançou os procedimentos de conciliação obrigatória da ONU para as fronteiras marítimas com a Austrália, enquanto acabou com o mandato de presidência rotativa na CPLP e acelerou a sua preparação para o acesso à Associação das Nações do Sudeste Asiático (ASEAN).

Palavras-chave: Reforma; Eleição Local; Objetivos para o Desenvolvimento Sustentável da ONU; Fronteira Marítima

❖ 皮书起源 ❖

"皮书"起源于十七、十八世纪的英国,主要指官方或社会组织正式发表的重要文件或报告,多以"白皮书"命名。在中国,"皮书"这一概念被社会广泛接受,并被成功运作、发展成为一种全新的出版形态,则源于中国社会科学院社会科学文献出版社。

❖ 皮书定义 ❖

皮书是对中国与世界发展状况和热点问题进行年度监测,以专业的角度、专家的视野和实证研究方法,针对某一领域或区域现状与发展态势展开分析和预测,具备原创性、实证性、专业性、连续性、前沿性、时效性等特点的公开出版物,由一系列权威研究报告组成。

❖ 皮书作者 ❖

皮书系列的作者以中国社会科学院、著名高校、地方社会科学院的研究人员为主,多为国内一流研究机构的权威专家学者,他们的看法和观点代表了学界对中国与世界的现实和未来最高水平的解读与分析。

❖ 皮书荣誉 ❖

皮书系列已成为社会科学文献出版社的著名图书品牌和中国社会科学院的知名学术品牌。2016年,皮书系列正式列入"十三五"国家重点出版规划项目;2013~2018年,重点皮书列入中国社会科学院承担的国家哲学社会科学创新工程项目;2018年,59种院外皮书使用"中国社会科学院创新工程学术出版项目"标识。

权威报告·一手数据·特色资源

皮书数据库
ANNUAL REPORT(YEARBOOK)
DATABASE

当代中国经济与社会发展高端智库平台

所获荣誉

- 2016年，入选"'十三五'国家重点电子出版物出版规划骨干工程"
- 2015年，荣获"搜索中国正能量 点赞2015""创新中国科技创新奖"
- 2013年，荣获"中国出版政府奖·网络出版物奖"提名奖
- 连续多年荣获中国数字出版博览会"数字出版·优秀品牌"奖

成为会员

通过网址www.pishu.com.cn访问皮书数据库网站或下载皮书数据库APP，进行手机号码验证或邮箱验证即可成为皮书数据库会员。

会员福利

- 使用手机号码首次注册的会员，账号自动充值100元体验金，可直接购买和查看数据库内容（仅限PC端）。
- 已注册用户购书后可免费获赠100元皮书数据库充值卡。刮开充值卡涂层获取充值密码，登录并进入"会员中心"—"在线充值"—"充值卡充值"，充值成功后即可购买和查看数据库内容（仅限PC端）。
- 会员福利最终解释权归社会科学文献出版社所有。

社会科学文献出版社 SOCIAL SCIENCES ACADEMIC PRESS (CHINA) **皮书系列**

卡号：171161141148
密码：

数据库服务热线：400-008-6695
数据库服务QQ：2475522410
数据库服务邮箱：database@ssap.cn
图书销售热线：010-59367070/7028
图书服务QQ：1265056568
图书服务邮箱：duzhe@ssap.cn

S 基本子库
UB DATABASE

中国社会发展数据库（下设 12 个子库）

全面整合国内外中国社会发展研究成果，汇聚独家统计数据、深度分析报告，涉及社会、人口、政治、教育、法律等 12 个领域，为了解中国社会发展动态、跟踪社会核心热点、分析社会发展趋势提供一站式资源搜索和数据分析与挖掘服务。

中国经济发展数据库（下设 12 个子库）

基于"皮书系列"中涉及中国经济发展的研究资料构建，内容涵盖宏观经济、农业经济、工业经济、产业经济等 12 个重点经济领域，为实时掌控经济运行态势、把握经济发展规律、洞察经济形势、进行经济决策提供参考和依据。

中国行业发展数据库（下设 17 个子库）

以中国国民经济行业分类为依据，覆盖金融业、旅游、医疗卫生、交通运输、能源矿产等 100 多个行业，跟踪分析国民经济相关行业市场运行状况和政策导向，汇集行业发展前沿资讯，为投资、从业及各种经济决策提供理论基础和实践指导。

中国区域发展数据库（下设 6 个子库）

对中国特定区域内的经济、社会、文化等领域现状与发展情况进行深度分析和预测，研究层级至县及县以下行政区，涉及地区、区域经济体、城市、农村等不同维度。为地方经济社会宏观态势研究、发展经验研究、案例分析提供数据服务。

中国文化传媒数据库（下设 18 个子库）

汇聚文化传媒领域专家观点、热点资讯，梳理国内外中国文化发展相关学术研究成果、一手统计数据，涵盖文化产业、新闻传播、电影娱乐、文学艺术、群众文化等 18 个重点研究领域。为文化传媒研究提供相关数据、研究报告和综合分析服务。

世界经济与国际关系数据库（下设 6 个子库）

立足"皮书系列"世界经济、国际关系相关学术资源，整合世界经济、国际政治、世界文化与科技、全球性问题、国际组织与国际法、区域研究 6 大领域研究成果，为世界经济与国际关系研究提供全方位数据分析，为决策和形势研判提供参考。

法律声明